La nueva Cocina sana

LOS LIBROS DE UTILÍSIMA

La nueva Cocina sana

SILVIA SMID

EDITORIAL ATLANTIDA
BUENOS AIRES • MEXICO

Editora jefa:
Isabel Toyos

Coordinación general:
Aurora Giribaldi

Supervisión:
María Ángela Allara

División Libros de Utilísima:
Marina Calvo

Supervisión de diseño:
Claudia Bertucelli

Diseño de interior:
Natalia Marano

Diseño de tapa:
Patricia Lamberti

Producción fotográfica:
Graciela Boldarin

Fotografías:
Isidoro Rubini

Producción industrial:
Fernando Diz

Corrección:
Mirta Carriquiri

Composición:
Gabriel Castro

Preimpresión:
Grupos & Proyectos

Primera edición publicada por EDITORIAL ATLANTIDA S.A.,
Azopardo 579, Buenos Aires, Argentina.
Hecho el depósito que marca la Ley 11.723.
Libro de edición argentina.
Impreso en España. Printed in Spain. Esta edición se terminó
de imprimir en el mes de agosto de 2000 en los talleres gráficos
Rivadeneyra S.A., Madrid, España.

I.S.B.N. 950-08-2404-3

Dedico este libro
a mis amores:
Daniel, que me incentiva y me acompaña incondicionalmente;
mis hijos Laura, Diego y Alan, a los que quiero con toda el alma;
y mi mamá, Alicia Bordigoni, que es un ejemplo
de perseverancia y voluntad para toda la familia.

Agradezco de corazón
A Ernesto y Teté Sandler, que me abrieron las puertas de la televisión y de la revista *La cocina de Utilísima.*
A Choly Berreteaga, mi madrina de televisión.
A todos mis compañeros del programa *Todo dulce* y de la revista.
Al doctor Jorge Luxardo y a la ingeniera en alimentos Marcela Scalise, que pacientemente responden todas mis preguntas.
Al doctor Abdon Torres, por su aliento y empuje.
A Antenore Lomaglio, por su cariño y sus sabios consejos de siempre.
A Obdulia, Tita y Dougald, por el apoyo que me brindaron en los comienzos de mi escuela.
A mi mano derecha, María Cristina Pavan, que me acompaña desde los albores de mi carrera profesional.
A mis queridas colaboradoras María Chinetti, Rosa Ramos, María Luz Bongiorno y María Rosa Ferraro.
A Gerardo Chatruc, por su esmero y sentido estético.
A Aurora Giribaldi, Graciela Boldarin, Isidoro Rubini y todo el equipo de Editorial Atlántida, por su profesionalismo y colaboración.
A mis entusiastas alumnos de la escuela y de la televisión, que tantas veces me alentaron para que escribiera un libro.

Prólogo

Grupos de expertos en nutrición e investigadores médicos de todo el mundo nos alertan acerca del impacto que los alimentos causan sobre la salud. De allí la importancia del tema y, sobre todo, la responsabilidad que le cabe a quien se ocupa de divulgarlo a través de un libro sobre cocina.

Las recetas que contiene esta obra no sólo manifiestan un esfuerzo personal de la autora; también demuestran la intención de producir algo que no se logra con palabras sino con vivencias, como es tomar conciencia de la necesidad de seguir una dieta equilibrada.

Estas creaciones, probadas y basadas en la utilización de variados productos dosificados acertadamente, combinan glúcidos, grasas, proteínas, vitaminas y otros componentes esenciales, y nos ofrecen la sabia fórmula necesaria para el desarrollo y el cuidado de la salud humana.

La variedad de recetas dulces y saladas que nos presenta Silvia Smid lleva impreso su sello: no son una mera recopilación, no son monótonas y sí tienen imaginación, son nutritivas e integrales y además nos brindan cierta información que las hace distintas.

Si es exacto el axioma que afirma que "el que bien come, bien vive", este libro acredita por sí solo que contribuye a que ese axioma sea una realidad.

Teté Sandler

Prólogo

[illegible]

Introducción

El desafío de escribir un libro sobre cocina sana hace suponer, prejuiciosamente, que contamos con escasos elementos para preparar las recetas, y que la variedad no existe. Muchas personas que creen comer sano caen en la monotonía de consumir siempre lo mismo y, lo que es peor, de nutrirse mal.

Creo fervientemente que una alimentación personalizada, completa y, sobre todo, equilibrada es un pilar indiscutible de la buena salud. El cuerpo se enferma cuando carece de los alimentos que necesita. Nuestro organismo necesita hidratos de carbono, grasas, proteínas, vitaminas, minerales y agua. Las necesidades de estos nutrientes varían en cada individuo según su edad, sexo, tipo de actividad y estado de salud y enfermedad.

Ya están ampliamente divulgados los consejos tales como consumir la cantidad justa de proteínas; no olvidar las verduras y hortalizas, pues son bajas en calorías y pobres en grasas, pero muy ricas en minerales y fibras; incorporar buenas dosis de calcio y fósforo; consumir legumbres, arroz, pastas, avena, papas, pescados y mariscos en forma equilibrada, para aprovechar sus virtudes sin caer en excesos; evitar el abuso de productos ricos en colesterol, como las grasas de origen animal; moderar la ingesta de sal, vísceras y embutidos.

El corazón de este libro se abre para ofrecer recetas útiles y prácticas, que nos ayuden a cuidar la salud con ingredientes fáciles de conseguir en los mercados. Dado que resulta fundamental aprender qué nutrientes nos conviene ingerir y en qué productos podemos encontrarlos, al pie de cada receta menciono las bondades que nos brinda la naturaleza a través de los alimentos. Y en las primeras páginas explico algunas técnicas básicas que se emplean en los distintos capítulos, para que la elaboración pueda realizarse sin tropiezos y resulte una verdadera fiesta de formas y colores.

Hay que dejarse seducir por la alimentación sana y darle calidad a nuestra vida diaria. La variedad hace de la comida un placer doble cuando trae como premio la salud.

Los invito a esta gran mesa, donde dispuse las comidas que preparé con amor para que las compartan con sus seres más queridos.

Silvia Smid

Técnicas culinarias

AJO: ELIMINAR EL BROTE

Partir cada diente por el medio, a lo largo, y retirar el brote central, que se reconoce por su color verde. Se aconseja realizar esta operación en todas las recetas que llevan ajo, para evitar malestares digestivos.

BROTES DE LEGUMBRES CASEROS

Seleccionar las semillas (porotos de soja, porotos aduki, lentejas, arvejas, sésamo, garbanzos, trigo, cebada, alfalfa, etc.), eliminando las que estén deterioradas.

Dejarlas en remojo en abundante agua, durante 8 a 10 horas, en la heladera (las semillas de alfalfa y sésamo llevan un remojo de 4 horas, y las de mostaza y rabanito, de 1 hora solamente). Luego colarlas.

Colocarlas en una fuente de vidrio, sobre un lienzo limpio y humedecido con agua fresca. Tapar la fuente con otro lienzo y ajustar alrededor con un elástico. Guardar en un lugar iluminado. Con ayuda de un vaporizador, rociar las semillas con agua fresca 2 veces por día. En un plazo de 2 a 5 días se podrán obtener los brotes.

Para aprovechar al máximo sus beneficios deben consumirse antes de que estén totalmente brotados (no más de 5 días), pues el proceso enzimático que se produce en el interior de las semillas provoca la ruptura de las proteínas, carbohidratos y aceites en aminoácidos más digeribles, azúcar y ácidos grasos esenciales. Los minerales presentes, al combinarse con las enzimas, se tornan más fáciles de asimilar, y las vitaminas crecen en forma sorprendente.

CALAMARES: LIMPIEZA

Tener en cuenta que el cuerpo, las aletas, los tentáculos, la bolsa y la tinta son comestibles; el resto debe descartarse.

Sujetar el cuerpo del calamar con una mano. Con la otra, tirar de la cabeza y los tentáculos.

Escurrir la tinta y, si se va a utilizar en alguna receta, reservarla.

Tirar hacia afuera de la pluma que parece una tira plástica transparente y extraerla.

Desprender la piel (de color púrpura) del cuerpo y desecharla.

Con un cuchillo pequeño, separar las aletas y los tentáculos.

Presionar entre los tentáculos para poder desprender el pico córneo y descartarlo. Cortar los ojos y la boca y tirarlos.

CALDO CONCENTRADO

Preparar una gran cantidad de caldo (de verdura, ave o carne) y dejarlo enfriar bien.

Retirar toda la grasa que se habrá solidificado en la superficie.

Hacer hervir nuevamente el caldo, hasta que se reduzca y se concentre bien. Dejarlo enfriar.

Verter el caldo concentrado en cubeteras. Congelar por lo menos durante 4 horas. Sacar los cubitos de las cubeteras y colocarlos en una bolsa para freezer. Se pueden conservar durante 6 meses.

CALDO DE PESCADO

Trozar 1 kilo de espinas y recortes de pescado, descartando los ojos y las agallas. Remojar en agua salada durante 10 minutos para eliminar la sangre y los sabores desagradables. Escurrir y colocar en una cacerola.

Pelar y cortar en cuartos 1 cebolla chica, 1 zanahoria pequeña y 1 tallo de apio. Incorporar todo a la cacerola. Agregar 125 cc de vino blanco seco, 6 granos de pimienta, 1 hoja de laurel, 1 cucharada de jugo de limón y 1,250 litro de agua.

Llevar a ebullición y espumar el caldo para quitar las impurezas a medida que suban a la superficie. Cocinar de 15 a 20 minutos, sin pasar de ese tiempo, para que no quede amargo.

Colar a través de un colador de malla fina, presionando los ingredientes sólidos para extraer los jugos. Dejar enfriar y desgrasar. Se conserva hasta 3 días en heladera.

CASTAÑAS FRESCAS: LIMPIEZA

Utilizar un cuchillo puntiagudo. Hendir, por el lado bombeado de la castaña, la corteza dura y la envoltura blanda situada debajo.

Disponer las castañas en una placa con una pequeña cantidad de agua. Asarlas en el horno precalentado a 250°C durante 8 minutos, aproximadamente (o cocinarlas en agua hirviente y escurrirlas al cabo de 5 minutos).

Pelarlas cuando todavía estén calientes.

Algunos prefieren retirar en crudo la primera corteza, y después hervir las castañas en agua ligeramente salada durante unos 20 minutos.

CEBOLLA: CORTAR EN PLUMA

Pelar la cebolla. Cortarla por el medio. Apoyarla sobre la zona cortada. Practicar cortes paralelos, desde la raíz hacia el extremo contrario, para obtener las plumas.

CINTAS Y PERLAS DE VEGETALES

Las cintas (de zanahorias, *zucchini*, etc.) se obtienen con ayuda del pelapapas.

Las perlas (de zapallitos u otras hortalizas) se logran utilizando la cucharita para papas *noisette*.

ESPINACA: BLANQUEAR HOJAS

Lavar las hojas, quitarles el tallo y sumergirlas en agua hirviente con sal durante unos segundos, hasta que pierdan rigidez.

Retirarlas con espumadera, escurrirlas y colocarlas sobre un lienzo hasta el momento de utilizarlas.

LANGOSTINOS: LIMPIEZA

Quitar la cabeza, las patas y el caparazón.

Hacer un pequeño corte en la zona ventral y extraer las vísceras, que tienen la forma de una pequeña tripa negra.

MANGO: CORTAR EN CUBOS

Hacer un corte a cada lado del mango, tan cerca de la semilla como sea posible. Con un cuchillo filoso practicar cortes en la pulpa, marcando los cubos, sin llegar a atravesar la piel. Dar vuelta la piel y desprender los cubos con la ayuda del cuchillo.

MAZAPÁN CASERO

Quitar la cáscara y la piel a 500 gramos de almendras. Lavarlas bien.

Machacarlas en un mortero (o procesarlas) hasta formar una pasta. Para evitar que la pasta suelte aceite, agregar 1 clara o un poco de agua mientras se machaca o procesa.

Una vez que las almendras estén bien molidas, añadir 500 gramos de azúcar impalpable y amasar hasta lograr una textura que permita modelar.

MOLDE PARA BUDÍN INGLÉS: FORRAR

Colocar dentro del molde, a lo largo, una tira de papel manteca que sobresalga por los bordes.

Esto permite que luego el desmolde resulte perfecto con sólo pasar una espátula entre la preparación y las paredes del molde.

NARANJA: CASCARITAS GLASEADAS

Pelar las naranjas con un pelapapas. Colocar las cáscaras en una cacerolita con agua, hervir y luego colar. Repetir la operación 3 veces.

Después de colar por cuarta vez, cortar las cáscaras en tiritas. Ponerlas en una cacerola con 1 taza de azúcar y 1 taza de agua. Hervir hasta que estén tiernas.

Escurrirlas y pasarlas por azúcar. Dejarlas secar sobre papel manteca o de aluminio.

NARANJA: FILETEAR EN GAJOS

Cortar una rodaja en cada extremo de la naranja. Apoyarla sobre la base. Cortar la piel junto con la membrana blanca, siguiendo la curvatura de la fruta. A esta técnica se la llama "pelar a vivo".

Sostener la naranja pelada en una mano. Con un cuchillo pequeño, cortar a ambos lados de la membrana que separa los gajos hasta llegar al corazón de la fruta. Para lograr óptimos resultados hay que procurar que quede pegada a la membrana la mínima cantidad posible de pulpa. Ir girando la fruta para separar así, sucesivamente, todos los gajos.

Las membranas quedarán expuestas como si fueran las páginas de un libro abierto, y los gajos saldrán libres de hollejo y semillas.

PEREJIL PICADO PARA ESPOLVOREAR

Descartar los tallos del perejil. Picar finamente las hojas.

Colocarlas sobre un lienzo limpio y retorcer el lienzo para encerrarlas, formando un atadito.

Colocar el atadito bajo el chorro de agua fría hasta que deje de salir el líquido verde.

Apretar muy bien el lienzo, para eliminar toda el agua posible.

Pasar el perejil a un recipiente y cubrir con papel absorbente. Guardar en la heladera. Se conserva hasta 15 días.

PIMIENTOS: FORMAS DE COCCIÓN

Colocar los pimientos en una bolsa para freezer. Sin cerrar la bolsa, cocinar en el microondas, al máximo, durante 4 minutos por unidad. Retirar los pimientos del microondas y, sin sacarlos de la bolsa, ponerlos dentro de un bol. Tapar con un lienzo. Dejar reposar durante 10 minutos. Luego pelar y quitar las semillas.

Otro método consiste en ubicar los pimientos en una asadera y cocinarlos en el horno a 200ºC durante 12 minutos, hasta que la piel se queme. Darlos vuelta a los 6 minutos. Cuando se cumpla el tiempo total, retirarlos y colocarlos dentro de una bolsa plástica; cerrar bien y dejar enfriar. Sacar los pimientos de la bolsa, desprender la piel quemada y descartar las semillas.

También se pueden asar los pimientos sobre un tostador hasta que se chamusque la piel. Envolverlos en papel manteca y dejarlos enfriar. Luego retirar la piel y las semillas.

PUERRO: BLANQUEAR TIRITAS

Separar las hojas del puerro y lavarlas. Con una tijera, cortarlas a lo largo en tiras de 1/2 cm de ancho.

Hervir agua con sal en una cacerolita. Incorporar las tiras de puerro. En cuanto pierden rigidez, escurrirlas o retirarlas con espumadera.

TOMATES: PELAR

Realizar un corte en cruz en la piel de la base de los tomates.

Sumergirlos en agua caliente y dejar hervir de 3 a 4 minutos.

Retirarlos, pelarlos, quitar las semillas y cortarlos como indique la receta.

TOMATES: SALSA LIVIANA

Calentar en una sartén 2 cucharadas de aceite de oliva junto con 1 diente de ajo sin el brote central. Cuando el ajo comience a tomar color, retirarlo y agregar de 6 a 8 tomates perita pelados, despepitados y licuados. Cocinar hasta que espese un poco. Condimentar a gusto.

TOMATES: SECAR

Cortar por el medio tomates perita. Quitarles las semillas. Colocarlos sobre una rejilla, dentro de una asadera.

Llevar a horno mínimo (si es necesario, dejar la puerta del horno entreabierta). Dejarlos hasta que se sequen, controlando que queden flexibles. Durante el secado, darlos vuelta varias veces.

El tiempo depende de la calidad y el tamaño de los tomates.

Desde la huerta

Arrollado de espinaca

INGREDIENTES

1 cebolla picada finamente
2 cucharadas de aceite de oliva
800 gramos de espinaca congelada
1 pan de Viena remojado en leche descremada y exprimido
4 cucharadas de queso magro rallado
1 zanahoria rallada
2 huevos
sal, pimienta, nuez moscada
4 claras
1 pimiento rojo grande, cocido y pelado (pág. 15), en trozos
100 gramos de pastrón picado grueso
150 gramos de queso *mozzarella* cortado en trocitos

- Rehogar la cebolla en el aceite hasta que esté transparente. Agregar la espinaca descongelada y revolver continuamente para que la preparación se seque bien. Retirar del fuego.
- Añadir el pan de Viena, el queso rallado, la zanahoria y los huevos. Condimentar.
- Batir las claras a nieve con una pizca de sal. Incorporar la mezcla de espinaca, uniendo suavemente.
- Forrar una placa para pionono con papel manteca lubricado con rocío vegetal y enharinado. Colocar la preparación, dándole un espesor de 2 a 3 cm. Cocinar en horno caliente hasta que esté firme, durante 15 minutos aproximadamente. Retirar del horno.
- Sin quitar el papel, enrollar por el lado más largo. Dejar enfriar.
- Desenrollar y extender la plancha de espinaca. Colocar en el lado más largo los trozos de pimiento. Esparcir el pastrón picado y el queso *mozzarella*. Enrollar despegando el papel.
- Colocar el arrollado sobre una placa aceitada. Pintar con aceite de oliva y espolvorear con queso magro rallado. Gratinar en horno bien caliente.
- Servir cortado en rodajas, tibio, con salsa de tomates liviana (pág. 16), o frío, con mayonesa aligerada con leche descremada.

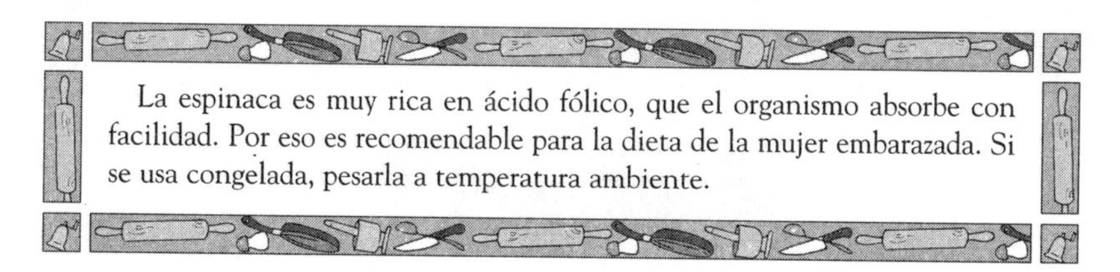

La espinaca es muy rica en ácido fólico, que el organismo absorbe con facilidad. Por eso es recomendable para la dieta de la mujer embarazada. Si se usa congelada, pesarla a temperatura ambiente.

Berenjenas al gratín

INGREDIENTES

- 4 berenjenas grandes
- 1 cebolla grande picada
- 3 cucharadas de aceite de oliva
- 6 tomates perita pelados (pág. 16), en cubitos
- 1 ramo de albahaca
- sal, pimienta
- 1 kilo de ricota descremada
- 1 taza + 2 cucharadas de queso magro rallado
- 2 claras
- 2 cucharadas de pan rallado

▼ Pelar las berenjenas. Cortarlas en rebanadas de 1 cm de grosor. Si son negras, espolvorearlas con sal gruesa, dejarlas reposar durante 1/2 hora para que desprendan el sabor fuerte y lavarlas. Cocinar durante 15 minutos en microondas, o sobre la plancha lubricada con rocío vegetal. Reservar.

▼ Dorar la cebolla en 1 cucharada de aceite. Agregar los tomates y dejar reducir durante 20 minutos, aproximadamente, para obtener una salsa. Retirar, perfumar con la albahaca picada y salpimentar.

▼ Aparte mezclar la ricota con la taza de queso rallado, las claras, sal y pimienta.

▼ En una fuente térmica honda colocar una capa de berenjenas, una capa de salsa y una capa de la mezcla de ricota. Repetir hasta terminar con todos los ingredientes.

▼ Mezclar las 2 cucharadas de queso rallado con el pan rallado y el aceite restante. Esparcir sobre la superficie.

▼ Cocinar en horno precalentado fuerte durante 10 minutos. Bajar la temperatura y hornear durante 25 minutos más, hasta que la parte superior se eleve y se dore.

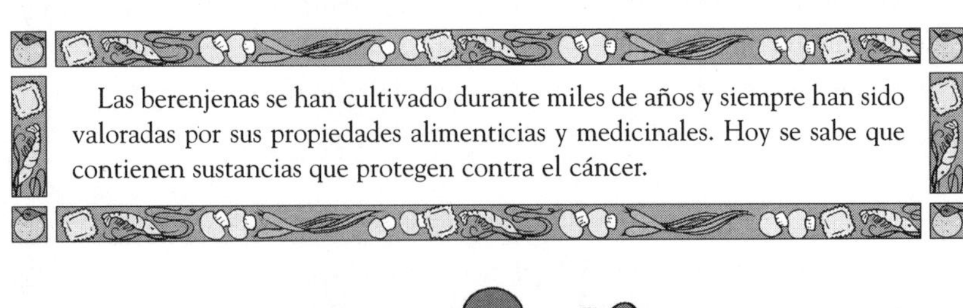

Las berenjenas se han cultivado durante miles de años y siempre han sido valoradas por sus propiedades alimenticias y medicinales. Hoy se sabe que contienen sustancias que protegen contra el cáncer.

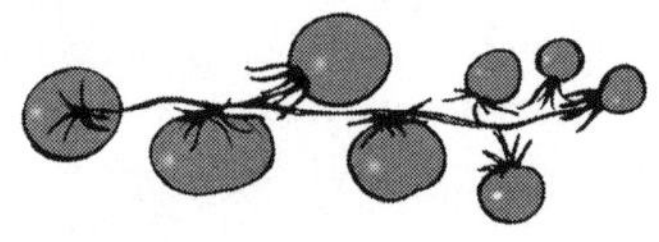

Brochettes de champiñones

INGREDIENTES

- 400 gramos de champiñones grandes y parejos
- 150 gramos de queso semiduro magro
- 150 gramos de jamón cocido cortado en lonjas
- 200 gramos de cebollas pequeñas blanqueadas
- 1 copita de vino tinto
- aceite de oliva para pincelar y rehogar
- 2 cebollas de verdeo cortadas en aros
- 6 tomates perita pelados (pág. 16), en cubitos
- sal, pimienta, tomillo, azúcar
- 100 cc de crema liviana

▼ Limpiar los champiñones con un lienzo húmedo, quitarles el pie y reservar.
▼ Cortar el queso en cubos que puedan caber dentro de los champiñones.
▼ Cortar el jamón cocido en tiras.
▼ Rellenar un champiñón con un cubo de queso, tapar con otro champiñón y envolver con una tira de jamón cocido. Repetir hasta terminar con todos los ingredientes.
▼ Pinchar los paquetitos en palillos para *brochettes*, alternando con las cebollitas. Pincelar con aceite de oliva. Asar en horno precalentado a 200ºC durante 25 minutos, dándolos vuelta, para que se cocinen en forma pareja.
▼ Picar muy bien los pies de los champiñones. Rehogarlos en 1 cucharada de aceite, junto con las cebollas de verdeo. Agregar el vino y los tomates y dejar reducir, para obtener una salsa. Condimentar con sal, pimienta y tomillo. Equilibrar la acidez con azúcar.
▼ Servir la salsa en los platos. Colocar las *brochettes* encima. Decorar con un hilo de crema liviana caliente.

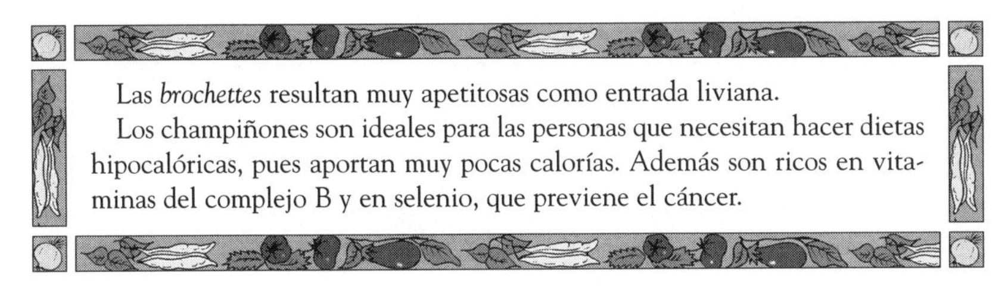

Las *brochettes* resultan muy apetitosas como entrada liviana.
Los champiñones son ideales para las personas que necesitan hacer dietas hipocalóricas, pues aportan muy pocas calorías. Además son ricos en vitaminas del complejo B y en selenio, que previene el cáncer.

Empanaditas de champiñones

INGREDIENTES

MASA	RELLENO
250 gramos de harina	220 gramos de champiñones picados
1 pizca de sal	1 cebolla grande picada
50 gramos de margarina untable *light*	rocío vegetal
100 gramos de ricota descremada	1 cucharada de *ciboulette* picada
1 huevo	1/4 de taza de queso untable descremado
	2 cucharadas de harina

MASA

- Procesar la harina con la sal y la margarina. Pasar a un bol, agregar la ricota y el huevo y unir para formar la masa (si es necesario, añadir agua fría de a cucharadas). Dejar reposar durante 1/2 hora.

RELLENO Y ARMADO

- Rehogar los champiñones y la cebolla en una sartén antiadherente lubricada con rocío vegetal. Retirar, salar y añadir la *ciboulette*, el queso untable y la harina. Mezclar bien y dejar enfriar.
- Estirar la masa dejándola de 4 mm de espesor. Cortar discos con un cortapastas redondo de 6 a 8 cm de diámetro, enharinado.
- Colocar una cucharadita de relleno sobre cada disco. Pintar los bordes con huevo batido, doblar la masa sobre el relleno y presionar con un tenedor para sellar el contorno. Pinchar la superficie de la masa.
- Colocar las empanaditas sobre una placa lubricada con rocío vegetal. Pintarlas con huevo batido. Hornear durante 15 minutos, hasta dorar.

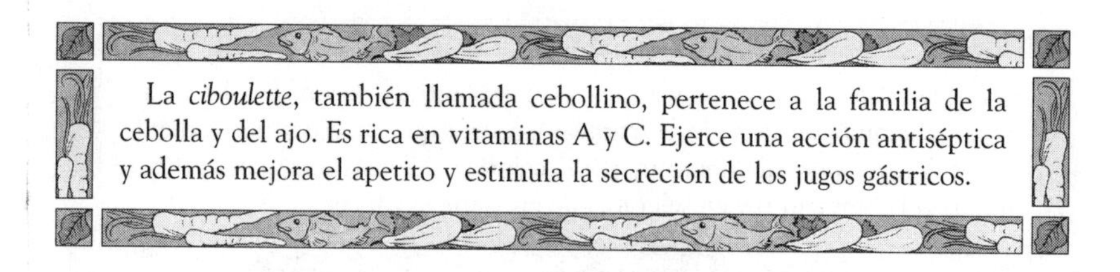

La *ciboulette*, también llamada cebollino, pertenece a la familia de la cebolla y del ajo. Es rica en vitaminas A y C. Ejerce una acción antiséptica y además mejora el apetito y estimula la secreción de los jugos gástricos.

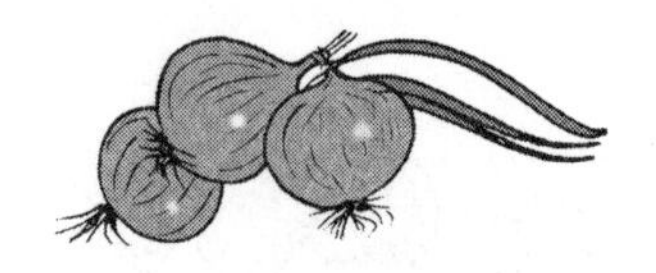

Empanaditas originales

INGREDIENTES

100 gramos de espinaca cruda, sin los tallos y cortada en fina juliana	1 cucharada de semillas de hinojo
1/2 pimiento rojo picado finamente	60 gramos de queso magro rallado
1/2 pimiento amarillo picado finamente	sal, pimienta negra
1 cebolla picada finamente	masa para *strudel*
1 cucharada de aceite de oliva	rocío vegetal

- Rehogar la espinaca, los pimientos y la cebolla en una sartén con el aceite, hasta que la preparación se seque. Retirar y agregar las semillas de hinojo, el queso rallado, sal y pimienta. Dejar enfriar.
- Cortar tiras de masa para *strudel* de 10 cm de ancho. Rociarlas con rocío vegetal. Colocar 1 cucharada de la preparación de espinaca junto a un extremo de cada tira. Doblar de modo que el lado corto de la tira coincida con el largo, para determinar un triángulo. Seguir realizando dobleces que coincidan con los lados del triángulo hasta llegar al final de la tira, para que el relleno quede encerrado por varias capas de masa. Formar todas las empanadas del mismo modo.
- Acomodarlas en una placa lubricada con rocío vegetal. Cocinar en horno moderado durante 10 minutos, aproximadamente, hasta que estén doradas y crocantes.

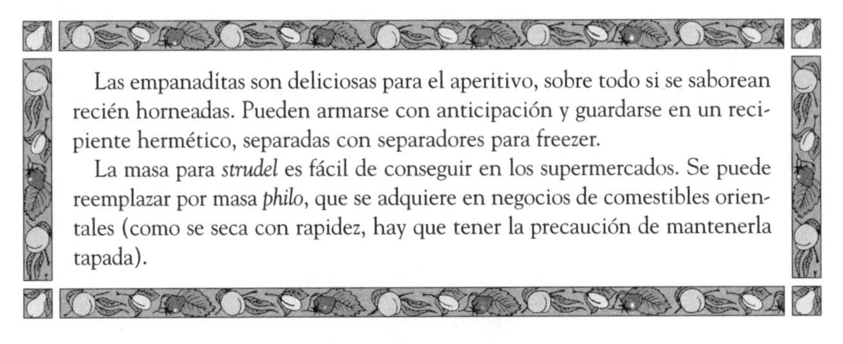

Las empanaditas son deliciosas para el aperitivo, sobre todo si se saborean recién horneadas. Pueden armarse con anticipación y guardarse en un recipiente hermético, separadas con separadores para freezer.

La masa para *strudel* es fácil de conseguir en los supermercados. Se puede reemplazar por masa *philo*, que se adquiere en negocios de comestibles orientales (como se seca con rapidez, hay que tener la precaución de mantenerla tapada).

Ensalada de arroz y vegetales

INGREDIENTES

- 2 tazas de arroz arbóreo cocido en *pilaf* (pág. 140)
- blanco de 2 puerros cortado en aros
- 2 cebollas de verdeo cortadas en aros
- 2 pepinos cortados en cubitos
- jugo de 1 limón
- 2 tomates pelados (pág. 16), despepitados y cortados en cubos pequeños
- 2 cucharadas de mayonesa *light*
- sal, pimienta

▾ Mezclar en una ensaladera el arroz, el blanco de puerro, las cebollas de verdeo, los tomates y los pepinos.

▾ Aparte, aligerar la mayonesa con el jugo de limón. Sazonar a gusto con sal y pimienta. Condimentar la ensalada con este aderezo.

▾ Mezclar bien antes de presentar.

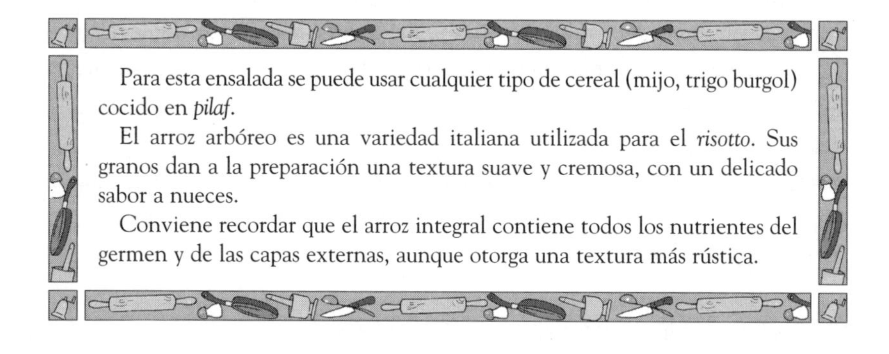

Para esta ensalada se puede usar cualquier tipo de cereal (mijo, trigo burgol) cocido en *pilaf*.

El arroz arbóreo es una variedad italiana utilizada para el *risotto*. Sus granos dan a la preparación una textura suave y cremosa, con un delicado sabor a nueces.

Conviene recordar que el arroz integral contiene todos los nutrientes del germen y de las capas externas, aunque otorga una textura más rústica.

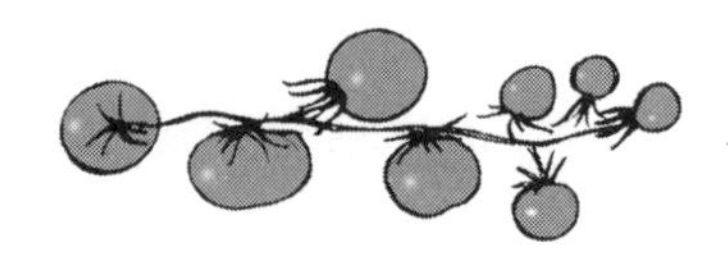

Ensalada de naranjas y cebollas

INGREDIENTES

- 200 gramos de cebollas cortadas en pluma (pág. 14)
- 1 pava de agua hirviente
- 4 naranjas fileteadas en gajos (pág. 15)
- 3 cucharadas de jugo de limón
- jugo de 1 naranja
- 3 cucharadas de aceite de oliva
- 1 cucharada (de postre) de miel
- sal, pimienta
- 6 aceitunas negras descarozadas y cortadas en aros
- 2 cucharadas de semillas de girasol peladas

▾ Colocar las cebollas en un tamiz y echar el agua hirviente por encima, para eliminar el exceso de acidez.

▾ Ubicar las cebollas y las naranjas en una ensaladera.

▾ Aparte, combinar el jugo de limón con el jugo de naranja y la miel. Salpimentar a gusto y mezclar bien para disolver la sal. Agregar el aceite de oliva, batiendo enérgicamente para lograr un aderezo emulsionado. Verter sobre la ensalada.

▾ Decorar con las aceitunas negras. Espolvorear con las semillas de girasol.

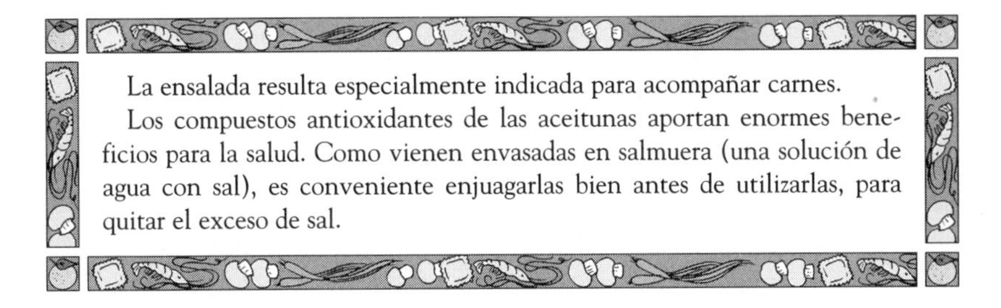

La ensalada resulta especialmente indicada para acompañar carnes.

Los compuestos antioxidantes de las aceitunas aportan enormes beneficios para la salud. Como vienen envasadas en salmuera (una solución de agua con sal), es conveniente enjuagarlas bien antes de utilizarlas, para quitar el exceso de sal.

Ensalada de pimientos

INGREDIENTES

- 4 pimientos calahorra
- 300 gramos de cebollas pequeñas
- 1 cucharada de aceite de oliva
- hojas verdes
- 50 gramos de aceitunas negras descarozadas y cortadas en aros
- salmuera de las aceitunas

▼ Lavar los pimientos. Colocarlos dentro de una bolsa para freezer. Dejar la bolsa abierta, para que no explote con el vapor que desprenderán los pimientos durante la cocción. Cocinarlos en microondas durante 12 minutos, al máximo.

▼ Al terminar la cocción, retirarlos del microondas y, sin sacarlos de la bolsa, ponerlos en un bol. Tapar con un lienzo. Dejar reposar durante 10 minutos.

▼ Luego pelarlos y quitarles el cabito, las semillas y las nervaduras blancas internas. Cortar en trozos regulares. Reservar.

▼ Cortar las cebollas por la mitad y saltearlas en el aceite de oliva. Desarmarlas separando las capas que las constituyen, llamadas catáfilas.

▼ Acomodar los pimientos y las cebollas en una fuente plana, sobre un lecho de hojas verdes lavadas y centrifugadas.

▼ Esparcir arriba de las verduras las aceitunas negras. Rociar todo con un poco de la salmuera de las aceitunas.

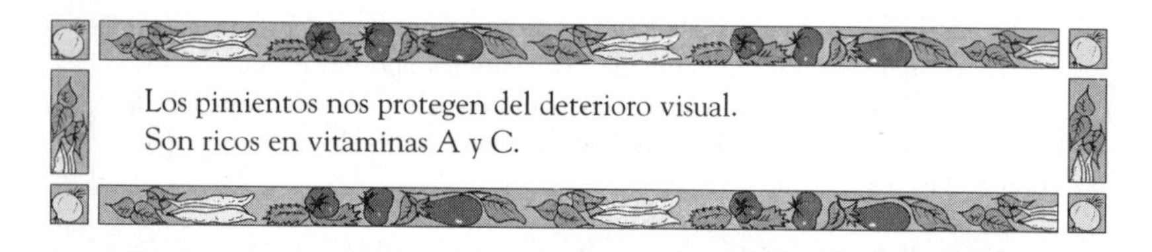

Los pimientos nos protegen del deterioro visual.
Son ricos en vitaminas A y C.

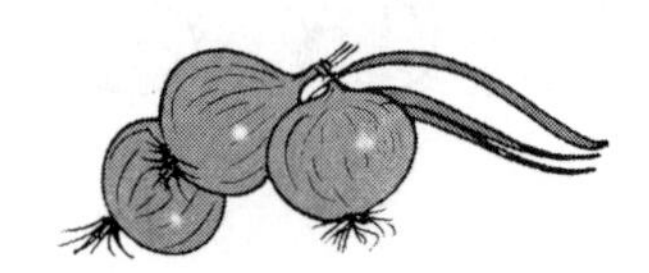

Ensalada fucsia

Ingredientes

1 repollo colorado mediano cortado en fina juliana
1 cebolla cortada en aros
1 pava de agua hirviente
1 manzana verde rallada
sal
jugo de limón
aceite
1 cucharada de azúcar
1 cucharada de semillas de alcaravea

▾ Colocar el repollo junto con la cebolla en una fuente honda. Verter encima el agua hirviente. Cubrir con un plato y dejar reposar durante 15 minutos. Colar.

▾ Combinar la manzana con el repollo y la cebolla.

▾ Aparte, poner la sal en un tazón, añadir el jugo de limón y mezclar para disolver. Agregar el aceite, el azúcar y las semillas de alcaravea. Verter sobre la ensalada y mezclar bien para distribuir el aderezo en forma pareja.

▾ Dejar reposar en la heladera durante 2 horas antes de consumir.

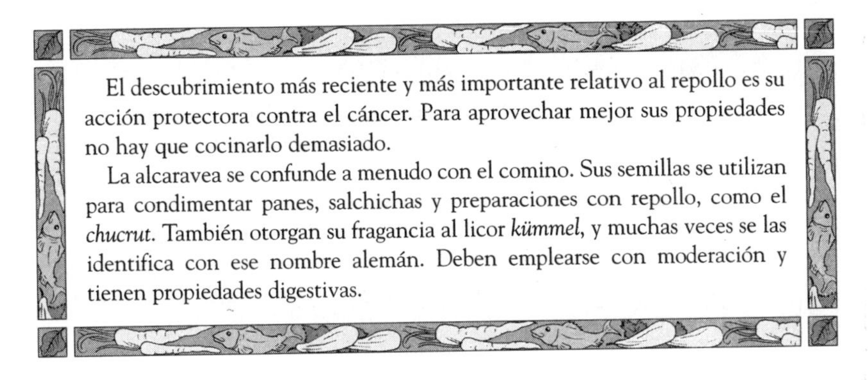

El descubrimiento más reciente y más importante relativo al repollo es su acción protectora contra el cáncer. Para aprovechar mejor sus propiedades no hay que cocinarlo demasiado.

La alcaravea se confunde a menudo con el comino. Sus semillas se utilizan para condimentar panes, salchichas y preparaciones con repollo, como el *chucrut*. También otorgan su fragancia al licor *kümmel*, y muchas veces se las identifica con ese nombre alemán. Deben emplearse con moderación y tienen propiedades digestivas.

Flancitos de espinaca

Ingredientes

- 1 cebolla picada
- 1 cucharadita de aceite de oliva
- 500 gramos de espinaca congelada, a temperatura ambiente
- 3 claras
- 50 cc de leche descremada
- 1 cucharada de almidón de maíz
- 50 gramos de crema liviana
- sal, pimienta de Cayena
- rocío vegetal
- rodajas finas de tomate

▼ Colocar la cebolla en un recipiente de vidrio, tapar y cocinar en microondas durante 3 minutos, al máximo. Retirar y agregar el aceite de oliva.
▼ Mezclar la cebolla con la espinaca, las claras, el almidón de maíz disuelto en la leche y la crema liviana. Condimentar con sal y pimienta de Cayena.
▼ Lubricar con rocío vegetal flaneritas individuales. Forrar las paredes con rodajas de tomate. Distribuir la mezcla de espinaca.
▼ Cocinar en horno moderado, a baño de María, durante 20 minutos. Retirar, desmoldar y servir.

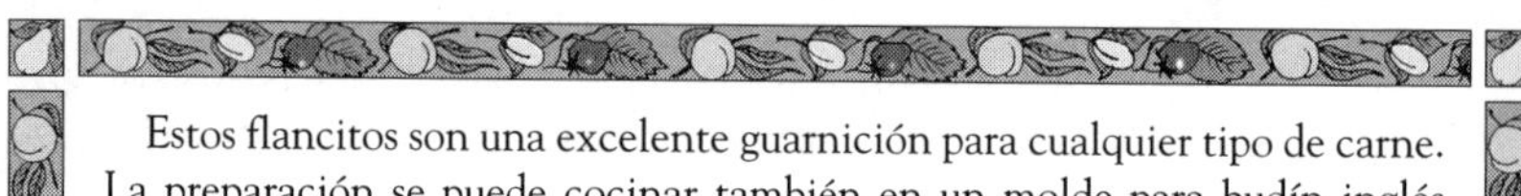

Estos flancitos son una excelente guarnición para cualquier tipo de carne. La preparación se puede cocinar también en un molde para budín inglés forrado con papel manteca (pág. 14).

La pimienta de Cayena posee capsicina, una sustancia que favorece la circulación de la sangre. Además es un buen estimulante digestivo y protege contra intoxicaciones alimentarias.

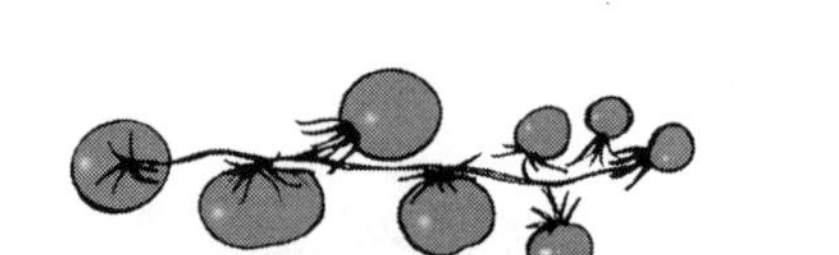

Flancitos de verdeo

INGREDIENTES

1 diente de ajo
4 cucharadas de aceite de oliva
8 rebanadas de pan de salvado
200 gramos de cebollas de verdeo cortadas en aros
sal, pimienta, nuez moscada
400 gramos de ricota descremada
1 taza de queso semiduro descremado, rallado
3 huevos
2 claras
50 gramos de nueces picadas

SALSA *FILETTO* AL OPORTO

2 cucharadas de aceite de oliva
1 diente de ajo
6 tomates pelados (pág. 16), licuados
1/4 de taza de oporto
50 cc de crema liviana
sal
1 pizca de azúcar
perlas de zapallitos (pág. 14)

- Dorar el ajo en la mitad del aceite durante unos minutos.
- Cortar el pan de salvado en discos del diámetro de las flaneras que se utilizarán. Pintar los discos con el aceite aromatizado con el ajo. Disponerlos en una placa y tostarlos en el horno. Reservar.
- Rehogar las cebollas de verdeo en el aceite restante. Condimentar con sal, pimienta y nuez moscada. Mezclar con la ricota, el queso rallado, los huevos, las claras y las nueces. Ajustar el condimento.
- Distribuir la mezcla en flaneritas lubricadas con rocío vegetal. Cocinar durante 20 minutos, aproximadamente, al vapor o en el horno a baño de María.

SALSA *FILETTO* AL OPORTO

- Calentar el aceite en una sartén. Dorar el ajo y luego retirarlo.
- Agregar los tomates y el oporto. Dejar reducir. Incorporar la crema liviana, condimentar con sal y equilibrar la acidez con azúcar.
- Desmoldar los flancitos sobre las tostadas.
- Servir con la salsa *filetto* al oporto y las perlas de zapallitos al vapor.

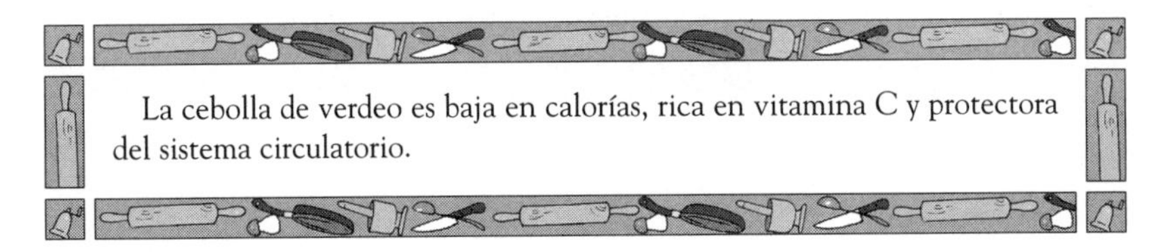

La cebolla de verdeo es baja en calorías, rica en vitamina C y protectora del sistema circulatorio.

Flancitos sorpresa

INGREDIENTES

- 750 gramos de brócoli congelado
- 1 cebolla picada
- 1 cucharada de aceite de maíz
- sal, pimienta
- 4 cucharadas de vino blanco
- 1 huevo
- rocío vegetal
- cabezas de champiñones
- queso *mozzarella* en cubos

SALSA

- pies de los champiñones picados
- 1 cucharada de aceite de oliva
- jugo de 1/2 limón
- 1 manojo de berro
- sal, pimienta, pimienta de Jamaica molida
- 50 gramos de queso untable descremado
- 100 gramos de crema liviana

▾ Reservar algunas flores de brócoli para decorar.

▾ Rehogar la cebolla en el aceite. Añadir el brócoli, salpimentar y rociar con el vino. Tapar y cocinar durante 10 minutos. Destapar y dejar que se evapore el líquido. Retirar y procesar. Agregar el huevo.

▾ Lubricar con rocío vegetal flaneritas individuales. Llenarlas hasta la mitad con el puré de brócoli. Colocar en el centro una cabeza de champiñón rellena con un cubo de queso *mozzarella*. Completar con puré de brócoli.

▾ Cocinar a baño de María (sobre fuego directo o en el horno) durante 35 minutos, aproximadamente.

SALSA

▾ Rehogar los pies de los champiñones en el aceite, junto con el jugo de limón.

▾ Lavar el berro y descartar los tallos. Licuar las hojas junto con los champiñones rehogados. Condimentar con sal, pimienta y pimienta de Jamaica.

▾ Agregar el queso untable y la crema liviana. Mezclar bien.

▾ Desmoldar los flancitos y presentarlos con la salsa y las flores de brócoli.

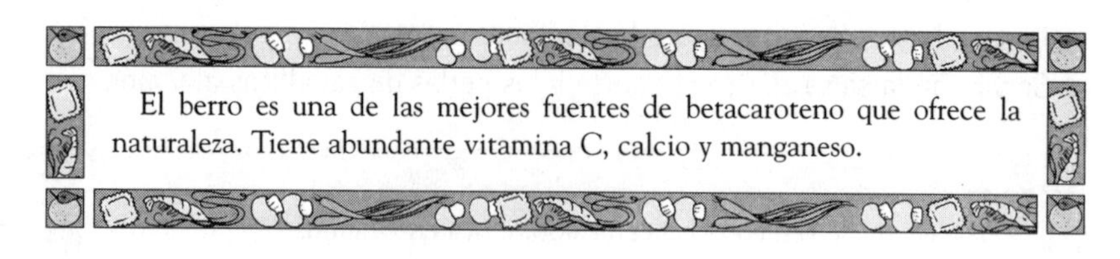

El berro es una de las mejores fuentes de betacaroteno que ofrece la naturaleza. Tiene abundante vitamina C, calcio y manganeso.

Flores de coliflor con salsa rosa

INGREDIENTES

- 1 cebolla picada
- 2 cucharadas de aceite de oliva
- 4 tomates perita pelados (pág. 16), licuados
- 1 diente de ajo picado
- 1 cucharada de perejil picado
- 1 coliflor
- 3 cucharadas de pan rallado
- 3 cucharadas de queso untable descremado
- 3 cucharadas de germen de trigo o salvado
- 3 cucharaditas de pimentón dulce
- 1 cucharada de queso magro rallado

▾ Rehogar la cebolla en la mitad del aceite.
▾ Incorporar los tomates, el ajo y el perejil y cocinar unos minutos. Agregar el queso untable y calentar todo junto para obtener la salsa. Retirar y reservar.
▾ Separar las flores de la coliflor, lavarlas y escurrirlas. Cocinarlas en una cacerola con agua hasta que estén al dente. Retirarlas y escurrirlas. Acomodarlas en una fuente térmica y bañarlas con la salsa.
▾ Aparte, mezclar el germen de trigo o el salvado con el pan rallado, el pimentón dulce, el queso rallado y el aceite restante. Esparcir la mezcla sobre las flores de coliflor salseadas.
▾ Gratinar en horno caliente.

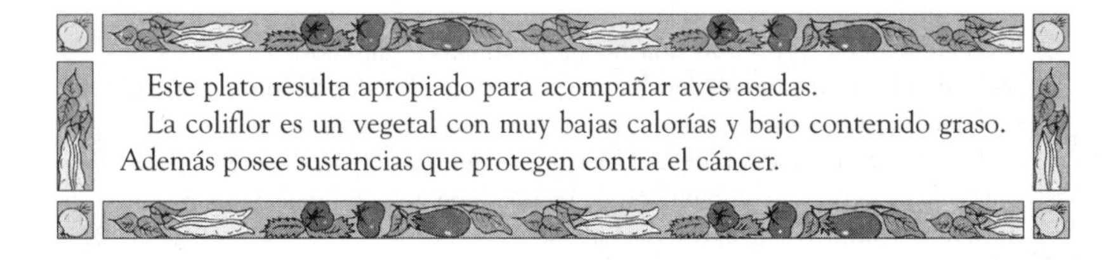

Este plato resulta apropiado para acompañar aves asadas.

La coliflor es un vegetal con muy bajas calorías y bajo contenido graso. Además posee sustancias que protegen contra el cáncer.

Lentejas con cebollas

INGREDIENTES

200 gramos de lentejas	sal, pimienta
2 cucharadas de aceite de oliva	500 cc de caldo de verduras
1 diente de ajo	1 hoja de laurel
3 cebollas de verdeo cortadas en aros	arroz integral cocido
1 cebolla cortada en anillos	perejil picado para espolvorear (pág. 15)

- Remojar las lentejas en agua fría durante 3 horas.
- Calentar el aceite de oliva en una cacerola. Saltear el diente de ajo, retirarlo cuando empiece a dorarse y descartarlo.
- Colocar en la cacerola las cebollas de verdeo y la cebolla. Rehogar hasta que estén transparentes.
- Añadir las lentejas escurridas y mezclar. Condimentar con sal y pimienta.
- Verter un cucharón de caldo y perfumar con el laurel.
- Tapar la cacerola y cocinar hasta que las lentejas estén a punto. Incorporar más caldo a medida que sea necesario, para que la preparación no se seque.
- Servir bien caliente, sobre un colchón de arroz integral. Espolvorear con una fina lluvia de perejil picado.

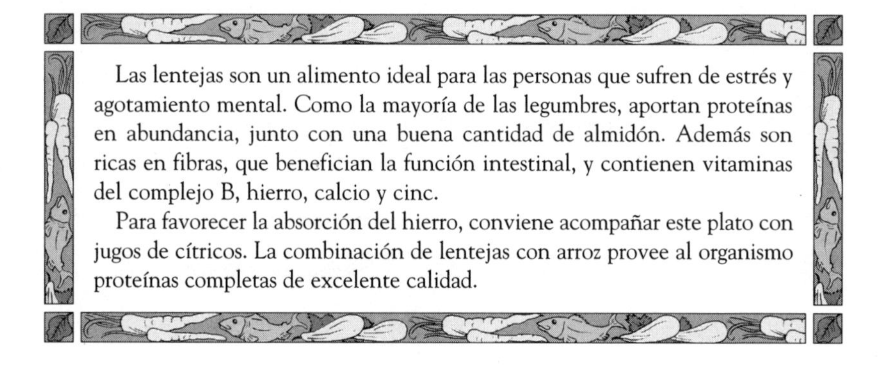

Las lentejas son un alimento ideal para las personas que sufren de estrés y agotamiento mental. Como la mayoría de las legumbres, aportan proteínas en abundancia, junto con una buena cantidad de almidón. Además son ricas en fibras, que benefician la función intestinal, y contienen vitaminas del complejo B, hierro, calcio y cinc.

Para favorecer la absorción del hierro, conviene acompañar este plato con jugos de cítricos. La combinación de lentejas con arroz provee al organismo proteínas completas de excelente calidad.

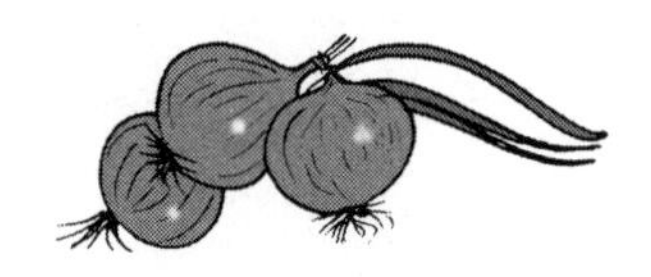

Moldeado anaranjado

Ingredientes

- 500 gramos de zanahorias cocidas
- 200 gramos de queso untable descremado
- 1 pizca de comino
- 2 cucharadas de aceite de oliva
- 3 huevos
- sal, pimienta
- 3 cucharadas de queso magro rallado
- 250 gramos de chauchas cocidas, cortadas en trozos pequeños
- rocío vegetal
- hojas de 1 atado de espinaca, blanqueadas (pág. 14)

▾ Trozar las zanahorias y licuarlas junto con el queso untable, el comino y el aceite de oliva. Retirar de la licuadora y pasar a un bol.

▾ Incorporar los huevos y el queso rallado. Sazonar con sal y pimienta y agregar las chauchas. Unir muy bien.

▾ Forrar con papel manteca un molde para budín inglés (pág. 14). Lubricar con rocío vegetal. Tapizar con las hojas de espinaca blanqueadas. Colocar dentro la preparación de zanahorias.

▾ Cocinar en horno moderado, a baño de María, hasta que la superficie esté firme.

▾ Retirar y dejar entibiar antes de desmoldar.

▾ Cortar el moldeado en rodajas y servirlo tibio, bañado con salsa blanca liviana, o frío, acompañado con tomates frescos cortados en cascos.

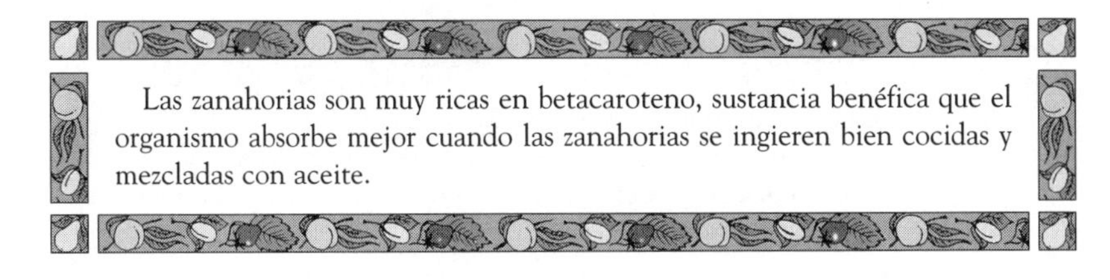

Las zanahorias son muy ricas en betacaroteno, sustancia benéfica que el organismo absorbe mejor cuando las zanahorias se ingieren bien cocidas y mezcladas con aceite.

Moldeado de berenjenas

INGREDIENTES

- 3 berenjenas
- 1 pancito de salvado, apenas remojado en leche descremada
- 2 lonjas de jamón crudo, picadas
- 3 huevos
- 1 y 1/2 cucharada de almidón de maíz
- 1 taza de leche descremada
- 2 cucharadas de aceite de maíz
- sal, pimienta
- 1 pizca de canela molida

▼ Acomodar las berenjenas enteras en una asadera y cocinarlas en el horno durante 15 minutos.

▼ Retirarlas, dejarlas enfriar y quitarles la piel. Partirlas por el medio, descartar las semillas y procesar la pulpa.

▼ Colocar en un bol la pulpa de las berenjenas, el pancito de salvado desmenuzado, el jamón crudo y los huevos. Unir bien.

▼ Aparte, en una cacerolita, disolver el almidón de maíz con la leche descremada. Llevar al fuego hasta que espese, para obtener una salsa blanca. Retirar y agregar el aceite de maíz. Condimentar con sal, pimienta y canela. Mezclar bien.

▼ Incorporar la salsa blanca a la mezcla de berenjenas. Rectificar la sazón con sal y pimienta.

▼ Lubricar con rocío vegetal un molde savarin y volcar dentro la mezcla.

▼ Cocinar en horno moderado, a baño de María, durante 40 minutos.

▼ Retirar, dejar enfriar y desmoldar con cuidado.

▼ Servir con salsa de tomates natural.

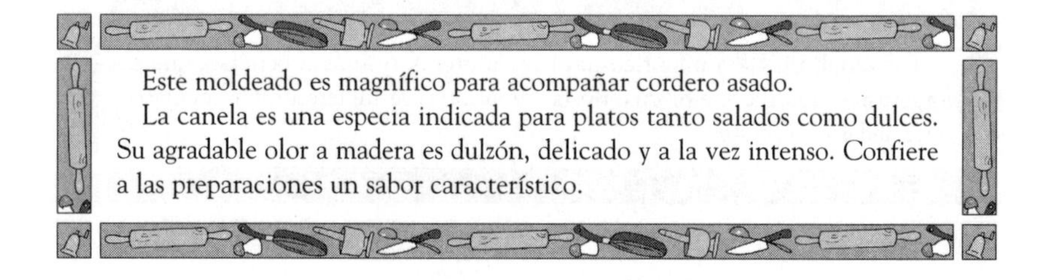

Este moldeado es magnífico para acompañar cordero asado.

La canela es una especia indicada para platos tanto salados como dulces. Su agradable olor a madera es dulzón, delicado y a la vez intenso. Confiere a las preparaciones un sabor característico.

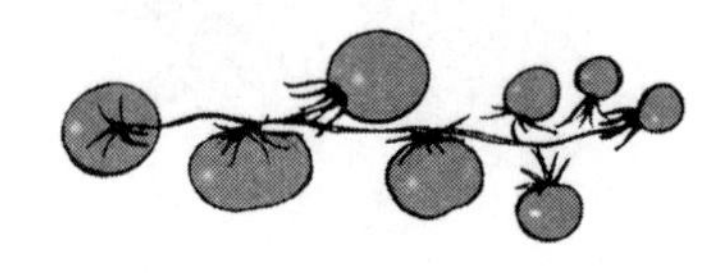

Moldeado de chauchas

Ingredientes

- 500 gramos de chauchas congeladas
- caldo de ave
- 2 cucharadas de aceite de oliva
- 1 cebolla picada
- 250 gramos de champiñones fileteados
- 3 huevos
- 2 cucharadas de queso magro rallado
- 1 cucharada de almidón de maíz
- 1 cucharadita de ajedrea fresca o seca
- sal, pimienta, nuez moscada
- 6 huevos de codorniz duros
- 2 zanahorias cocidas, cortadas en bastones
- champiñones enteros
- zanahorias *baby* cocidas

▼ Cocinar las chauchas en el caldo. Escurrirlas y procesarlas.

▼ Aparte, calentar el aceite en una sartén. Agregar la cebolla y los champiñones. Rehogar hasta que se evapore el líquido que desprenderán los vegetales.

▼ Mezclar los huevos con el queso rallado, el almidón de maíz, la ajedrea, sal, pimienta y nuez moscada. Incorporar las chauchas y el rehogado de cebolla y champiñones.

▼ Forrar con papel manteca un molde para budín inglés (pág. 14). Lubricar con rocío vegetal y enharinar.

▼ Colocar en el molde la mitad de la preparación. Ubicar en el centro una hilera de huevos de codorniz duros y disponer las tiras de zanahorias a los costados. Cubrir con el resto de la mezcla.

▼ Cocinar en horno moderado durante 1 hora, aproximadamente, hasta que esté firme.

▼ Retirar, dejar enfriar y desmoldar. Decorar con champiñones enteros y zanahorias *baby* cocidas.

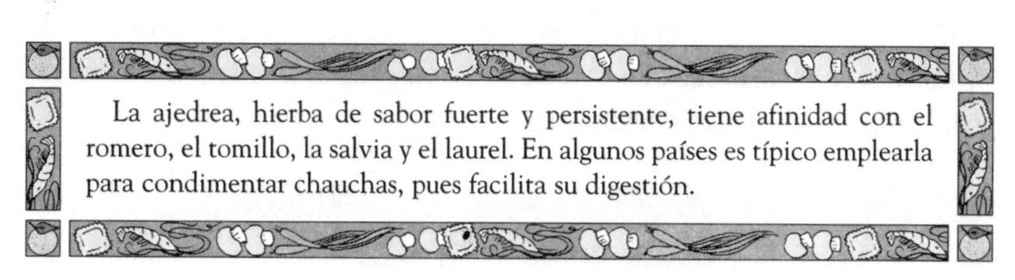

La ajedrea, hierba de sabor fuerte y persistente, tiene afinidad con el romero, el tomillo, la salvia y el laurel. En algunos países es típico emplearla para condimentar chauchas, pues facilita su digestión.

Pan de brócoli y camarones

INGREDIENTES

600 gramos de brócoli congelado
1 cebolla grande picada
1 cucharada de aceite de oliva
2 huevos
2 claras
6 cucharadas al ras de almidón de maíz
1/2 taza de leche descremada
1 cucharadita de polvo para hornear
2 cucharadas de queso magro rallado
sal, pimienta
1 cucharadita de curry
200 gramos de queso *mozzarella* cortado en tajadas
200 gramos de camarones limpios

SALSA

1 pote de yogur natural descremado
3 cucharadas de queso untable descremado
1 cucharadita de jugo de limón
1 cucharadita de curry
sal
cintas de zanahorias (pág. 14)

▾ Sumergir las flores de brócoli en agua hirviente. Cuando retome el hervor, escurrir y reservar.
▾ Rehogar la cebolla en el aceite.
▾ Mezclar los huevos y las claras con el almidón de maíz diluido en la leche fría, el polvo para hornear y el queso rallado. Condimentar con sal, pimienta, curry. Unir con el brócoli y la cebolla.
▾ Lubricar con rocío vegetal un molde para budín inglés y forrarlo con papel manteca (pág. 14). Acomodar dentro la mitad de la mezcla. Intercalar el queso *mozzarella* y los camarones. Cubrir con el resto de la preparación.
▾ Hornear a temperatura moderada durante 45 minutos, aproximadamente. Retirar, dejar reposar durante unos minutos y desmoldar.

Salsa

▾ Mezclar el yogur con el queso untable, el jugo de limón, el curry y la sal.
▾ Cortar el pan de brócoli en porciones. Servir cada una salseada y decorada con cintas de zanahorias blanqueadas.

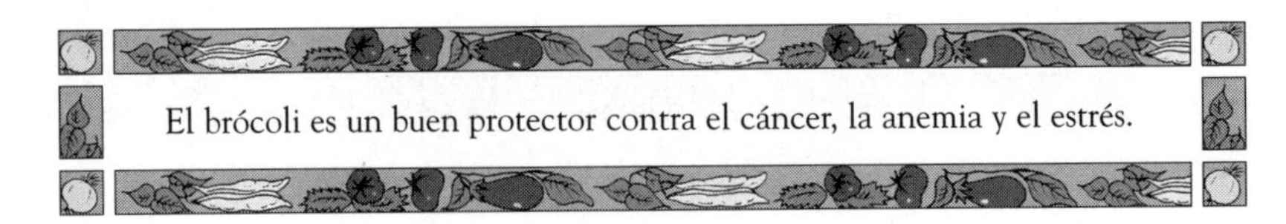

El brócoli es un buen protector contra el cáncer, la anemia y el estrés.

Pepinos y zucchini agridulces

INGREDIENTES

- 500 gramos de pepinos
- 500 gramos de *zucchini*
- 1 cebolla
- 1/2 taza de agua
- 1/2 taza de vinagre de manzana
- 3 cucharadas de azúcar morena
- 1 cucharada de mostaza
- 2 hojas de laurel
- granos de pimienta blanca
- sal

▼ Utilizar los pepinos pelados y los *zucchini* con piel. Cortar ambos en bastones, a lo largo.

▼ Cortar la cebolla en rodajas y separarlas en anillos.

▼ Colocar todas las hortalizas en una cacerola. Verter el agua y el vinagre de manzana. Añadir el azúcar morena y la mostaza. Aromatizar con las hojas de laurel y los granos de pimienta blanca. Incorporar sal a gusto.

▼ Llevar al fuego y hervir todo junto hasta que las hortalizas estén tiernas.

▼ Retirar y dejar enfriar antes de servir.

▼ Se puede conservar en la heladera, dentro de un recipiente hermético, durante 4 ó 5 días.

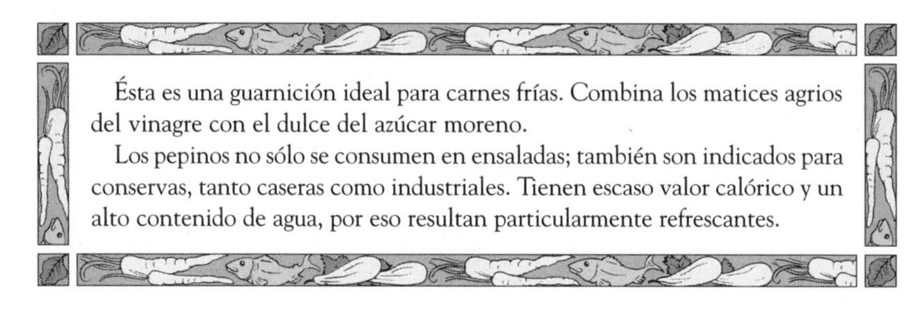

Ésta es una guarnición ideal para carnes frías. Combina los matices agrios del vinagre con el dulce del azúcar moreno.

Los pepinos no sólo se consumen en ensaladas; también son indicados para conservas, tanto caseras como industriales. Tienen escaso valor calórico y un alto contenido de agua, por eso resultan particularmente refrescantes.

Puré litoraleño

INGREDIENTES

4 cebollas de verdeo cortadas en aros
3 cucharadas de aceite de oliva
1 kilo de calabaza (o zapallo) pelada y cortada en cubos
caldo de verduras
sal
150 gramos de sémola fortificada con vitaminas y minerales
250 gramos de queso fresco descremado

- Rehogar las cebollas de verdeo en el aceite de oliva.
- Agregar la calabaza y saltear durante unos minutos.
- Verter caldo hasta cubrir los cubos de calabaza, tapar la cacerola y continuar la cocción.
- Cuando la calabaza se haya tiernizado, reducirla a puré con un tenedor, dentro de la cacerola y sin escurrirla.
- Condimentar con sal a gusto. Incorporar la sémola en forma de lluvia, ajustando la cantidad para lograr una mezcla untuosa y homogénea, mientras se revuelve constantemente sobre el fuego (la cantidad de sémola dependerá de la cantidad de caldo que se haya agregado y de la textura de la calabaza).
- Añadir el queso cortado en cubos y revolver sobre llama suave hasta que se funda, cuidando que no se pegue en el fondo de la cacerola; para evitarlo, es conveniente trabajar con difusor.
- Si la calabaza no fuera suficientemente dulce, rectificar la sazón con azúcar a gusto.

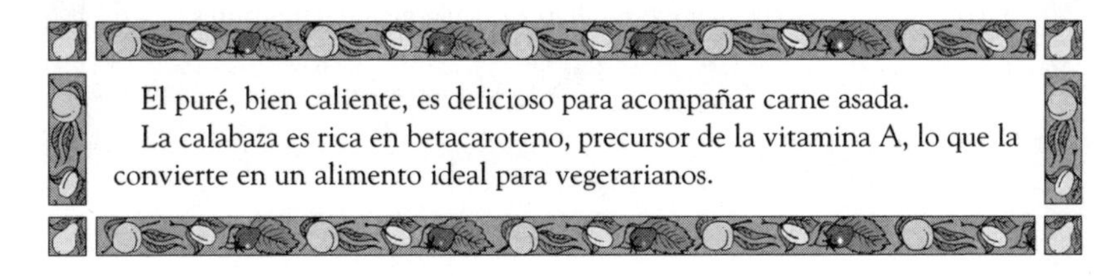

El puré, bien caliente, es delicioso para acompañar carne asada.
La calabaza es rica en betacaroteno, precursor de la vitamina A, lo que la convierte en un alimento ideal para vegetarianos.

Remolachas rellenas

INGREDIENTES

6 remolachas

sal gruesa

1 cucharada de vinagre

RELLENO

2 tazas de choclo congelado

sal, pimienta, azúcar

jugo de limón

3 cucharadas de mayonesa *light*

SALSA

4 cucharadas de mayonesa *light*

leche descremada para aligerar

lechuga cortada en juliana

▾ Lavar muy bien las remolachas. Dejarlas enteras, con la piel, la raíz y parte de los tallos. Colocarlas en una cacerola. Cubrir con agua, salar y añadir el vinagre. Hervir hasta que estén tiernas.

▾ Retirar, dejar enfriar y escurrir las remolachas. Quitarles la raíz y los tallos y pelarlas. Ahuecarlas con una cucharita para papas *noisette*. Guardar la pulpa que se retire.

RELLENO

▾ Cocinar el choclo congelado como indica el envase.

▾ Procesarlo junto con la pulpa de las remolachas que se había guardado, sal, pimienta, una pizca de azúcar, jugo de limón a gusto y la mayonesa *light*.

▾ Rellenar con esta preparación las remolachas ahuecadas.

SALSA

▾ Aligerar la mayonesa incorporándole gradualmente pequeñas cantidades de leche, hasta que se torne corrediza.

▾ Servir las remolachas salseadas con la mayonesa diluida.

▾ Decorar con lechuga cortada en juliana.

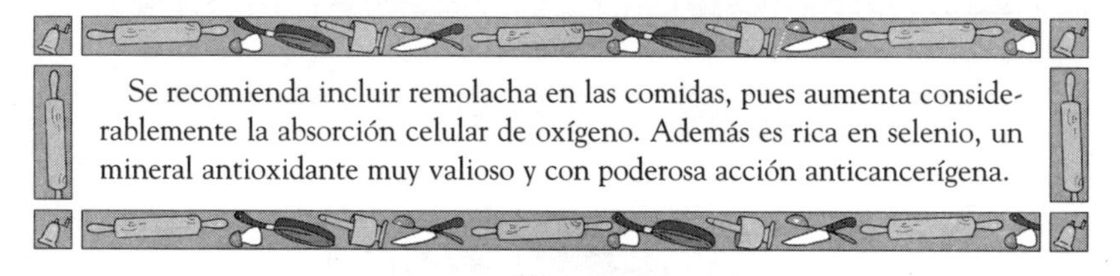

Se recomienda incluir remolacha en las comidas, pues aumenta considerablemente la absorción celular de oxígeno. Además es rica en selenio, un mineral antioxidante muy valioso y con poderosa acción anticancerígena.

Salsa fría de zanahorias

INGREDIENTES

- 500 gramos de zanahorias
- 2 hojas de laurel
- 100 gramos de queso untable descremado
- leche descremada
- 1 pizca de comino
- sal
- 1 cucharada de alcaparras

▼ Cocinar las zanahorias en una cacerola con agua hirviente, aromatizada con las hojas de laurel. Retirarlas cuando estén tiernas. Dejarlas enfriar, escurrirlas y trozarlas.

▼ Diluir el queso untable agregándole la cantidad de leche descremada necesaria para que quede corredizo.

▼ Licuar las zanahorias junto con el queso untable diluido y el comino. Retirar la preparación de la licuadora y ajustar la sal.

▼ Por último incorporar las alcaparras.

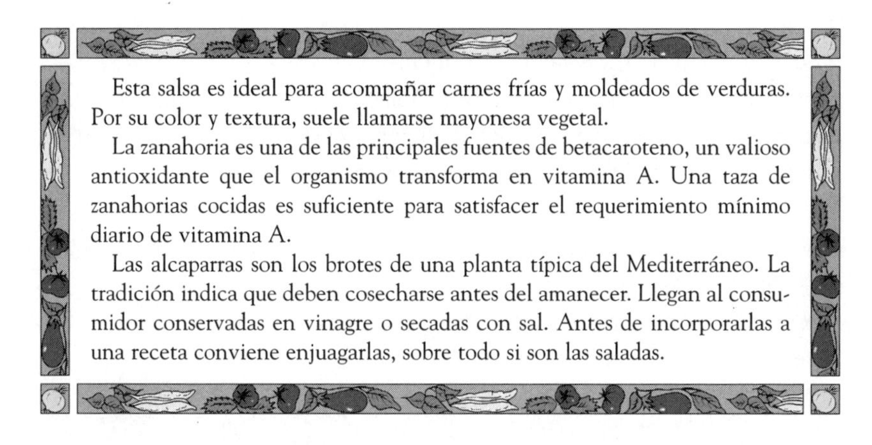

Esta salsa es ideal para acompañar carnes frías y moldeados de verduras. Por su color y textura, suele llamarse mayonesa vegetal.

La zanahoria es una de las principales fuentes de betacaroteno, un valioso antioxidante que el organismo transforma en vitamina A. Una taza de zanahorias cocidas es suficiente para satisfacer el requerimiento mínimo diario de vitamina A.

Las alcaparras son los brotes de una planta típica del Mediterráneo. La tradición indica que deben cosecharse antes del amanecer. Llegan al consumidor conservadas en vinagre o secadas con sal. Antes de incorporarlas a una receta conviene enjuagarlas, sobre todo si son las saladas.

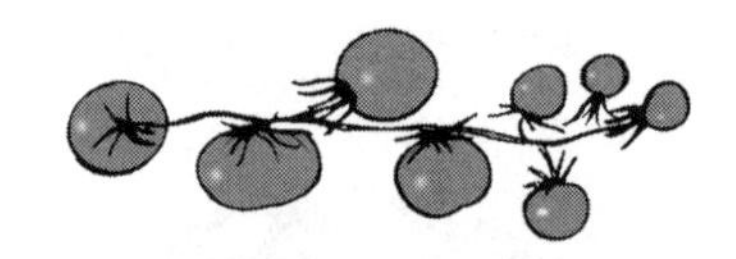

Tarta comodín

Ingredientes

Masa

- 1/2 taza de aceite
- 1/2 taza de agua
- sal, pimienta
- 1 cucharadita de pimentón dulce
- 2 tazas de harina leudante

Relleno

- 3 cebollas de verdeo en aros
- rocío vegetal oliva
- 1/2 taza de queso magro rallado
- 500 gramos de chauchas cocidas y procesadas
- 400 gramos de queso untable descremado
- 2 huevos
- 3 claras
- sal, pimienta, nuez moscada
- 1 y 1/2 cucharada de almidón de maíz
- 1/4 de taza de leche descremada

Masa

▾ Colocar en un bol el aceite, el agua, sal, pimienta y el pimentón dulce. Agregar la harina poco a poco, hasta formar una masa tierna que se desprenda de las paredes del bol. Dejarla reposar durante 1/2 hora.

▾ Estirarla y forrar una tartera desmontable. Precocinar en el horno durante 10 minutos. Retirar y dejar enfriar.

Relleno

▾ Rehogar las cebollas de verdeo en una sartén lubricada con rocío vegetal oliva. Dejar enfriar. Mezclar con las chauchas, el queso untable, el queso rallado, los huevos y las claras. Sazonar con sal, pimienta y nuez moscada. Unir con el almidón de maíz diluido en la leche.

▾ Rellenar con esta preparación la masa precocida. Hornear a temperatura moderada hasta que el relleno esté firme y la masa dorada.

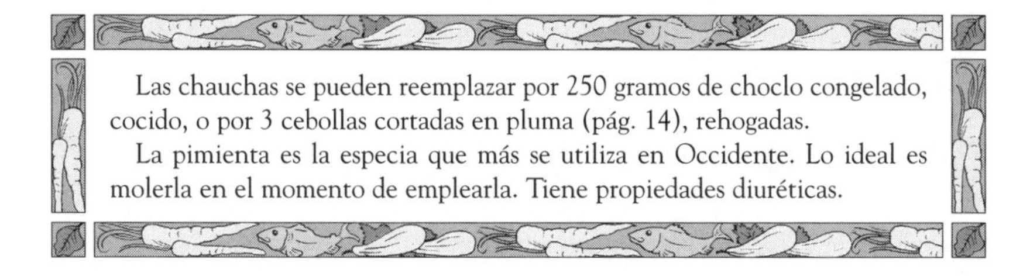

Las chauchas se pueden reemplazar por 250 gramos de choclo congelado, cocido, o por 3 cebollas cortadas en pluma (pág. 14), rehogadas.

La pimienta es la especia que más se utiliza en Occidente. Lo ideal es molerla en el momento de emplearla. Tiene propiedades diuréticas.

Tarta especial de choclo

INGREDIENTES

MASA

150 gramos de harina integral superfina
150 gramos de harina 0000
3 claras
3 cucharadas de aceite de oliva
sal, pimienta
1 cucharada de perejil picado

RELLENO

1 paquete de choclo congelado y procesado
1 cebolla picada y rehogada con rocío vegetal
100 gramos de crema liviana
3 huevos
sal, pimienta, nuez moscada
1 cucharadita de polvo para hornear
100 gramos de queso magro rallado

CUBIERTA

2 tomates en rodajas finas
30 gramos de queso rallado
30 gramos de pan rallado
2 cucharadas de aceite de oliva
hojas de albahaca
2 dientes de ajo picados

MASA

▾ Mezclar las dos harinas en un bol. Hacer un hueco en el centro y colocar allí las claras, el aceite, sal, pimienta y el perejil. Integrar las harinas. Agregar el agua necesaria para que la masa resulte tierna y maleable. Dejarla reposar 15 minutos. Forrar una tartera de 28 cm de diámetro. Tapar con film y dejar reposar 20 minutos.

RELLENO

▾ Unir todos los ingredientes. Colocar el relleno sobre la masa, emparejar y hornear a temperatura moderada hasta que esté firme.

CUBIERTA

▾ Unos minutos antes del final de la cocción, retirar del horno y cubrir con las rodajas de tomate. Procesar el queso rallado con el pan rallado, el aceite, la albahaca y el ajo. Esparcir sobre los tomates. Volver al horno y gratinar.

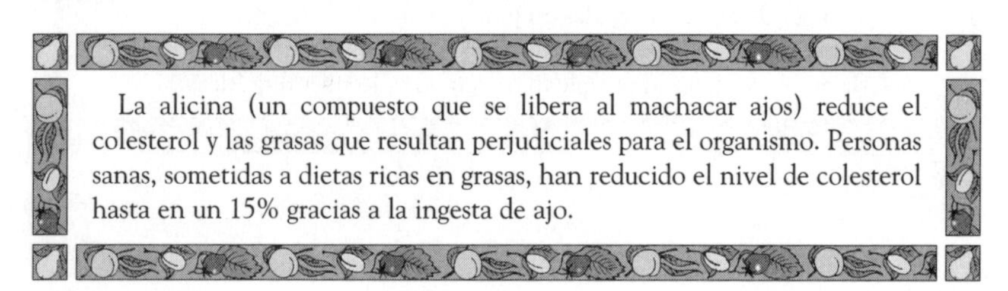

La alicina (un compuesto que se libera al machacar ajos) reduce el colesterol y las grasas que resultan perjudiciales para el organismo. Personas sanas, sometidas a dietas ricas en grasas, han reducido el nivel de colesterol hasta en un 15% gracias a la ingesta de ajo.

Tarteletas de hojas de remolacha

Ingredientes

Masa

100 gramos de harina integral superfina
30 gramos de harina 0000
sal, pimienta
1/4 de taza de aceite de oliva
1/2 cucharada de vinagre de manzana

Relleno

1 cebolla picada finamente
2 cucharadas de aceite de oliva
500 gramos de hojas de remolacha sin los tallos, blanqueadas y picadas
1 cucharada colmada de almidón de maíz
leche descremada
sal, pimienta, nuez moscada

Cubierta

rodajas de tomates perita
100 gramos de queso *mozzarella*

Masa

▼ Mezclar las harinas en un bol. Salpimentar, agregar el aceite y el vinagre e incorporar agua hasta que se forme una masa que se desprenda del bol. Terminar de unir sobre la mesada. Envolver en film autoadherente y dejar reposar durante 1 hora. Estirar la masa y forrar moldes para tarteletas. Pinchar y hornear a blanco, durante 10 minutos.

Relleno

▼ Rehogar la cebolla en el aceite hasta que esté transparente. Añadir las hojas de remolacha y seguir cocinando durante unos minutos.

▼ Incorporar el almidón de maíz diluido en un poco de leche. Agregar más leche, en la cantidad necesaria para lograr una mezcla suave.

▼ Condimentar con sal, pimienta y nuez moscada.

▼ Rellenar las tarteletas y volver al horno. Cocinar hasta que el relleno esté firme.

Cubierta

▼ Diez minutos antes de completar la cocción, disponer sobre cada tarteleta una rodaja de tomate, salpimentar y colocar un trocito de queso *mozzarella*.

▼ Volver al horno hasta que el queso se derrita y la masa termine de dorarse.

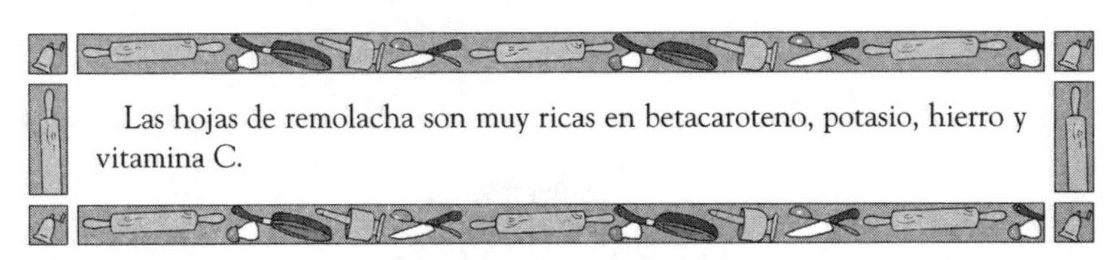

Las hojas de remolacha son muy ricas en betacaroteno, potasio, hierro y vitamina C.

Timbales de espinaca

INGREDIENTES

- 1 kilo de espinaca fresca o 500 gramos de espinaca congelada
- 3 cebollas de verdeo cortadas en aros
- 2 cucharadas de aceite de oliva
- 1 taza de pollo cocido y picado
- 1 zanahoria rallada
- sal, pimienta, nuez moscada
- 5 cucharadas de queso magro rallado
- 5 huevos
- 100 gramos de queso untable descremado
- 50 gramos de aceitunas verdes descarozadas y picadas

▼ Si se utiliza espinaca fresca, lavar las hojas y quitarles los tallos. Blanquearlas, escurrirlas y picarlas menudamente. Si se opta por espinaca congelada, emplearla a temperatura ambiente y picarla del mismo modo.

▼ Rehogar las cebollas de verdeo en el aceite.

▼ Mezclar en un recipiente la espinaca, las cebollas de verdeo, el pollo y la zanahoria. Condimentar con sal, pimienta y nuez moscada. Incorporar el queso rallado, los huevos, el queso untable y las aceitunas. Integrar todo muy bien.

▼ Distribuir la preparación en budineras individuales lubricadas con rocío vegetal.

▼ Cocinar alrededor de 45 minutos en horno moderado, a baño de María, o durante 20 minutos, aproximadamente, en vaporiera.

▼ Retirar, dejar enfriar y desmoldar.

▼ Acompañar con salsa fría de zanahorias (página 40).

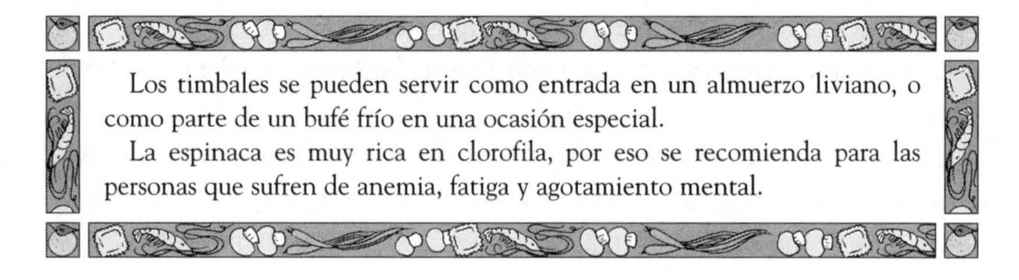

Los timbales se pueden servir como entrada en un almuerzo liviano, o como parte de un bufé frío en una ocasión especial.

La espinaca es muy rica en clorofila, por eso se recomienda para las personas que sufren de anemia, fatiga y agotamiento mental.

Timbales de zapallitos

INGREDIENTES

1 kilo de zapallitos	50 gramos de avena arrollada de cocción rápida
3 cucharadas de aceite de oliva	sal, pimienta
50 gramos de queso magro rallado	2 zanahorias
5 claras	

- Lavar los zapallitos y, sin pelarlos, rallarlos con el rallador de verduras, del lado grueso, o en la procesadora, con el disco adecuado.
- Colocarlos en una sartén grande con el aceite. Tapar, llevar al fuego y cocinar hasta que estén tiernos.
- Retirar y agregar el queso rallado, la avena y las claras.
- Salpimentar a gusto e integrar bien todo.
- Cortar las zanahorias en cintas (pág. 14).
- Lubricar con rocío vegetal pequeñas budineras individuales. Enharinarlas y colocar dentro de cada una 2 cintas de zanahoria cruzadas.
- Distribuir la preparación de zapallitos en las budineras.
- Cortar el excedente de las cintas de zanahoria.
- Cocinar los timbales en horno moderado, a baño de María, hasta que estén firmes al tacto.

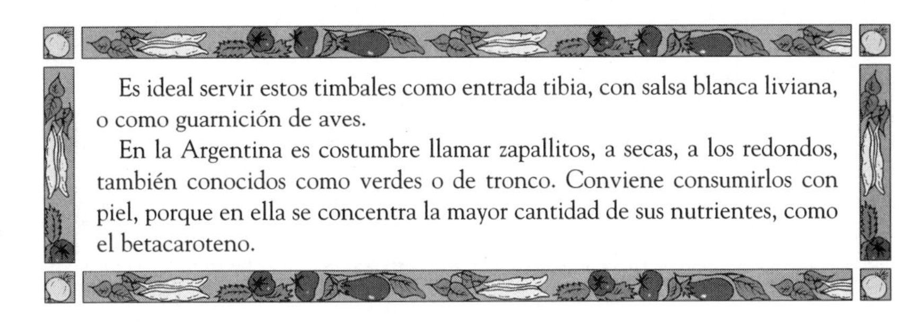

Es ideal servir estos timbales como entrada tibia, con salsa blanca liviana, o como guarnición de aves.

En la Argentina es costumbre llamar zapallitos, a secas, a los redondos, también conocidos como verdes o de tronco. Conviene consumirlos con piel, porque en ella se concentra la mayor cantidad de sus nutrientes, como el betacaroteno.

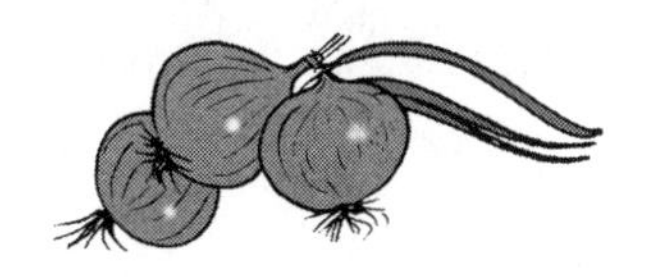

Tomates rellenos calientes

INGREDIENTES

8 tomates Tommy	2 cucharadas de queso magro rallado
1 paquete de espinaca congelada	8 lonjas de jamón crudo
200 gramos de ricota descremada	crema liviana

- Quitar una tapita a los tomates. Vaciarlos, con ayuda de una cucharita, extrayendo las semillas y parte de la pulpa hasta dejar una pared de grosor uniforme. Colocarlos boca abajo para que se escurra el jugo que suelten.
- Descongelar la espinaca y picarla finamente. Mezclarla con la ricota y el queso rallado.
- Descartar toda la grasa de las lonjas de jamón crudo.
- Colocar una cucharada abundante de la mezcla de espinaca sobre cada lonja de jamón y enrollar. Ubicar cada rollo dentro de un tomate.
- Mezclar el resto de la preparación de espinaca con la cantidad de crema liviana necesaria para obtener una salsa semiespesa.
- Colocar la salsa en el fondo de una fuente térmica. Acomodar encima los tomates rellenos.
- Hornear durante 15 minutos a 180ºC. Retirar y saborear en el momento.

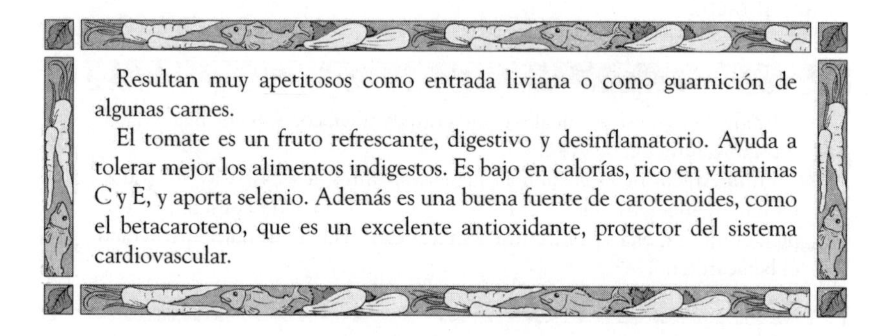

Resultan muy apetitosos como entrada liviana o como guarnición de algunas carnes.

El tomate es un fruto refrescante, digestivo y desinflamatorio. Ayuda a tolerar mejor los alimentos indigestos. Es bajo en calorías, rico en vitaminas C y E, y aporta selenio. Además es una buena fuente de carotenoides, como el betacaroteno, que es un excelente antioxidante, protector del sistema cardiovascular.

Desde el mar

Bacalao fresco a la florentina

INGREDIENTES

1 paquete de espinaca congelada
240 gramos de ricota descremada
4 cucharadas de queso magro rallado
1 huevo
1 clara
sal, pimienta, nuez moscada
rocío vegetal
jugo de 1 limón
800 gramos de filetes de bacalao fresco
8 tomates perita pelados (pág. 16), enteros

CUBIERTA

150 gramos de queso magro rallado
30 gramos de almendras peladas, tostadas y picadas
100 gramos de crema liviana
8 tajadas de queso *mozzarella*

▾ Mezclar la espinaca descongelada con la ricota, el queso rallado, el huevo y la clara. Sazonar con sal, pimienta y nuez moscada.
▾ Colocar la preparación en una fuente térmica lubricada con rocío vegetal.
▾ Rociar los filetes de bacalao con el jugo de limón. Dejarlos macerar durante 1/2 hora. Luego acomodarlos en la fuente, sobre la preparación de espinaca.
▾ Disponer los tomates alrededor de los filetes. Tapar con papel de aluminio.
▾ Llevar al horno y cocinar a temperatura moderada durante 20 minutos.

CUBIERTA

▾ Combinar el queso rallado con las almendras y la crema. Distribuir la mezcla sobre los filetes.
▾ Colocar sobre cada tomate 1 tajada de queso *mozzarella*.
▾ Volver al horno y gratinar durante unos minutos, sin cubrir con el papel.

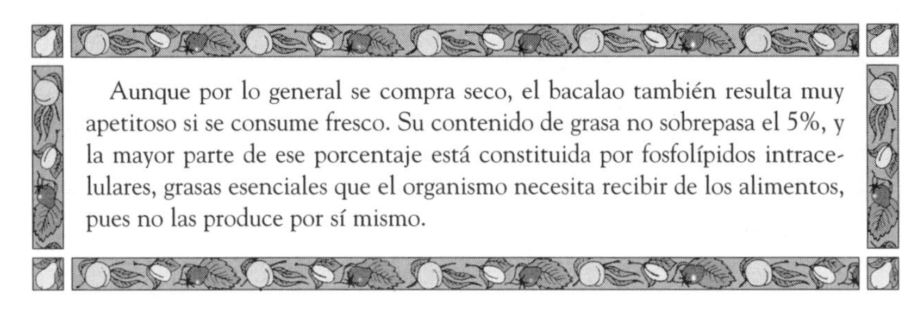

Aunque por lo general se compra seco, el bacalao también resulta muy apetitoso si se consume fresco. Su contenido de grasa no sobrepasa el 5%, y la mayor parte de ese porcentaje está constituida por fosfolípidos intracelulares, grasas esenciales que el organismo necesita recibir de los alimentos, pues no las produce por sí mismo.

Bolsitas de puerros y vieiras

INGREDIENTES

CRÊPES
1 huevo
3 claras
150 gramos de harina leudante
250 cc de leche descremada
125 cc de soda
sal
50 gramos de nueces picadas finamente
rocío vegetal

RELLENO
600 gramos de puerros cortados en aros
rocío vegetal
2 cucharadas de aceite de oliva
1 cucharada de leche en polvo descremada
1 cucharada de almidón de maíz
200 cc de leche descremada
1 huevo
2 claras
3 cucharadas de queso magro rallado
250 gramos de vieiras limpias
sal, pimienta, nuez moscada

SALSA
1 remolacha grande pelada, cortada en cubos pequeños
200 cc de caldo de ave concentrado (pág. 13)
200 cc de vino blanco
1 cucharada de almidón de maíz
1 lata de crema liviana

ADEMÁS
20 tiritas de puerro blanqueadas (pág. 16)

CRÊPES

▾ Procesar el huevo junto con las claras, la harina, la leche, la soda y algo de sal. Retirar de la procesadora y agregar las nueces. Dejar reposar por lo menos durante 20 minutos.

▾ Cocinar las *crêpes*, de ambos lados, en una panquequera antiadherente lubricada con rocío vegetal. Apilarlas a medida que estén listas.

RELLENO

▾ Rehogar los puerros en una sartén lubricada con el rocío vegetal y el aceite de oliva, hasta que estén transparentes.

▾ Diluir la leche en polvo y el almidón de maíz en la leche. Añadir el huevo, las claras, el queso rallado y las vieiras. Mezclar bien y agregar a la sartén.

▾ Condimentar con sal, pimienta y nuez moscada. Cocinar durante unos minutos, hasta que espese. Retirar y dejar enfriar.

Salsa

▾ Cocinar la remolacha en una cacerolita con la mezcla de caldo y vino, hasta que esté tierna.

▾ Disolver el almidón de maíz en la crema liviana y agregar a la salsa. Cocinar hasta que espese.

Armado

▾ Colocar 1 cucharada de relleno en el centro de cada *crêpe*. Llevar los bordes hacia arriba y atar con las tiras de puerro.

▾ Acomodar los ataditos en una fuente térmica lubricada con rocío vegetal. Cubrirlos con papel de aluminio. Calentarlos en el horno durante unos minutos.

▾ Servir en cada plato dos ataditos, sobre un espejo de salsa. Acompañar con los cubos de remolacha.

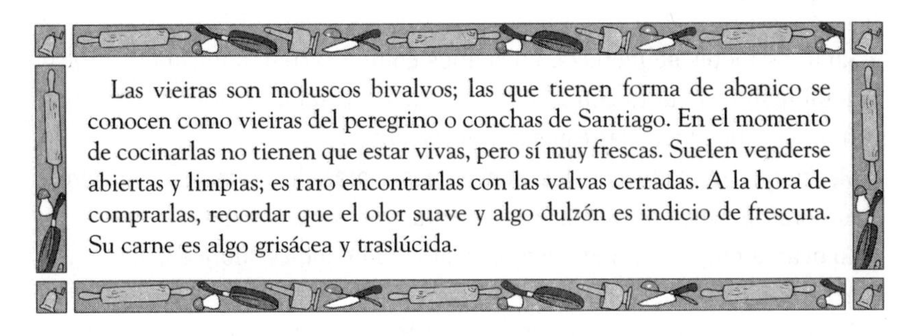

Las vieiras son moluscos bivalvos; las que tienen forma de abanico se conocen como vieiras del peregrino o conchas de Santiago. En el momento de cocinarlas no tienen que estar vivas, pero sí muy frescas. Suelen venderse abiertas y limpias; es raro encontrarlas con las valvas cerradas. A la hora de comprarlas, recordar que el olor suave y algo dulzón es indicio de frescura. Su carne es algo grisácea y traslúcida.

Budín de merluza

Ingredientes

- 1 kilo de filetes de merluza
- sal
- rocío vegetal manteca
- 2 huevos
- 3 claras
- 2 tomates perita pelados (pág. 16), licuados
- 1/4 de taza de jerez
- 1/2 taza de avena arrollada de cocción rápida
- sal, pimienta
- 1 taza de salsa golf *light*
- leche descremada
- 250 gramos de camarones limpios

▼ Salar los filetes de merluza. Cocinarlos en una sartén lubricada con rocío vegetal manteca, junto con 2 ó 3 cucharadas de agua. Retirarlos y dejarlos enfriar. Sacarles todas las espinas y desmenuzarlos.

▼ Mezclar el pescado con los huevos, las claras, los tomates y el jerez. Incorporar la avena arrollada. Condimentar con sal y pimienta.

▼ Colocar la preparación en un molde para budín inglés, lubricado con rocío vegetal y enharinado.

▼ Cocinar en horno moderado, a baño de María, hasta que coagule. Retirar, dejar enfriar y desmoldar.

▼ Aligerar la salsa golf con la cantidad de leche necesaria para que adquiera una consistencia corrediza.

▼ Servir el budín de merluza frío, bañado con la salsa golf y decorado con los camarones.

▼ Acompañar con ensalada de hojas verdes y tomates *cherry*.

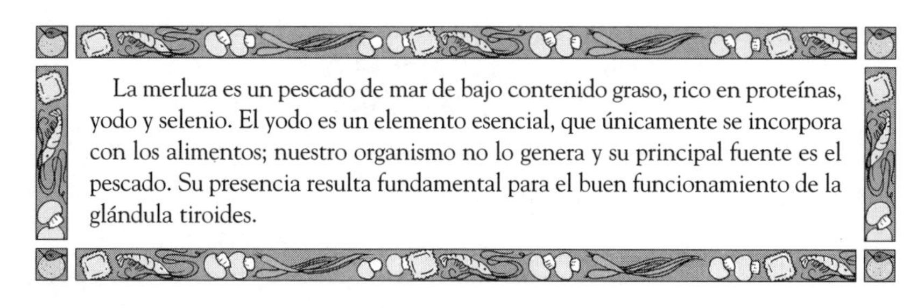

La merluza es un pescado de mar de bajo contenido graso, rico en proteínas, yodo y selenio. El yodo es un elemento esencial, que únicamente se incorpora con los alimentos; nuestro organismo no lo genera y su principal fuente es el pescado. Su presencia resulta fundamental para el buen funcionamiento de la glándula tiroides.

Calamares rellenos

INGREDIENTES

8 calamares medianos, limpios (pág. 12)

250 gramos de pescado hervido y desmenuzado

2 cebollas de verdeo cortadas en aros y rehogadas

1 huevo duro picado

2 claras

4 cucharadas de queso magro rallado

50 gramos de aceitunas verdes descarozadas y picadas

sal, pimienta y nuez moscada

SALSA

1 cebolla picada finamente

3 cebollas de verdeo en aros

rocío vegetal

1 pimiento rojo cortado en juliana fina

6 tomates perita pelados (pág. 16), licuados

1/2 vaso de vino blanco

sal, pimienta

caldo de verdura o pescado

1 cucharadita de azúcar

▼ Separar las cabezas de los calamares y picarlas finamente.

▼ Mezclarlas con el pescado, las cebollas de verdeo y el huevo duro. Unir con las claras, el queso rallado y las aceitunas. Condimentar.

▼ Rellenar con la mezcla los tubos de los calamares (el relleno no debe ser abundante, para que no revienten al cocinarlos). Cerrar las aberturas con palillos.

SALSA

▼ Rehogar la cebolla y las cebollas de verdeo en una cacerola lubricada con rocío vegetal. Agregar el pimiento y los tentáculos de los calamares picados.

▼ Cuando las verduras estén tiernas, añadir los tomates y el vino. Dejar reducir un poco. Salpimentar, verter caldo a gusto y cocinar durante unos minutos. Equilibrar la acidez con el azúcar.

▼ Incorporar los calamares rellenos, tapar y cocinar hasta que estén tiernos.

▼ Servir calientes, con timbales de arroz integral.

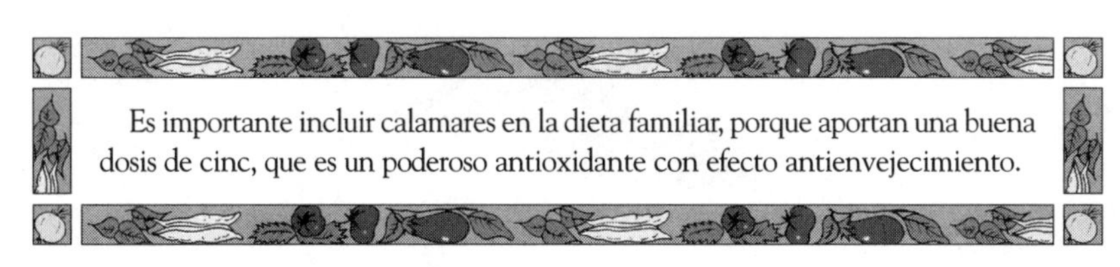

Es importante incluir calamares en la dieta familiar, porque aportan una buena dosis de cinc, que es un poderoso antioxidante con efecto antienvejecimiento.

Cazuela de pez ángel

Ingredientes

- rocío vegetal
- 1 diente de ajo
- 6 zanahorias
- 8 puerros
- 8 cebollas de verdeo
- 1 y 1/2 kilo de pez ángel
- sal, pimienta
- 1 vaso de vino blanco seco
- 200 gramos de queso untable descremado
- 200 gramos de crema liviana
- rodajas de calabaza cocidas

▼ Lubricar una cacerola con rocío vegetal. Frotarla con el diente de ajo partido.
▼ Cortar las zanahorias, los puerros y las cebollas de verdeo en bastones del tamaño de un fósforo.
▼ Cortar el pescado en bastones.
▼ Colocar las zanahorias en el fondo de la cacerola. Luego alternar capas de puerros, cebollas de verdeo y pescado. Condimentar cada capa con sal y pimienta. Rociar con el vino.
▼ Tapar y llevar al fuego. Cocinar sobre llama suave durante 20 minutos.
▼ Incorporar el queso untable mezclado con la crema liviana y calentar.
▼ Servir cada porción de cazuela acompañada con calabaza cocida al horno.

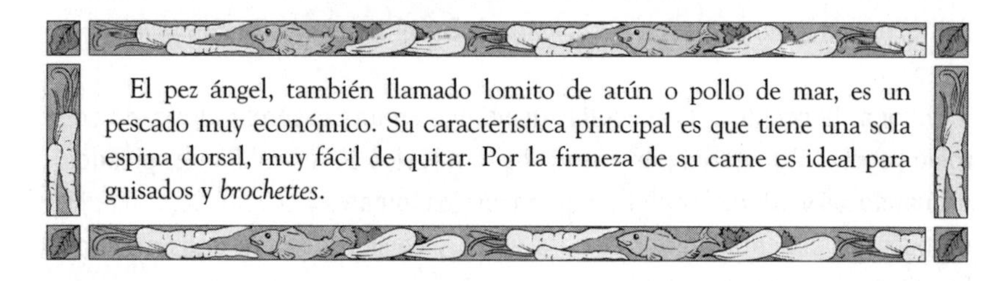

El pez ángel, también llamado lomito de atún o pollo de mar, es un pescado muy económico. Su característica principal es que tiene una sola espina dorsal, muy fácil de quitar. Por la firmeza de su carne es ideal para guisados y *brochettes*.

Corvina al horno

Ingredientes

- 1 corvina de 1,500 kilo, entera y limpia
- 1/2 limón
- sal
- 1 papa grande, pelada
- aceite de oliva
- condimento para pescado
- 250 cc de caldo de carne desgrasado
- hojas de albahaca
- 8 tomates perita pelados (pág. 16), cortados en cuartos
- 300 gramos de *échalotes* peladas y cortadas por el medio
- 1 cucharada de almidón de maíz
- leche descremada
- 2 cucharadas de queso untable descremado

▼ Lavar y secar el pescado. Hacerle en el lomo dos incisiones oblicuas, que lleguen casi hasta la espina central. Frotar con el limón. Salar por dentro.

▼ Colocar la papa en el interior del pescado, para que mantenga buena forma durante la cocción. Untar todo el exterior con aceite de oliva y sazonar con condimento para pescado.

▼ Colocar el pescado en una fuente térmica. Verter un poco de caldo en la fuente. Llevar al horno durante 10 minutos. Agregar caldo en la medida que sea necesario.

▼ Incorporar a la fuente los tomates y las *échalotes*. Volver al horno y cocinar durante 20 minutos, aproximadamente, hasta que el pescado esté a punto. Bañarlo de tanto en tanto con caldo caliente.

▼ Verter el fondo de cocción en una cacerolita. Agregar el caldo que hubiera sobrado. Incorporar el almidón de maíz disuelto en leche. Llevar al fuego y cocinar hasta que espese. Agregar el queso untable y calentar.

▼ Servir el pescado con los vegetales y la salsa. Decorar con hojas de albahaca cortadas en tiritas (con tijera).

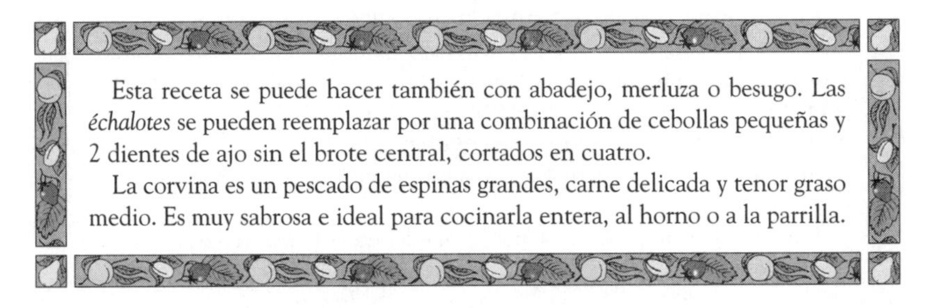

Esta receta se puede hacer también con abadejo, merluza o besugo. Las *échalotes* se pueden reemplazar por una combinación de cebollas pequeñas y 2 dientes de ajo sin el brote central, cortados en cuatro.

La corvina es un pescado de espinas grandes, carne delicada y tenor graso medio. Es muy sabrosa e ideal para cocinarla entera, al horno o a la parrilla.

Ensalada de pulpo

Ingredientes

- 400 gramos de pulpo cocido, cortado en rueditas
- 1 pimiento rojo y 1 amarillo pelados con el pelapapas y cortados en juliana
- 1 cucharada de pimentón dulce
- 4 cucharadas de aceite de oliva
- 1 cebolla cortada en pluma (pág. 14) y pasada por agua hirviente
- 4 tomates perita pelados (pág. 16), en cuartos
- 2 cucharadas de vinagre de manzana
- sal, pimienta

▼ En el supermercado se puede adquirir pulpo ya cocido y cortado. Si se compra crudo y entero, se aconseja encallarlo. Esto consiste en sumergirlo brevemente en agua hirviente y retirarlo, tres veces seguidas.

▼ Para hervir el pulpo es importante no salar el agua. Agregarle 1 cebolla claveteada (con clavos de olor), 1 zanahoria, 1 ramito de hierbas aromáticas y 1 papa. Graduar la llama al máximo. Si el pulpo pesa 1 kilo, demorará de 20 a 25 minutos; si es más grande, cocinar hasta que la papa o la cebolla estén tiernas. Cuando el pulpo aún se note un poquito duro al pincharlo con un tenedor, apagar el fuego y dejarlo dentro del agua durante 25 minutos (si se retirara de inmediato, se pondría gomoso y duro). Luego escurrirlo y cortarlo en trocitos con una tijera de cocina.

▼ Colocar en una ensaladera el pulpo, los pimientos, la cebolla y los tomates.

▼ Para el aliño, combinar el vinagre, sal y pimienta. Agregar el pimentón disuelto en el aceite y batir enérgicamente para emulsionar. Verter sobre la ensalada y mezclar.

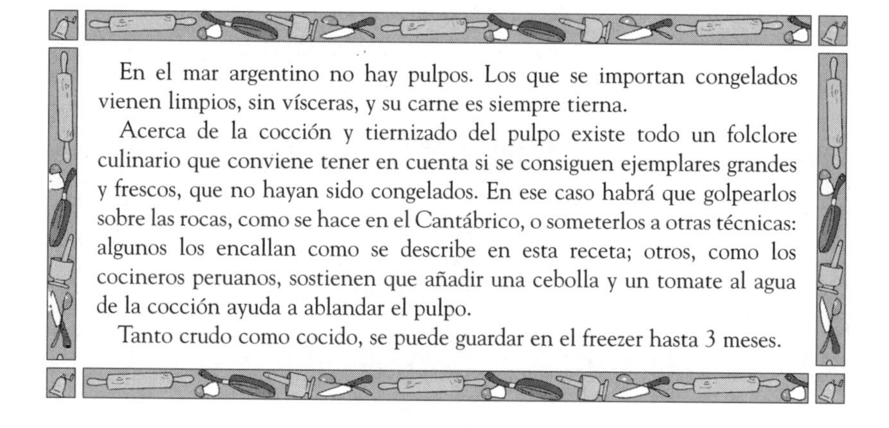

En el mar argentino no hay pulpos. Los que se importan congelados vienen limpios, sin vísceras, y su carne es siempre tierna.

Acerca de la cocción y tiernizado del pulpo existe todo un folclore culinario que conviene tener en cuenta si se consiguen ejemplares grandes y frescos, que no hayan sido congelados. En ese caso habrá que golpearlos sobre las rocas, como se hace en el Cantábrico, o someterlos a otras técnicas: algunos los encallan como se describe en esta receta; otros, como los cocineros peruanos, sostienen que añadir una cebolla y un tomate al agua de la cocción ayuda a ablandar el pulpo.

Tanto crudo como cocido, se puede guardar en el freezer hasta 3 meses.

Filetes de pescado a la albahaca

Ingredientes

1 manojo de hojas de albahaca
1/2 taza de aceite de oliva
1 cucharadita de sal
2 dientes de ajo
50 gramos de queso magro rallado
condimento para pescado
rocío vegetal
50 gramos de piñones tostados ligeramente en una sartén
800 gramos de filetes de pescado sin espinas
tomates perita pelados (pág. 16), en rodajas

- Procesar las hojas de albahaca, junto con el aceite de oliva, la sal y los dientes de ajo.
- Retirar la preparación de la procesadora y pasarla a un bol. Agregar el queso rallado y los piñones. Mezclar para obtener un pesto. Reservarlo.
- Lubricar una fuente térmica con rocío vegetal. Acomodar dentro los filetes de pescado. Espolvorear con condimento para pescado.
- Cubrir los filetes con rodajas de tomates. Verter encima el pesto reservado. Tapar con papel de aluminio.
- Llevar al horno precalentado y cocinar durante 15 minutos.
- Retirar y saborear en el momento.

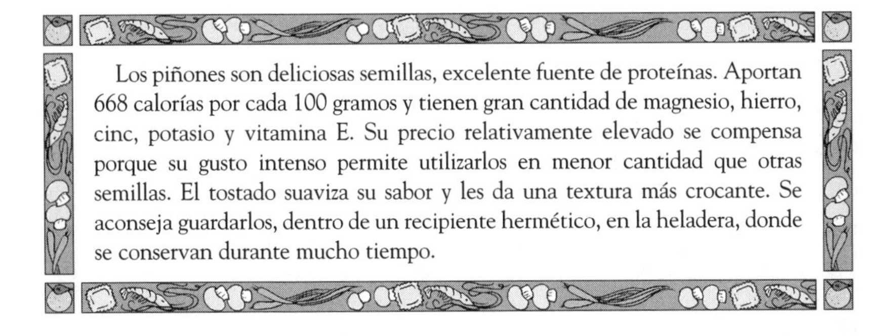

Los piñones son deliciosas semillas, excelente fuente de proteínas. Aportan 668 calorías por cada 100 gramos y tienen gran cantidad de magnesio, hierro, cinc, potasio y vitamina E. Su precio relativamente elevado se compensa porque su gusto intenso permite utilizarlos en menor cantidad que otras semillas. El tostado suaviza su sabor y les da una textura más crocante. Se aconseja guardarlos, dentro de un recipiente hermético, en la heladera, donde se conservan durante mucho tiempo.

Langostinos con salsa americana

Ingredientes

- rocío vegetal
- 1 cebolla picada
- cabezas de 2 cebollas de verdeo cortadas en aros
- 1 diente de ajo picado
- 1 cucharada de perejil picado
- 1 vasito de coñac
- 2 cucharadas de extracto de tomate
- 500 cc de vino blanco
- 500 cc de caldo de pescado (pág. 13)
- sal, pimienta, pimentón
- 20 gramos de harina
- 4 cucharadas de crema liviana
- 1 cucharadita de azúcar
- 24 langostinos limpios (pág. 14)
- *ciboulette* picada

▾ Lubricar una cacerola con rocío vegetal. Colocar la cebolla, las cebollas de verdeo, el ajo, el perejil y el coñac. Rehogar todo junto durante unos minutos. Agregar el extracto de tomate disuelto en el vino. Incorporar el caldo, sal, pimienta y pimentón. Dejar reducir a la mitad, con la cacerola destapada, durante 15 minutos. Añadir la harina disuelta en la crema, calentar hasta que empiece a hervir y retirar. Corregir la acidez con el azúcar.

▾ Colocar los langostinos en una fuente térmica y cubrirlos con la salsa.

▾ Gratinar en el horno durante unos minutos, hasta que todo esté caliente.

▾ Retirar, espolvorear con *ciboulette* y servir con timbales de arroz integral.

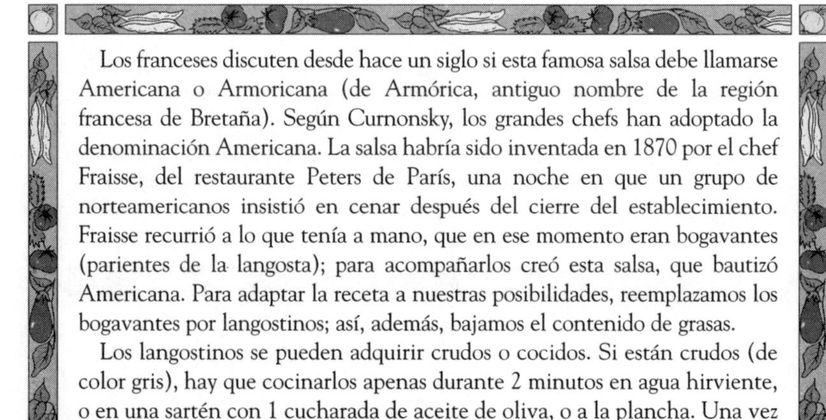

Los franceses discuten desde hace un siglo si esta famosa salsa debe llamarse Americana o Armoricana (de Armórica, antiguo nombre de la región francesa de Bretaña). Según Curnonsky, los grandes chefs han adoptado la denominación Americana. La salsa habría sido inventada en 1870 por el chef Fraisse, del restaurante Peters de París, una noche en que un grupo de norteamericanos insistió en cenar después del cierre del establecimiento. Fraisse recurrió a lo que tenía a mano, que en ese momento eran bogavantes (parientes de la langosta); para acompañarlos creó esta salsa, que bautizó Americana. Para adaptar la receta a nuestras posibilidades, reemplazamos los bogavantes por langostinos; así, además, bajamos el contenido de grasas.

Los langostinos se pueden adquirir crudos o cocidos. Si están crudos (de color gris), hay que cocinarlos apenas durante 2 minutos en agua hirviente, o en una sartén con 1 cucharada de aceite de oliva, o a la plancha. Una vez cocidos toman color anaranjado.

Lenguado con salsa de berros

Ingredientes

- 4 filetes de lenguado
- jugo de 1 limón
- sal, pimienta
- 200 gramos de queso *mozzarella*
- 1 pimiento rojo cocido y pelado (pág. 15)
- 200 gramos de camarones limpios
- rocío vegetal
- 1 paquete de berro
- 1 cucharadita de almidón de maíz
- 1 taza de caldo de pescado (pág. 13)
- 200 gramos de crema liviana
- 1 huevo
- 50 gramos de aceitunas verdes descarozadas y picadas

▾ Rociar los filetes de lenguado con el jugo de limón. Dejarlos macerar durante 1/2 hora. Luego escurrirlos, secarlos y salpimentarlos.

▾ Extenderlos sobre la mesada. Ubicar una tajada de *mozzarella* y un trozo de pimiento rojo sobre cada uno. Distribuir encima los camarones. Enrollar y sujetar con palillos. Acomodar los rollitos en una fuente térmica lubricada con rocío vegetal.

▾ Aparte, licuar las hojas de berro limpias, sin los tallos, junto con el almidón de maíz disuelto en el caldo, la crema, el huevo, sal y pimienta. Verter el licuado sobre los rollitos.

▾ Cocinar en horno moderado durante 1/2 hora.

▾ Retirar, esparcir arriba las aceitunas y servir.

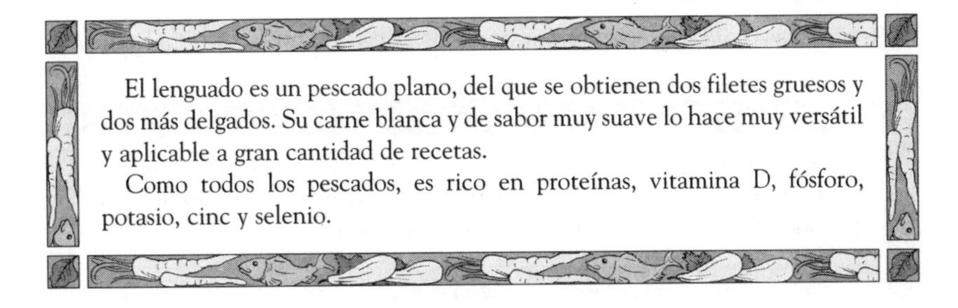

El lenguado es un pescado plano, del que se obtienen dos filetes gruesos y dos más delgados. Su carne blanca y de sabor muy suave lo hace muy versátil y aplicable a gran cantidad de recetas.

Como todos los pescados, es rico en proteínas, vitamina D, fósforo, potasio, cinc y selenio.

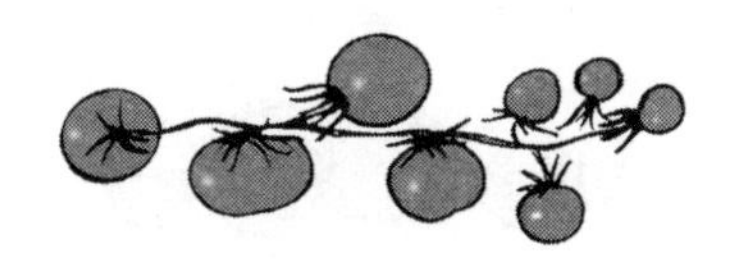

Milhojas de merluza

INGREDIENTES

- 2 huevos
- 3 claras
- 2 cucharadas de leche en polvo descremada
- 1 taza de leche descremada
- 3 cucharadas de queso magro rallado
- 2 cucharadas de perejil picado
- 2 dientes de ajo picados
- rocío vegetal
- 2 cucharadas de albahaca picada
- 750 gramos de filetes de merluza
- sal, pimienta
- 200 gramos de queso de máquina cortado en tajadas
- 400 gramos de zapallitos con piel, cortados en finas láminas
- 300 gramos de zanahorias cocidas, cortadas en bastones

▼ Preparar el ligue mezclando los huevos con las claras, la leche en polvo disuelta en la leche, el queso rallado, el perejil, el ajo y la albahaca. Reservar.
▼ Forrar un molde para budín inglés con papel de aluminio y lubricarlo con rocío vegetal.
▼ Disponer en el fondo del molde una capa de filetes de merluza. Salpimentar. Colocar encima, por capas, unas cucharadas del ligue, tajadas de queso de máquina, láminas de zapallitos, más ligue, queso de máquina, bastones de zanahorias, ligue, queso de máquina, zapallitos, ligue y queso de máquina. Acomodar otra capa de pescado y terminar con el resto del ligue.
▼ Tapar con papel de aluminio. Llevar al horno y cocinar a temperatura moderada hasta que el ligue coagule.
▼ Retirar, desmoldar y acompañar con salsa de tomates liviana (pág. 16).

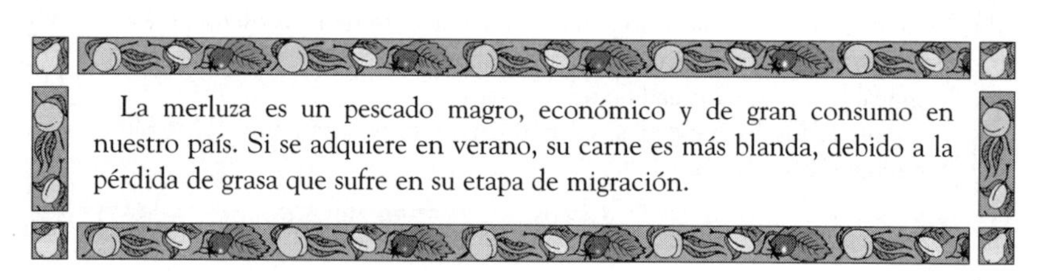

La merluza es un pescado magro, económico y de gran consumo en nuestro país. Si se adquiere en verano, su carne es más blanda, debido a la pérdida de grasa que sufre en su etapa de migración.

Pan de brótola

INGREDIENTES

1 zanahoria en rodajas gruesas
1 ramito de perejil
2 hojas de laurel
1 cebolla grande en octavos
granos de pimienta blanca
sal gruesa
1 kilo de filetes de brótola
240 gramos de queso untable descremado
3 sobres de gelatina sin sabor
100 gramos de crema liviana

SALSA

100 cc de vino blanco seco
200 cc de caldo de pescado (pág. 13)
100 gramos de crema liviana
100 gramos de queso untable descremado
sal, pimienta
6 cucharadas de *ciboulette* picada
6 tomates perita pelados (pág. 16), en cascos

▼ Colocar en una cacerola la zanahoria, el perejil, el laurel, la cebolla, pimienta y sal. Cubrir con agua y dejar que hierva. Incorporar los filetes, apagar el fuego y dejar reposar durante 5 minutos. Escurrir los filetes. Reservar la cebolla y 2 tazas del caldo. Procesar los filetes junto con la cebolla y 1 taza del caldo. Añadir el queso untable y seguir procesando hasta unir. Pasar a un bol.
▼ Hidratar la gelatina en el resto del caldo reservado. Calentar hasta que se disuelva. Dejarla entibiar y agregarla. Incorporar también la crema liviana.
▼ Volcar la mezcla en un molde para budín inglés forrado con papel manteca (pág. 14). Llevar a la heladera hasta que solidifique.

SALSA

▼ Calentar el vino junto con el caldo. Retirar del fuego en cuanto rompa el hervor.
▼ Unir la crema liviana con el queso untable. Agregar poco a poco la mezcla de vino y caldo. Salpimentar y aromatizar con la *ciboulette*.
▼ Desmoldar el pan de brótola, cortarlo en tajadas y servirlo con la salsa. Acompañar con los tomates y una ensalada de hojas verdes condimentada con sal, jugo de limón y aceite de oliva.

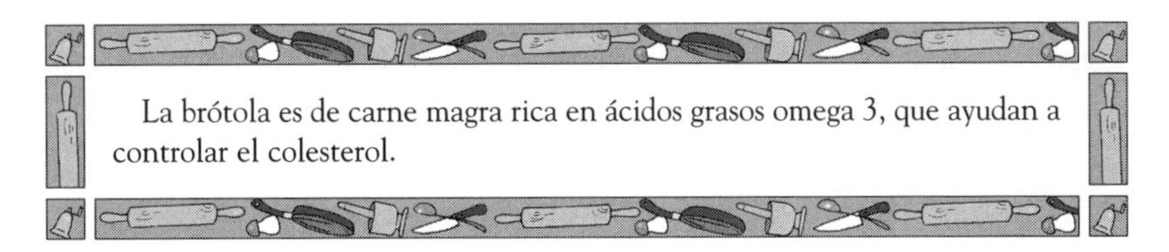

La brótola es de carne magra rica en ácidos grasos omega 3, que ayudan a controlar el colesterol.

Paquetitos de salmón

INGREDIENTES

- 1 kilo de filetes de salmón
- sal, pimienta
- 350 gramos de mejillones limpios
- jugo de limón
- aceite de oliva
- 1 cucharada de ajo y perejil picados
- 2 cucharadas de almidón de maíz
- 1 cucharadita de manteca fría
- 600 cc de caldo de pescado (pág. 13)
- 1 cucharada de coriandro machacado en el mortero
- 350 gramos de zanahorias en juliana, blanqueadas
- 350 gramos de puerros en juliana, blanqueados
- 450 gramos de champiñones fileteados

▾ Cortar el salmón en bastones. Salpimentar y reservar.

▾ Macerar los mejillones con jugo de limón, aceite de oliva, ajo y perejil.

▾ Aparte, diluir el almidón de maíz en el caldo. Perfumar con el coriandro y salpimentar. Llevar al fuego y cocinar hasta que espese. Retirar del fuego, agregar la manteca y mezclar bien, para obtener una salsa lisa.

▾ Cortar rectángulos de papel de aluminio del tamaño de una hoja oficio.

▾ Doblarlos por la mitad y cerrar los costados, dos veces. Apoyarlos sobre una asadera, dejando la abertura hacia arriba.

▾ Colocar dentro, en forma alternada, zanahorias, puerros, champiñones, salmón, mejillones y salsa.

▾ Cerrar los paquetitos. Verter agua caliente en la asadera.

▾ Llevar al horno precalentado a 200ºC. Cocinar durante 10 minutos, aproximadamente.

▾ Presentar cada paquetito en un plato, sobre una servilleta.

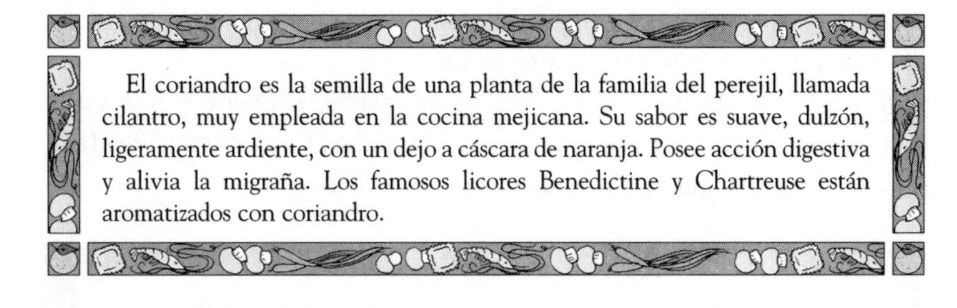

El coriandro es la semilla de una planta de la familia del perejil, llamada cilantro, muy empleada en la cocina mejicana. Su sabor es suave, dulzón, ligeramente ardiente, con un dejo a cáscara de naranja. Posee acción digestiva y alivia la migraña. Los famosos licores Benedictine y Chartreuse están aromatizados con coriandro.

Pescado con avena

INGREDIENTES

3 cucharadas de avena arrollada superfina (o tradicional, procesada)
50 gramos de avena arrollada tradicional
50 gramos de pan integral oreado y procesado
1 cucharadita de ralladura de limón
sal, pimienta
4 filetes de merluza o lenguado
condimento para pescado
1 taza de harina integral superfina
2 claras ligeramente batidas
aceite de oliva

ENSALADA

6 cucharadas de aceite de oliva
1 atado de espinaca limpia, cortada en trozos con la mano
2 cebollas de verdeo cortadas en aros
3 rebanadas de jamón cocido, desgrasado
2 peras peladas, en cubitos
jugo de 1 limón
3 cucharadas de vinagre de manzana
sal
1 cucharada de mostaza en grano
2 cucharaditas de azúcar
1 cucharadita de estragón seco

▾ Mezclar las dos avenas con el pan integral, la ralladura de limón, sal y pimienta.
▾ Secar los filetes y sazonarlos con condimento para pescado. Pasarlos por la harina integral, luego por las claras y finalmente por la mezcla de avena.
▾ Pincelar una fuente térmica con aceite de oliva, acomodar los filetes y cocinarlos en horno moderado. Servirlos con la ensalada.

ENSALADA

▾ Combinar la espinaca cruda con las cebollas de verdeo, el jamón cortado en tiritas delgadas y las peras bañadas con el jugo de limón.
▾ Para el aderezo, mezclar el vinagre con la sal, la mostaza en grano, el azúcar y el estragón. Añadir el aceite de oliva y revolver para emulsionar.

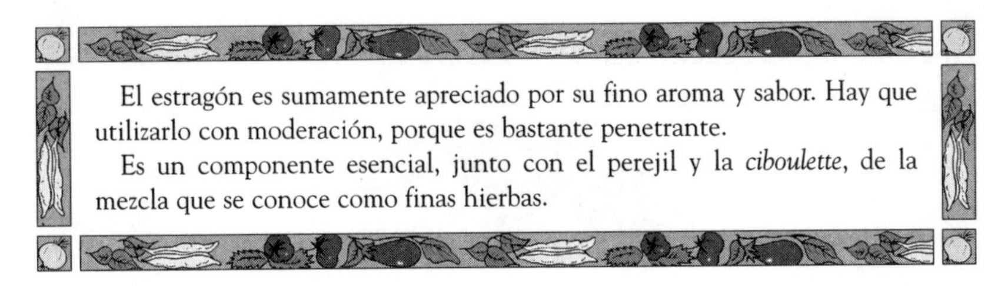

El estragón es sumamente apreciado por su fino aroma y sabor. Hay que utilizarlo con moderación, porque es bastante penetrante.

Es un componente esencial, junto con el perejil y la *ciboulette*, de la mezcla que se conoce como finas hierbas.

Pescado con salsa de palmitos

INGREDIENTES

4 a 6 filetes de salmón
condimento para pescado
1/2 taza de jerez

SALSA

1 lata de palmitos
400 gramos de queso untable descremado
3 cucharadas de ketchup
1 cucharada de salsa inglesa
1 taza del líquido de los palmitos
sal, pimienta
perlas de zapallitos (pág. 14) blanqueadas
aceite de maíz

- Sazonar los filetes de salmón con condimento para pescado.
- Acomodarlos en una fuente térmica y rociarlos con el jerez. Tapar con papel de aluminio.
- Llevar al horno y cocinar a temperatura moderada durante 20 minutos.

SALSA

- Escurrir los palmitos (guardar el líquido). Licuarlos junto con el queso untable, el ketchup y la salsa inglesa.
- Pasar la preparación a una cacerolita. Aligerar la consistencia con el líquido de los palmitos. Llevar al fuego y calentar, cuidando que no llegue a hervir. Retirar y salpimentar a gusto.
- Servir el pescado cubierto con la salsa de palmitos. Acompañar con perlas de zapallitos blanqueadas, condimentadas con sal, pimienta y aceite de maíz.
- Si se prefiere, acompañar con flancitos de espinaca (pág. 28).

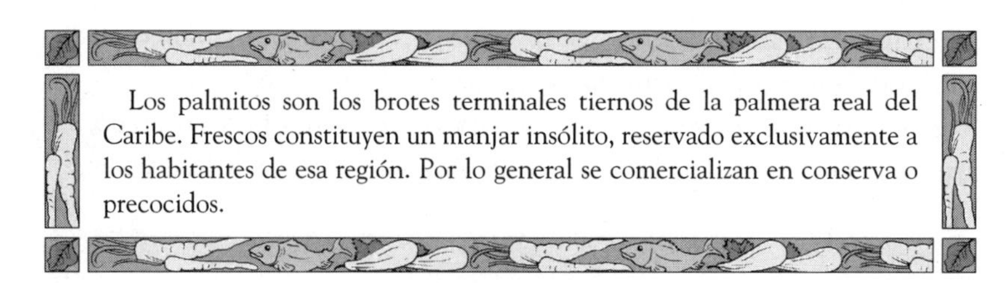

Los palmitos son los brotes terminales tiernos de la palmera real del Caribe. Frescos constituyen un manjar insólito, reservado exclusivamente a los habitantes de esa región. Por lo general se comercializan en conserva o precocidos.

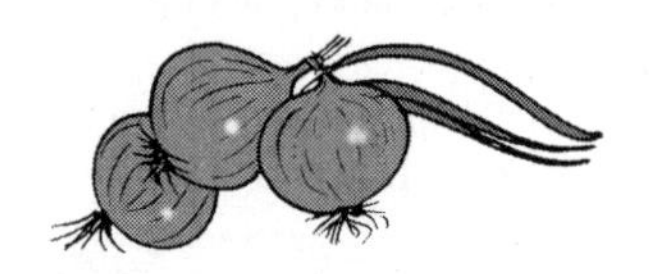

Arrollado de espinaca (*pág. 19*)

1

1 Pollo con pimientos y mango (*pág. 92*)
2 Turbantes de ave Alejandra (*pág. 97*)

Carré con frambuesas (*pág. 104*)

Empanaditas originales (*pág. 23*)

Moldeado anaranjado (*pág. 33*)

Muffins de carne (*pág. 117*)

Lomo con crema de calabaza *(pág. 114)*

Pescado con salsa liviana

INGREDIENTES

- 750 gramos de filetes de merluza o brótola
- rocío vegetal
- 1 cebolla picada
- 500 gramos de champiñones fileteados
- 1/2 vaso de vino tinto
- 250 gramos de mejillones limpios
- sal, tomillo
- ralladura de limón
- 100 cc de crema liviana

▾ Enrollar los filetes de pescado y colocarlos en una fuente térmica lubricada con rocío vegetal. Tapar con papel de aluminio y cocinar en horno moderado hasta que estén a punto (también se pueden cocinar en microondas; si se opta por este método, tapar con un plato o con film autoadherente).
▾ Aparte, rehogar la cebolla en una sartén lubricada con rocío vegetal. Agregar los champiñones y cocinar durante unos minutos.
▾ Verter el vino y cocinar durante 2 minutos más.
▾ Incorporar los mejillones. Condimentar con sal, tomillo y ralladura de limón.
▾ Cuando todo esté bien caliente, añadir la crema liviana. Dejar que tome temperatura y retirar.
▾ Servir la salsa con el pescado cocido.

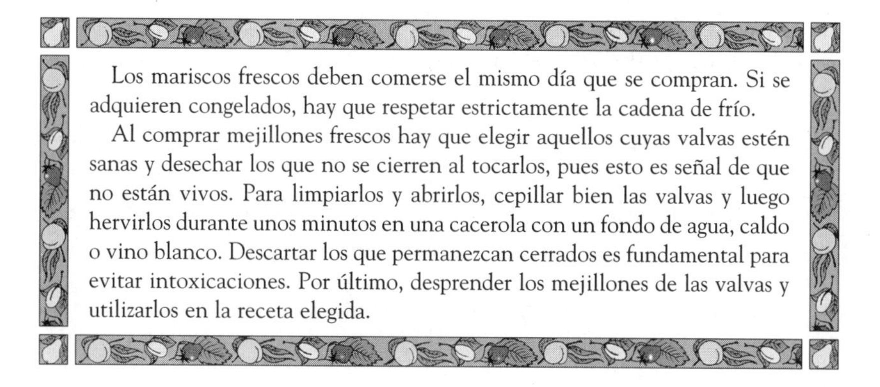

Los mariscos frescos deben comerse el mismo día que se compran. Si se adquieren congelados, hay que respetar estrictamente la cadena de frío.

Al comprar mejillones frescos hay que elegir aquellos cuyas valvas estén sanas y desechar los que no se cierren al tocarlos, pues esto es señal de que no están vivos. Para limpiarlos y abrirlos, cepillar bien las valvas y luego hervirlos durante unos minutos en una cacerola con un fondo de agua, caldo o vino blanco. Descartar los que permanezcan cerrados es fundamental para evitar intoxicaciones. Por último, desprender los mejillones de las valvas y utilizarlos en la receta elegida.

Pez ángel en chupín

INGREDIENTES

- 1 pez ángel (también llamado lomito de atún o pollo de mar)
- condimento para pescado
- 2 cebollas cortadas en aros
- 1 pimiento rojo cortado en tiras anchas
- 1 pimiento verde cortado en tiras anchas
- 8 tomates perita pelados (pág. 16), en cuartos
- 2 cucharadas de aceite de oliva
- 1 cucharada de perejil picado
- 200 gramos de champiñones fileteados
- 1 vasito de jerez
- 1 cucharón de caldo de pescado (pág. 13) o de ave, desgrasado
- 1 hoja de laurel
- 1/2 cucharada de orégano
- 1 cucharadita de ralladura de limón
- semillas de sésamo ligeramente tostadas en una sartén limpia

▾ Lavar el pez ángel, cortarlo en rodajas gruesas y espolvorearlo con condimento para pescado.

▾ Colocar en una cacerola las rodajas de pez ángel, alternando con las cebollas, los pimientos, los tomates y los champiñones. Rociar con el aceite de oliva.

▾ Aparte, mezclar el jerez con el caldo. Añadir el perejil, el laurel, el orégano y la ralladura de limón. Verter en la cacerola.

▾ Tapar y llevar al fuego. Cocinar lentamente hasta que el pescado esté a punto.

▾ Servir el chupín espolvoreado con semillas de sésamo ligeramente tostadas.

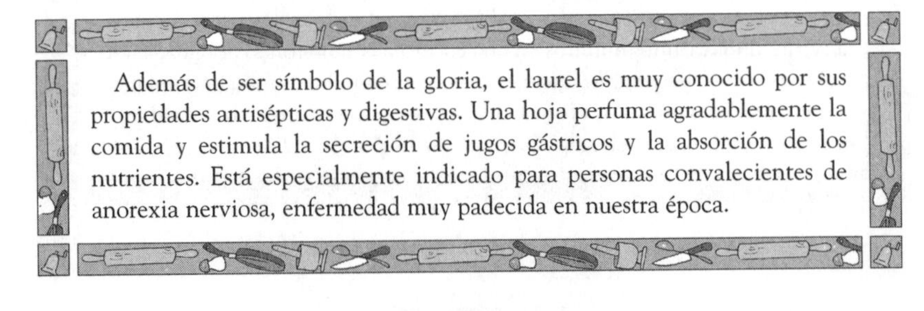

Además de ser símbolo de la gloria, el laurel es muy conocido por sus propiedades antisépticas y digestivas. Una hoja perfuma agradablemente la comida y estimula la secreción de jugos gástricos y la absorción de los nutrientes. Está especialmente indicado para personas convalecientes de anorexia nerviosa, enfermedad muy padecida en nuestra época.

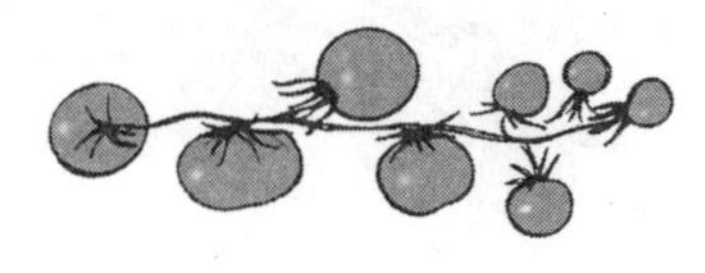

Postas de salmón en camisa

INGREDIENTES

- hojas de 1 atado de espinaca, blanqueadas (pág. 14)
- 4 postas gruesas de salmón
- rocío vegetal
- aceite de oliva
- 300 gramos de puerros en aros
- sal, pimienta
- 1 copa de vino blanco seco
- 2 cucharadas de almidón de maíz
- 1 taza de caldo de pescado (pág. 13) o de ave
- 100 cc de crema liviana
- cintas de zanahorias (pág. 13)

▼ Sobre un trozo de papel manteca acomodar las hojas de espinaca, superponiéndolas hasta formar una capa. Con una tijera cortar al mismo tiempo la espinaca y el papel, para obtener 4 tiras del ancho de las postas de salmón. Rodear con una tira el contorno de cada posta, con ayuda del papel.
▼ Colocar las postas en una fuente térmica lubricada con rocío vegetal. Pincelar la superficie con aceite de oliva. Tapar con papel de aluminio.
▼ Cocinar en horno precalentado hasta que el pescado esté a punto (de 20 a 30 minutos, según el espesor de las postas).
▼ Aparte, rehogar los puerros en una sartén antiadherente con 1 cucharada de aceite de oliva. Salpimentar y verter el vino blanco. Cocinar durante unos minutos. Agregar el almidón de maíz disuelto en el caldo. Continuar la cocción hasta lograr una salsa espesa. Por último añadir la crema y calentar.
▼ Servir el pescado con la salsa. Decorar con cintas de zanahorias al vapor.

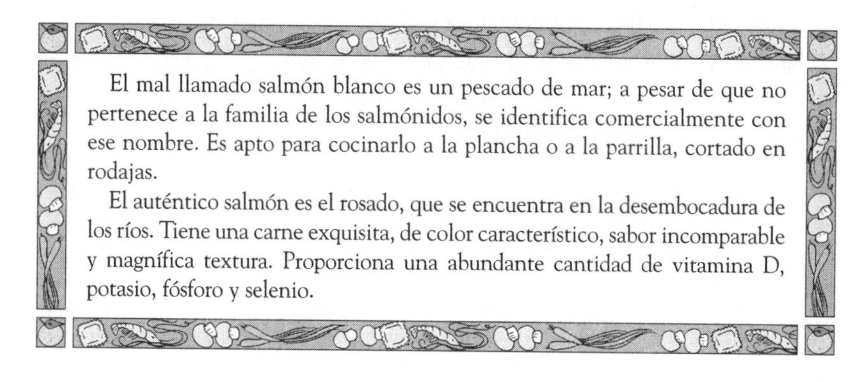

El mal llamado salmón blanco es un pescado de mar; a pesar de que no pertenece a la familia de los salmónidos, se identifica comercialmente con ese nombre. Es apto para cocinarlo a la plancha o a la parrilla, cortado en rodajas.

El auténtico salmón es el rosado, que se encuentra en la desembocadura de los ríos. Tiene una carne exquisita, de color característico, sabor incomparable y magnífica textura. Proporciona una abundante cantidad de vitamina D, potasio, fósforo y selenio.

Rollo de atún

Ingredientes

Pionono

- 9 claras
- 180 gramos de azúcar impalpable
- 1 y 1/2 cucharadita de ron
- 60 gramos de harina leudante
- 180 gramos de atún al natural, escurrido y desmenuzado
- rocío vegetal

Relleno

- 100 gramos de mayonesa *light*
- 1 cucharada de perejil picado
- hojas de lechuga sin nervaduras
- 100 gramos de choclo congelado, cocido
- 2 tomates perita pelados (pág. 16), en cubitos
- 150 gramos de jamón cocido picado
- 150 gramos de queso untable descremado
- sal, pimienta

Pionono

▾ Batir las claras. Cuando comiencen a espumar, añadir el azúcar impalpable de a poco y seguir batiendo hasta formar un merengue firme. Perfumar con el ron. Agregar la harina con movimientos envolventes. Incorporar el atún y mezclar bien. Extender la preparación sobre una placa forrada con papel manteca y lubricada con rocío vegetal.

▾ Cocinar en horno moderado durante 20 minutos, hasta que comience a desprenderse de los bordes. Retirar, desmoldar sobre un lienzo húmedo y enrollar. Dejar enfriar, desenrollar y desprender el papel.

Relleno

▾ Untar el pionono con la mayonesa y cubrirlo con hojas de lechuga.

▾ Aparte, mezclar el choclo con los tomates, el jamón, el queso untable, el perejil, sal y pimienta. Esparcir la mezcla sobre la lechuga. Enrollar.

▾ Envolver en film autoadherente y reservar en la heladera hasta servir.

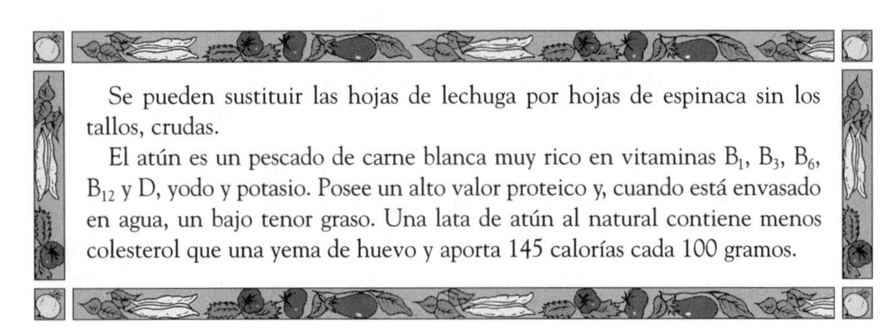

Se pueden sustituir las hojas de lechuga por hojas de espinaca sin los tallos, crudas.

El atún es un pescado de carne blanca muy rico en vitaminas B_1, B_3, B_6, B_{12} y D, yodo y potasio. Posee un alto valor proteico y, cuando está envasado en agua, un bajo tenor graso. Una lata de atún al natural contiene menos colesterol que una yema de huevo y aporta 145 calorías cada 100 gramos.

Tarteletas de camarones

Ingredientes

Masa
- 1/4 de taza de agua
- 1/4 de taza de aceite
- 1/2 taza de vino blanco
- sal, pimienta
- 1 cucharadita de ralladura de limón
- harina leudante
- rocío vegetal

Relleno
- 300 gramos de camarones limpios
- pimienta negra
- 1 cucharada de salsa de soja
- 2 cucharadas de aceite de oliva
- 1 cebolla pequeña picada
- 1/2 taza de apio picado
- 1 cucharada de perejil picado
- 1 taza de leche descremada
- 1 huevo
- 1/2 taza de queso magro rallado
- 2 cucharadas de leche en polvo descremada

Masa

▼ Colocar en un bol el agua, el aceite y el vino blanco. Salpimentar y perfumar con la ralladura de limón. Agregar la harina necesaria para formar un bollo tierno, que se separe de las paredes del bol. Envolver en film autoadherente y dejar descansar durante 20 minutos. Estirar la masa y forrar 6 moldes para tarteletas de 10 cm de diámetro, lubricados con rocío vegetal y enharinados. Precocinar en el horno durante 5 minutos. Retirar y dejar enfriar.

Relleno

▼ Mezclar los camarones con pimienta negra, la salsa de soja y 1 cucharada de aceite de oliva. Dejarlos macerar.

▼ En una sartén antiadherente lubricada con rocío vegetal y el aceite restante, rehogar la cebolla y el apio. Retirar, salpimentar y agregar el perejil. Colocar la preparación dentro de las tarteletas. Distribuir los camarones escurridos.

▼ Mezclar la leche con el huevo, el queso rallado, la leche en polvo, sal y pimienta a gusto. Repartir sobre las tarteletas. Cocinar en horno moderado hasta que coagule.

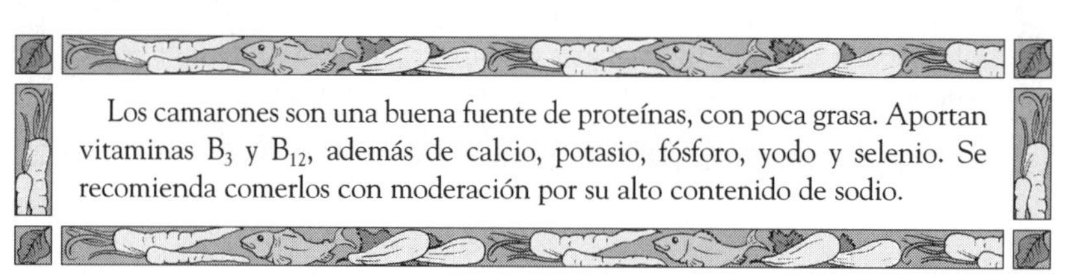

Los camarones son una buena fuente de proteínas, con poca grasa. Aportan vitaminas B_3 y B_{12}, además de calcio, potasio, fósforo, yodo y selenio. Se recomienda comerlos con moderación por su alto contenido de sodio.

Tarteletas de pescado y queso

INGREDIENTES

1 paquete de masa para *strudel* o masa *philo*

1 clara

rocío vegetal

150 gramos de queso *port salut*, cortado en 8 trozos

sal, pimienta

16 hojas de albahaca

8 trozos de pescado (merluza, salmón, lenguado)

8 rodajas gruesas de tomates perita

- Precalentar el horno a 200ºC.
- Extender la masa sobre la mesada. Dividirla en 16 cuadrados de 10 cm de lado. Pincelarlos con clara.
- Lubricar con rocío vegetal 8 moldes para *muffins*. Forrar cada uno con 2 cuadrados de masa, superponiéndolos de modo que las puntas queden alternadas y asomen por el borde del molde.
- Colocar en la base de cada tarteleta un trozo de queso *port salut*. Salpimentar.
- Disponer sobre el queso 2 hojas de albahaca y un trozo de pescado. Ubicar encima 1 rodaja de tomate. Salpimentar nuevamente.
- Llevar al horno precalentado y cocinar de 10 a 12 minutos, hasta que se dore la masa.
- Retirar y saborear en el momento.

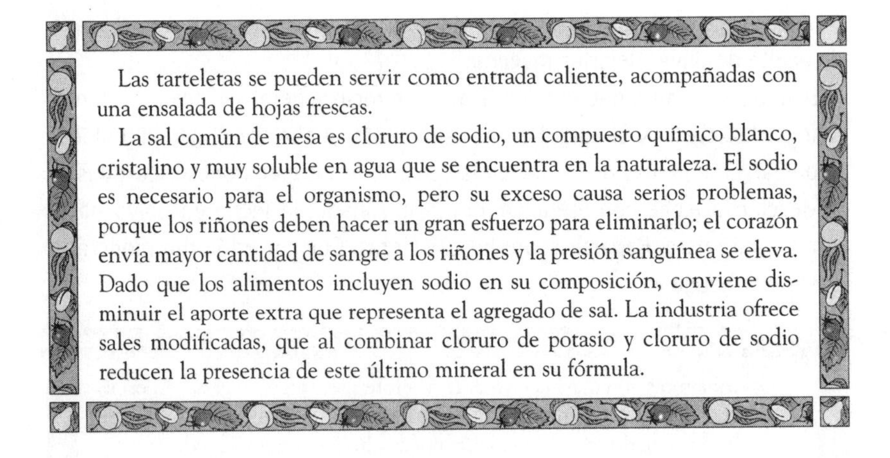

Las tarteletas se pueden servir como entrada caliente, acompañadas con una ensalada de hojas frescas.

La sal común de mesa es cloruro de sodio, un compuesto químico blanco, cristalino y muy soluble en agua que se encuentra en la naturaleza. El sodio es necesario para el organismo, pero su exceso causa serios problemas, porque los riñones deben hacer un gran esfuerzo para eliminarlo; el corazón envía mayor cantidad de sangre a los riñones y la presión sanguínea se eleva. Dado que los alimentos incluyen sodio en su composición, conviene disminuir el aporte extra que representa el agregado de sal. La industria ofrece sales modificadas, que al combinar cloruro de potasio y cloruro de sodio reducen la presencia de este último mineral en su fórmula.

Terrina de lenguado

INGREDIENTES

500 gramos de filetes de lenguado	1 cucharadita de granos de pimienta verde
3 huevos	SALSA
3 claras	100 cc de caldo de pescado (pág. 13)
sal, pimienta	50 cc de vino blanco
2 pimientos rojos cortados en cubos muy pequeños	1 ramito de *ciboulette* picada
350 gramos de queso untable descremado	2 tomates pelados (pág. 16), en cubos pequeños
50 cc de leche descremada	1 cucharadita de almidón de maíz
rocío vegetal	50 gramos de camarones limpios

▼ Procesar el pescado crudo. Agregar los huevos y las claras, salpimentar y procesar un poco más. Si se desea una textura más tersa, licuar y pasar por tamiz.
▼ Colocar la mezcla en un bol. Agregar los pimientos y el queso untable diluido con la leche. Añadir la pimienta verde, hidratada en agua caliente y escurrida.
▼ Disponer la preparación dentro de un molde para budín inglés forrado con papel manteca (pág. 14) y lubricado con rocío vegetal. Cubrir con papel de aluminio lubricado con rocío vegetal. Cocinar en horno moderado, a baño de María, hasta que esté firme. Retirar y desmoldar.

SALSA

▼ Colocar en una sartén el caldo, el vino, la *ciboulette* y los tomates. Cocinar durante unos minutos, hasta reducir un poco. Incorporar el almidón de maíz diluido en agua, añadir los camarones y dejar que espese.
▼ Cortar la terrina en tajadas y servir con la salsa.

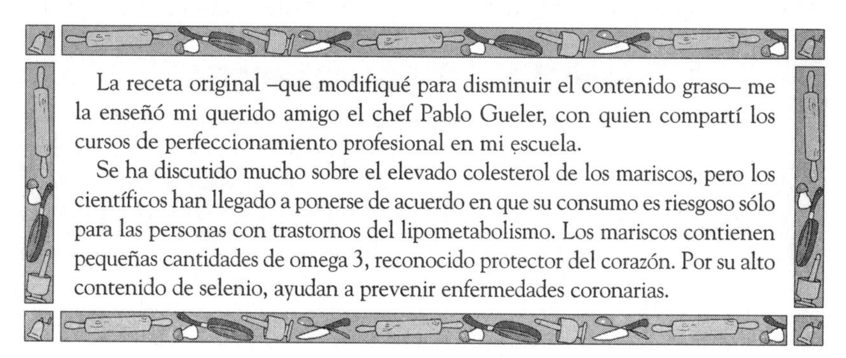

La receta original –que modifiqué para disminuir el contenido graso– me la enseñó mi querido amigo el chef Pablo Gueler, con quien compartí los cursos de perfeccionamiento profesional en mi escuela.

Se ha discutido mucho sobre el elevado colesterol de los mariscos, pero los científicos han llegado a ponerse de acuerdo en que su consumo es riesgoso sólo para las personas con trastornos del lipometabolismo. Los mariscos contienen pequeñas cantidades de omega 3, reconocido protector del corazón. Por su alto contenido de selenio, ayudan a prevenir enfermedades coronarias.

Turbantes de salmón

Ingredientes

- 4 filetes de salmón
- jugo de 1 limón
- sal, pimienta
- 4 tomates perita pelados
- eneldo
- 4 láminas de queso de máquina magro
- 4 langostinos grandes, limpios (pág. 14)
- rocío vegetal
- 1 paquete de berro limpio
- 1 taza de caldo de pescado (pág. 13)
- 200 gramos de crema liviana
- 1 clara
- 1 cucharadita de almidón de maíz
- ralladura de limón
- 50 gramos de alcaparras
- 1 pimiento rojo cocido y pelado (pág. 15), en cubitos

▼ Lavar y secar los filetes de salmón. Colocarlos en un plato, rociarlos con el jugo de limón y dejarlos macerar durante 1 hora. Escurrirlos, secarlos con papel absorbente, salpimentarlos y reservarlos.

▼ Cortar los extremos de los tomates. Hacer un corte a lo largo de cada uno, abrirlos y quitarles las semillas. Condimentar con sal, pimienta y eneldo.

▼ Disponer los filetes sobre la mesada. Ubicar sobre cada filete una lámina de queso magro, un tomate extendido y un langostino. Enrollar y sujetar con palillos, para formar los turbantes. Acomodarlos en una fuente térmica pequeña, lubricada con rocío vegetal.

▼ Aparte, licuar el berro junto con el caldo de pescado, la crema liviana, la clara, el almidón de maíz, sal, pimienta y ralladura de limón a gusto. Verter en la fuente, sobre los turbantes.

▼ Llevar al horno y cocinar a temperatura moderada durante 30 minutos, aproximadamente, hasta que el pescado se note firme y a punto.

▼ Retirar, distribuir las alcaparras y el pimiento sobre los turbantes y servir.

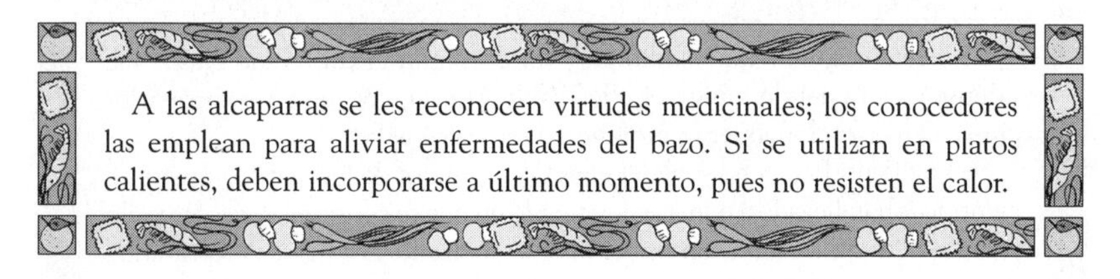

A las alcaparras se les reconocen virtudes medicinales; los conocedores las emplean para aliviar enfermedades del bazo. Si se utilizan en platos calientes, deben incorporarse a último momento, pues no resisten el calor.

Desde la granja

Alcauciles con salsa de pollo

INGREDIENTES

- 6 alcauciles grandes
- 1 rodaja de limón
- 2 cebollas picadas
- 2 cucharadas de aceite de oliva
- 1 suprema de pollo en cubitos
- 200 gramos de champiñones fileteados
- 1 taza de caldo de verduras
- 1 vasito de oporto
- 1 cucharada de perejil picado
- sal, pimienta
- 1 cucharada de almidón de maíz

SALSA

- 50 gramos de harina
- 500 cc de leche descremada
- 20 gramos de manteca
- 50 gramos de queso magro rallado
- sal, pimienta, nuez moscada

▾ Lavar los alcauciles, quitar las hojas duras externas y cortar las puntas. Cocinarlos en agua salada, con la rodaja de limón, hasta que estén tiernos. Escurrirlos, abrirlos un poco y extraer la pelusa del centro con una cucharita para papas *noisette*. Reservarlos.

▾ Rehogar las cebollas en el aceite. Añadir el pollo y saltear hasta que esté dorado. Agregar los champiñones y cocinar durante unos minutos. Incorporar un poco de caldo, el oporto y el perejil. Salpimentar y dejar reducir.

▾ Diluir el almidón de maíz en 4 cucharadas de caldo frío y agregar a la preparación para espesar.

SALSA

▾ Disolver la harina en la leche. Cocinar hasta obtener una salsa blanca espesa. Retirar del fuego, agregar la manteca y mezclar bien. Unir con el queso rallado. Sazonar con sal, pimienta y nuez moscada.

▾ Colocar los alcauciles en una fuente térmica. Distribuir sobre ellos la preparación de pollo y champiñones. Cubrir con la salsa y espolvorear con queso magro rallado. Gratinar durante 10 minutos en horno caliente.

▾ Retirar, adornar con ramitas de perejil y servir.

El alcaucil es un alimento muy bajo en calorías, sin grasas, rico en fibras, potasio y vitaminas C y K. Estimula la producción de bilis y facilita la digestión de las grasas.

Arrolladitos de pollo

INGREDIENTES

4 supremas de pollo
rocío vegetal oliva
2 pimientos rojos
100 gramos de ricota
100 gramos de queso *feta* en cubos
sal, pimienta
1 atado de rúcula

SALSA

1 taza de hojas de perejil
1/2 taza de aceite de oliva
2 filetes de anchoas
1/2 diente de ajo picado

- Dividir cada suprema en 2 filetes finos. Rociarlos con rocío vegetal oliva y reservarlos.
- Colocar los pimientos enteros en el grill del horno, a temperatura máxima. Cuando se chamusque la piel, darlos vuelta, para que se cocinen también del otro lado. Pelarlos y quitarles el cabito, las nervaduras internas y las semillas. Cortarlos en cuartos.
- Aparte, combinar la ricota con el queso *feta*, sal y pimienta.
- Colocar sobre cada filete de pollo un cuarto de pimiento, una porción de la mezcla de ricota y algunas hojas de rúcula limpias. Enrollar y ubicar en una placa. Tapar con papel de aluminio.
- Llevar al horno y cocinar a temperatura moderada durante 20 minutos.

SALSA

- Licuar o procesar las hojas de perejil junto con el aceite de oliva, los filetes de anchoas y el ajo.
- Servir los arrolladitos con la salsa.

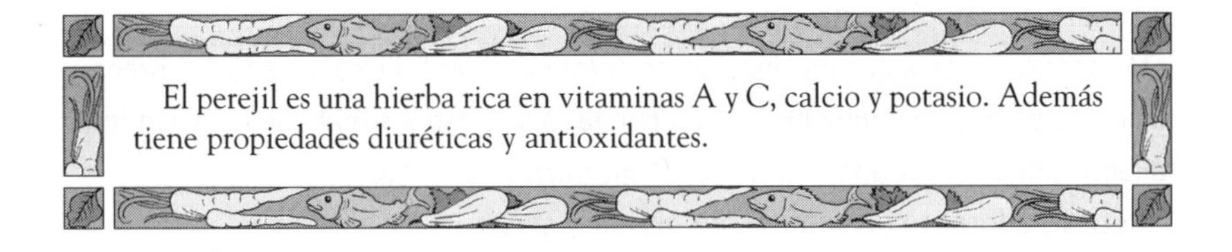

El perejil es una hierba rica en vitaminas A y C, calcio y potasio. Además tiene propiedades diuréticas y antioxidantes.

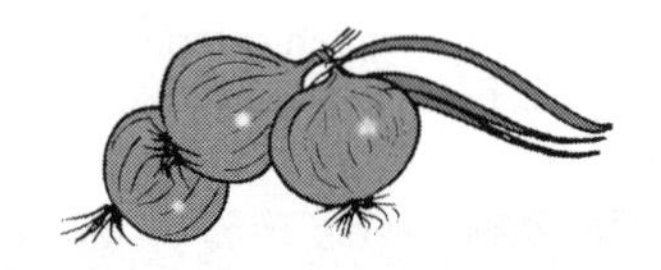

Arrollado de pollo

INGREDIENTES

- 4 cucharadas de mayonesa *light*
- 1 cucharada de pimentón dulce
- 2 cucharadas de estragón fresco picado
- 4 supremas de pollo
- sal, pimienta
- 1 taza de zanahoria rallada
- 1 pimiento amarillo en juliana
- 1 pimiento rojo en juliana
- puntas de 1 atado de espárragos, blanqueadas
- palmitos

- Apoyar sobre la mesada un rectángulo de papel de aluminio.
- Mezclar la mayonesa con el pimentón, pincelar el papel y espolvorear con el estragón.
- Procesar las supremas y condimentar con sal y pimienta. Volcar sobre el papel de aluminio y extender con espátula en forma pareja.
- Cubrir con la zanahoria rallada. Salpimentar.
- Cocinar los pimientos en microondas, durante 4 minutos al máximo. Esparcir sobre la zanahoria. Salpimentar nuevamente.
- Tapizar con las puntas de espárragos cortadas por el medio. Salpimentar una vez más.
- Colocar en el centro una hilera de palmitos enteros.
- Enrollar cuidadosamente, con ayuda del papel. Envolver con el mismo papel. Colocar el rollo dentro de un molde para budín inglés.
- Llevar al horno precalentado a temperatura moderada. Cocinar a baño de María durante 1 hora.
- Retirar, dejar enfriar, desmoldar y desenvolver. Cortar el arrollado en rodajas y servirlo frío, acompañado con ensalada de tomates.

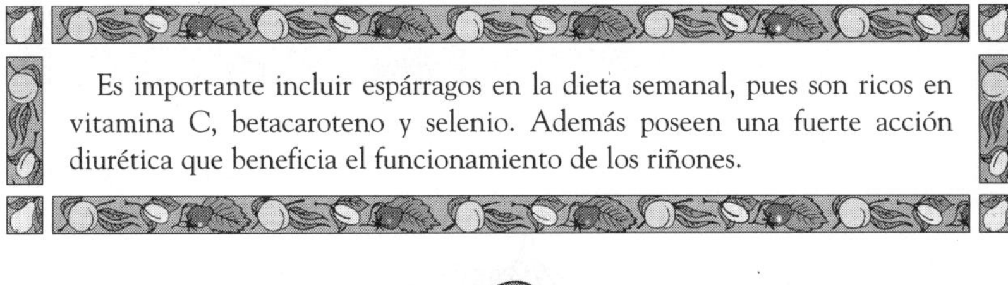

Es importante incluir espárragos en la dieta semanal, pues son ricos en vitamina C, betacaroteno y selenio. Además poseen una fuerte acción diurética que beneficia el funcionamiento de los riñones.

Bolsitas crocantes

INGREDIENTES

- 1 paquete de discos de masa integral para empanadas
- 1 cucharada de aceite de oliva
- 1 puerro cortado en aros
- 1 taza de champiñones fileteados
- 150 gramos de pollo cocido, picado finamente
- 1 huevo
- 50 gramos de aceitunas negras descarozadas y picadas
- 240 gramos de queso untable o ricota descremados
- sal, pimienta
- hierbas aromáticas picadas
- 12 tiritas de puerro blanqueadas (pág. 16)

▾ Estirar con palote cada disco de masa, hasta que todos queden bien finos.
▾ Rehogar en el aceite de oliva el puerro y los champiñones. Retirar y mezclar con el pollo y las aceitunas. Unir con el huevo y el queso untable, para obtener el relleno. Sazonar con sal y pimienta. Aromatizar con hierbas a gusto.
▾ Colocar 1 cucharada del relleno en el centro de cada disco de masa.
▾ Llevar los bordes hacia arriba y atar con tiritas de puerro.
▾ Acomodar las bolsitas en una placa.
▾ Llevar al horno moderado hasta que la masa esté cocida.

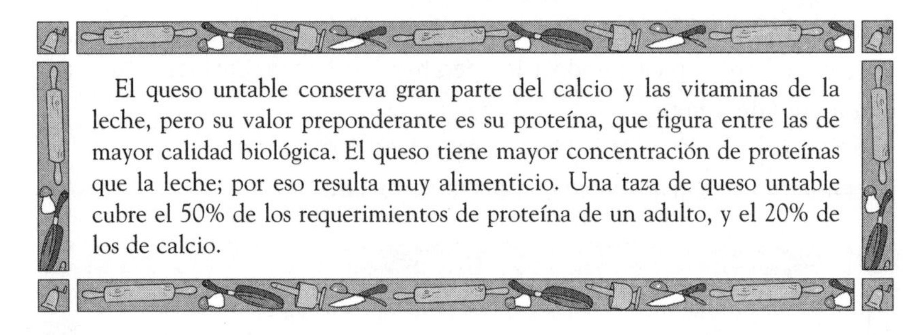

El queso untable conserva gran parte del calcio y las vitaminas de la leche, pero su valor preponderante es su proteína, que figura entre las de mayor calidad biológica. El queso tiene mayor concentración de proteínas que la leche; por eso resulta muy alimenticio. Una taza de queso untable cubre el 50% de los requerimientos de proteína de un adulto, y el 20% de los de calcio.

Cazuela de pollo aromática

INGREDIENTES

- 1 pollo sin huesos ni piel, cortado en tiritas
- 1 cucharada de almidón de maíz
- 1/4 de taza de salsa de soja
- 1/4 de vaso de oporto
- 200 gramos de cebollas de verdeo cortadas en aros
- 1 pimiento rojo grande, picado
- 1/2 taza de apio picado
- rocío vegetal
- 1 cucharada de aceite de oliva
- 200 gramos de champiñones
- 50 gramos de hongos secos remojados y picados
- 500 cc de caldo de ave concentrado (pág. 13)
- 1 cucharada de finas hierbas
- 1 hoja de laurel
- sal, pimienta
- 1 cucharada de azúcar
- arroz integral cocido para acompañar
- almendras peladas y tostadas para espolvorear

▾ Empolvar el pollo con el almidón de maíz. Sumergirlo en un recipiente con la mezcla de salsa de soja y oporto. Dejar reposar durante 1/2 hora.

▾ Saltear las cebollas de verdeo, el pimiento y el apio en una sartén lubricada con el rocío vegetal y el aceite.

▾ Escurrir el pollo (reservar el líquido) y agregarlo a la sartén. Rehogar hasta que cambie de color. Luego verter el líquido reservado.

▾ Añadir los champiñones y los hongos secos. Incorporar el caldo de ave, las finas hierbas, el laurel, sal, pimienta y el azúcar. Cocinar hasta que todo esté a punto.

▾ Presentar en una cazuela, sobre un lecho de arroz integral. Espolvorear con almendras tostadas.

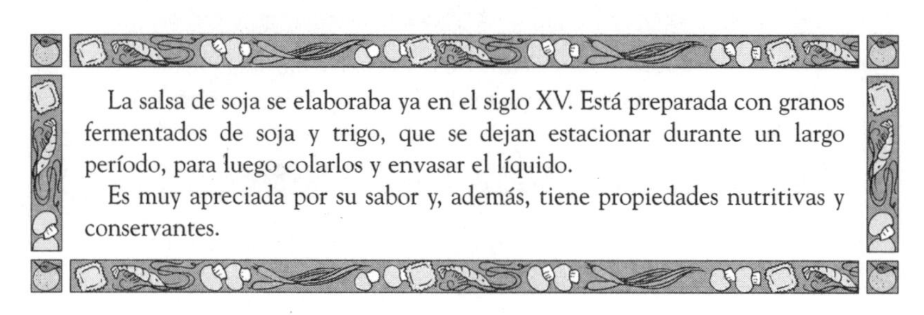

La salsa de soja se elaboraba ya en el siglo XV. Está preparada con granos fermentados de soja y trigo, que se dejan estacionar durante un largo período, para luego colarlos y envasar el líquido.

Es muy apreciada por su sabor y, además, tiene propiedades nutritivas y conservantes.

Ensalada festiva

Ingredientes

- 1 melón grande
- 1 palta
- jugo de limón
- 200 gramos de champiñones
- 2 tomates
- sal, pimienta
- aceite de oliva
- 250 gramos de pollo cocido y picado
- 1 pimiento rojo cortado en fina juliana
- 1 taza de blanco de apio picado
- 1 docena de huevos de codorniz duros
- 100 gramos de almendras peladas, tostadas y fileteadas
- 100 gramos de crema liviana
- 50 cc de leche descremada
- 6 cucharadas de ketchup
- 1 cucharada de salsa inglesa
- 1 cucharada de jerez

▾ Ahuecar el melón retirando esferitas de pulpa con la cucharita para papas *noisette*.
▾ Extraer bolitas de palta con el mismo método. Rociarlas con jugo de limón.
▾ Filetear los champiñones y rociarlos también con limón.
▾ Pelar los tomates, quitarles las semillas y cortarlos en cubos pequeños. Condimentarlos con sal, pimienta y aceite de oliva.
▾ Combinar en una ensaladera el melón, la palta, los champiñones, los tomates, el pollo, el pimiento, el apio, los huevos de codorniz y las almendras.
▾ Aparte, aligerar la crema liviana con la leche descremada. Añadir el ketchup, la salsa inglesa y el jerez. Mezclar bien, para obtener un aderezo homogéneo. Presentarlo en una salsera, para que cada comensal lo agregue a su porción de ensalada.

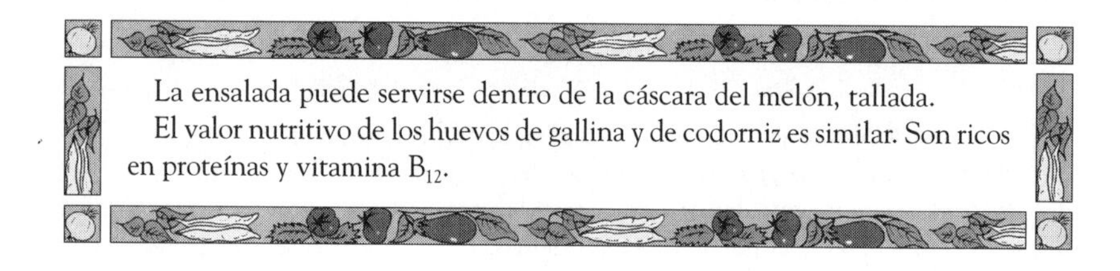

La ensalada puede servirse dentro de la cáscara del melón, tallada.
El valor nutritivo de los huevos de gallina y de codorniz es similar. Son ricos en proteínas y vitamina B_{12}.

Entrada fría de pollo

INGREDIENTES

4 supremas de pollo	sal, pimienta
condimento para aves	rocío vegetal
4 galletitas de salvado	1 vaso de vino blanco
3 puerros picados y rehogados	1 taza de mayonesa *light*
240 gramos de queso untable descremado	6 pepinitos en vinagre
	1/2 taza de leche descremada

- Dividir las supremas por el medio, realizando un corte horizontal desde un costado, sin llegar hasta el otro. Abrirlas y aplanarlas con el palo de amasar. Espolvorearlas con condimento para aves.
- Aparte, procesar las galletitas de salvado junto con los puerros y el queso untable. Condimentar con sal y pimienta.
- Distribuir la mezcla sobre las supremas y arrollar apretadamente.
- Colocarlas en una fuente térmica lubricada con rocío vegetal. Bañarlas con el vino. Tapar con papel de aluminio.
- Cocinar en horno moderado hasta que estén listas.
- Retirar, dejar enfriar y filetear al sesgo.
- Preparar una salsa liviana licuando la mayonesa con los pepinitos y la leche.
- Servir las supremas acompañadas con la salsa y una ensalada de hojas frescas.

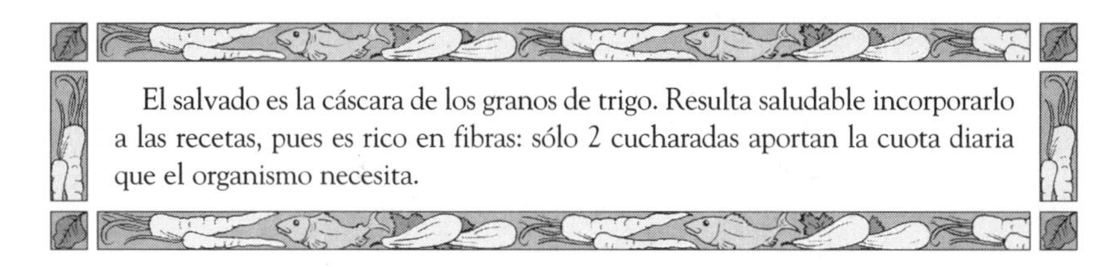

El salvado es la cáscara de los granos de trigo. Resulta saludable incorporarlo a las recetas, pues es rico en fibras: sólo 2 cucharadas aportan la cuota diaria que el organismo necesita.

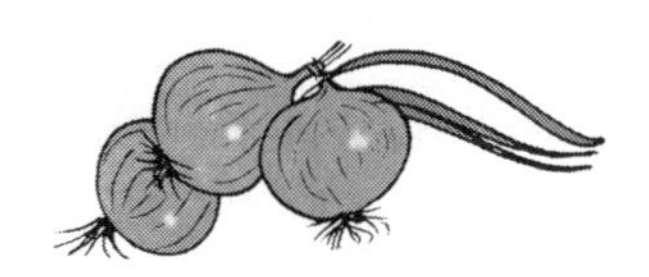

Guiso de pollo y garbanzos

INGREDIENTES

- 2 tazas de garbanzos
- sal gruesa
- comino
- 500 gramos de pollo sin huesos ni piel, cortado en cubos
- 2 cucharadas de aceite de oliva
- 2 cebollas cortadas en pluma (pág. 14)
- perejil picado
- 1 hinojo cortado en tajadas finas
- 6 tomates perita pelados (pág, 16), en cubitos
- 1 taza de caldo de ave desgrasado
- sal, pimienta

▾ Lavar los garbanzos y dejarlos en remojo durante toda la noche.
▾ Cocinarlos en el agua del remojo, a fuego vivo, durante 10 minutos. Colarlos y cambiar el agua. Salar y aromatizar con una pizca de comino. Hervir hasta que los garbanzos estén tiernos. Escurrir y reservar.
▾ Sellar los cubos de pollo en una sartén con el aceite de oliva. Retirarlos y agregar a la sartén las cebollas y el hinojo. Rehogar hasta que pierdan rigidez. Añadir los tomates y verter el caldo caliente. Dejar reducir durante unos minutos.
▾ Incorporar nuevamente el pollo y cocinar hasta que esté a punto. Controlar el tiempo de cocción para lograr una preparación jugosa; agregar más caldo si fuera necesario.
▾ A último momento, incorporar los garbanzos y calentar todo junto. Salpimentar y espolvorear con abundante perejil picado.
▾ Servir en cazuelas. Adornar con ramitas de perejil.

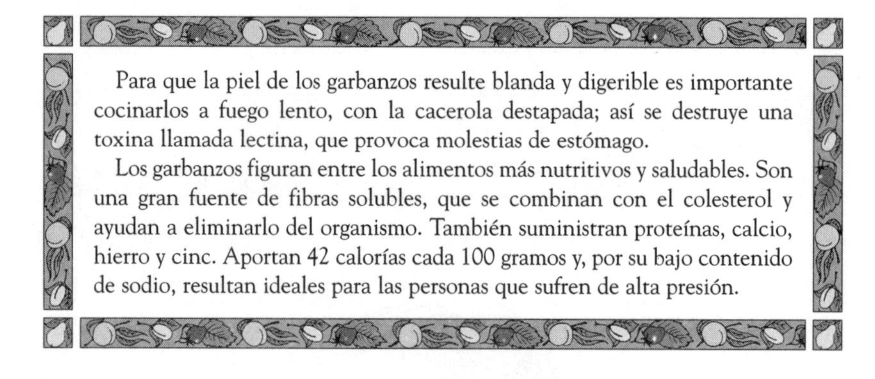

Para que la piel de los garbanzos resulte blanda y digerible es importante cocinarlos a fuego lento, con la cacerola destapada; así se destruye una toxina llamada lectina, que provoca molestias de estómago.

Los garbanzos figuran entre los alimentos más nutritivos y saludables. Son una gran fuente de fibras solubles, que se combinan con el colesterol y ayudan a eliminarlo del organismo. También suministran proteínas, calcio, hierro y cinc. Aportan 42 calorías cada 100 gramos y, por su bajo contenido de sodio, resultan ideales para las personas que sufren de alta presión.

Mousse de pollo con camarones

INGREDIENTES

- 4 supremas de pollo
- 1 litro de caldo de ave desgrasado
- 2 sobres de gelatina sin sabor
- 2 copitas de jerez
- sal, pimienta
- 200 gramos de queso untable descremado
- 300 gramos de camarones limpios
- aceite de oliva

SALSA

- 4 cucharadas de mayonesa
- caldo de ave desgrasado
- sal, pimienta, páprika
- 2 paltas peladas, en gajos

▼ Cocinar las supremas en el caldo durante 7 minutos. Retirarlas, secarlas bien y trozarlas.

▼ Separar 1/2 taza de caldo, dejarlo enfriar y usarlo para disolver la gelatina. Calentar sin que llegue a hervir. Reservar.

▼ Procesar las supremas junto con la gelatina y la mitad del jerez. Salpimentar. Por último agregar el queso untable, para que la preparación tome consistencia de *mousse*.

▼ Colocar los camarones en un bol, junto con el resto del jerez, un poco de aceite de oliva, sal y pimienta. Dejarlos macerar durante 1/2 hora.

▼ Forrar 4 moldes individuales con film autoadherente. Colocar una base de *mousse*, una capa de camarones y completar con *mousse*. Llevar a la heladera por lo menos durante 2 horas.

SALSA

▼ Mezclar la mayonesa con la cantidad de caldo de ave necesaria para que quede corrediza. Condimentar con sal, pimienta y páprika.

▼ Desmoldar la *mousse* y quitar el film. Presentarla rodeada con los gajos de paltas, adornar con camarones enteros y salsear sobre un costado.

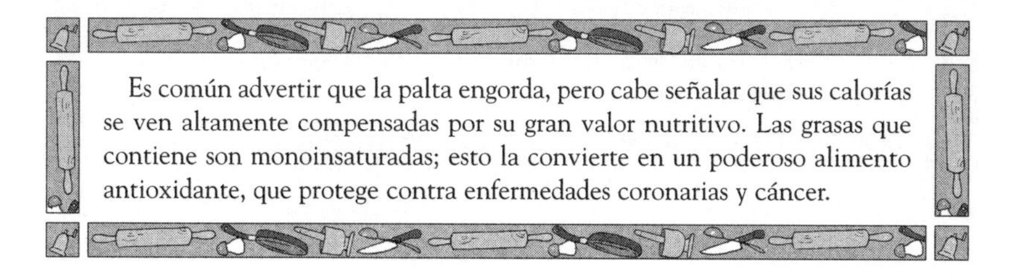

Es común advertir que la palta engorda, pero cabe señalar que sus calorías se ven altamente compensadas por su gran valor nutritivo. Las grasas que contiene son monoinsaturadas; esto la convierte en un poderoso alimento antioxidante, que protege contra enfermedades coronarias y cáncer.

Paquetitos de ave

Ingredientes

- 2 supremas de pollo
- rocío vegetal
- 1 cucharada de aceite de oliva
- 1 hinojo picado
- 2 zanahorias en cubitos
- 1 taza de arvejas congeladas, a temperatura ambiente
- 2 puerros cortados en aros
- semillas de sésamo o amapola
- 4 cucharadas de queso magro rallado
- 3 claras
- 100 gramos de queso untable descremado
- sal, pimienta
- 2 paquetes de masa para *strudel*
- aceite de oliva para pintar

▼ Cocinar las supremas a la plancha, vuelta y vuelta. En cuanto estén tiernas, retirarlas y procesarlas.

▼ Lubricar una sartén con el rocío vegetal y el aceite de oliva. Colocar en ella el hinojo, las zanahorias, las arvejas y los puerros. Llevar al fuego y rehogar hasta que todo esté cocido.

▼ Retirar y agregar el queso rallado, las claras y el queso untable. Condimentar con sal y pimienta. Incorporar el pollo procesado y mezclar bien.

▼ Extender las 2 láminas de masa para *strudel* sobre la mesada. Cortar cada lámina en 6 rectángulos. Disponer sobre cada rectángulo 1 cucharada de la preparación de pollo. Enrollar y atar los extremos con hilo de algodón, como si fueran caramelos.

▼ Pintar con aceite de oliva y adherir semillas de sésamo o amapola.

▼ Acomodar los paquetitos sobre una placa lubricada con rocío vegetal. Cocinar en horno precalentado a temperatura moderada durante 20 minutos.

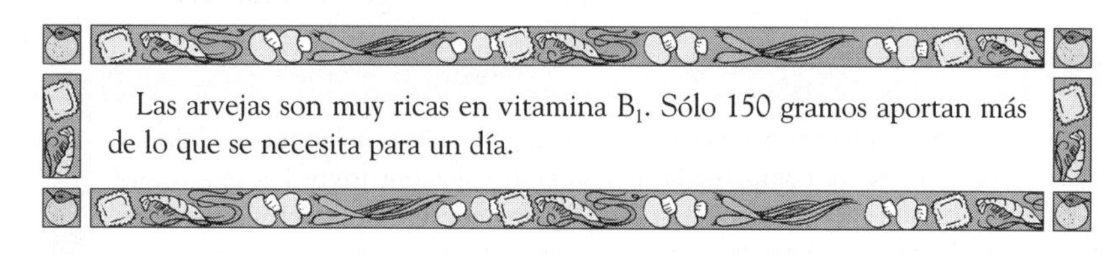

Las arvejas son muy ricas en vitamina B_1. Sólo 150 gramos aportan más de lo que se necesita para un día.

Pastel crocante de pollo

INGREDIENTES

- rocío vegetal
- 3 hojas de masa *philo*
- 4 cebollas cortadas en aros
- 6 cucharadas de vino blanco seco
- sal, pimienta
- 8 tomates perita pelados (pág. 16), en rodajas
- 5 cucharadas de perejil picado
- 3 dientes de ajo picados
- 3 supremas de pollo en tiras
- 1 cucharada de aceite de oliva
- 150 gramos de queso *mozzarella* cortado en tajadas
- 4 claras
- 1 pote de yogur natural
- 2 cucharadas de almidón de maíz
- leche descremada
- 4 cucharadas de queso magro rallado

▼ Lubricar con rocío vegetal un molde redondo desmontable. Forrarlo con las hojas de masa *philo*, superponiéndolas y dejando que sobresalgan de los bordes, para luego cubrir el pastel. Lubricar con rocío vegetal entre las hojas de masa.
▼ Saltear la cebolla en una sartén lubricada con rocío vegetal. Agregar la mitad del vino y cocinar hasta que estén transparentes. Salpimentar.
▼ Disponer dentro del molde la mitad de las cebollas y la mitad de los tomates.
▼ Mezclar el perejil con los ajos. Espolvorear la mitad sobre los tomates.
▼ Sellar las tiras de pollo en una sartén antiadherente con el aceite de oliva. Verter el resto del vino y terminar de cocinar.
▼ Acomodar todo el pollo en el molde. Cubrir con el queso *mozzarella*. Colocar encima los tomates, la mezcla de ajo y perejil y las cebollas restantes.
▼ Aparte, preparar el ligue mezclando las claras con el yogur, el almidón de maíz disuelto en leche y el queso rallado. Salpimentar y verter despacio en el molde, sobre los ingredientes. Cerrar el pastel con el sobrante de las hojas de masa *philo*, de modo que formen un volado. Lubricar con rocío vegetal la superficie de la masa y espolvorear con semillas de sésamo.
▼ Cocinar en horno moderado durante 40 minutos. Retirar, desmoldar y servir.

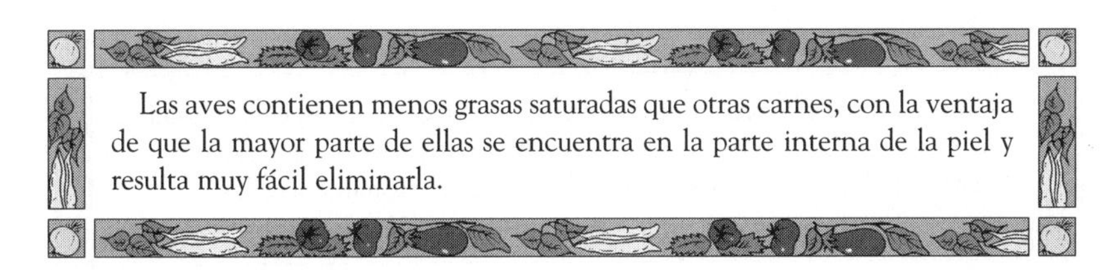

Las aves contienen menos grasas saturadas que otras carnes, con la ventaja de que la mayor parte de ellas se encuentra en la parte interna de la piel y resulta muy fácil eliminarla.

Pastel de pollo al curry

INGREDIENTES

MASA

250 gramos de harina leudante

1/2 cucharadita de sal

3 cucharadas de aceite de oliva

1/2 vaso de vino blanco

25 gramos de manteca blanda

RELLENO

1 cebolla picada

3 cebollas de verdeo en aros

1 cucharada de aceite de oliva

1 y 1/2 cucharada de curry

2 cucharadas de harina

500 gramos de supremas de pollo cortadas en tiritas

1 cucharada de extracto de tomate

100 cc de vino blanco

125 cc de caldo de ave desgrasado

1/2 pote de yogur natural descremado

sal, pimienta negra

MASA

▾ Mezclar la harina con la sal, el aceite, el vino y la manteca. Unir sobre la mesada enharinada, envolver en film autoadherente y dejar reposar durante 1/2 hora. Estirar la masa y forrar una tartera de 26 cm de diámetro y no menos de 3 cm de alto. Pinchar y hornear durante 10 minutos. Retirar.

RELLENO

▾ Rehogar la cebolla y las cebollas de verdeo en una sartén con el aceite de oliva.

▾ Aparte, mezclar el curry con la harina dentro de una bolsa de polietileno. Incorporar las tiritas de pollo y sacudir para empolvarlas. Pasar a un colador y quitar el excedente. Añadir a la sartén y cocinar durante unos minutos.

▾ Disolver el extracto de tomate en un poco del vino. Agregarlo a la preparación junto con el vino restante y el caldo. Cocinar durante 5 minutos.

▾ Retirar, unir con el yogur y salpimentar.

▾ Colocar el relleno sobre la masa precocida. Tapar con papel de aluminio y cocinar durante 30 minutos en horno moderado. Destapar y hornear durante 15 minutos más, aproximadamente, hasta que la masa esté dorada.

▾ Desmoldar el pastel y servirlo tibio o frío.

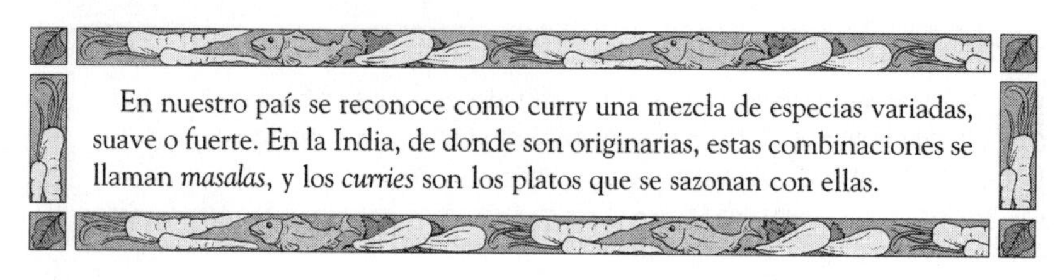

En nuestro país se reconoce como curry una mezcla de especias variadas, suave o fuerte. En la India, de donde son originarias, estas combinaciones se llaman *masalas*, y los *curries* son los platos que se sazonan con ellas.

Patitas de pollo con frutas

INGREDIENTES

8 patas de pollo, sin piel
rocío vegetal oliva
300 gramos de castañas en almíbar
3 manzanas verdes con piel, cortadas en cuartos
1 cucharada de azúcar rubia
2 ramitas de canela
5 damascos secos
1/2 taza de oporto
150 cc de caldo de ave desgrasado
150 cc de vino blanco
1/2 taza del almíbar de las castañas
sal, pimienta

▼ Sellar las patas de pollo en una sartén antiadherente lubricada con rocío vegetal oliva. Reservar.

▼ Colocar en una cacerola las castañas en almíbar escurridas, las manzanas, el azúcar rubia, la canela y los damascos secos, previamente macerados en el oporto caliente. Tapar, llevar sobre llama suave y cocinar durante unos minutos, hasta que las frutas estén al dente.

▼ Retirar las frutas con espumadera y dejar el fondo de cocción en la cacerola. Agregarle las patas de pollo, el caldo, el vino y el almíbar de las castañas. Condimentar con sal y pimienta. Cocinar hasta que el pollo esté listo y la salsa se reduzca.

▼ Unos minutos antes de terminar la cocción, incorporar nuevamente las frutas y dejar que se calienten.

▼ Servir las patas de pollo con las frutas.

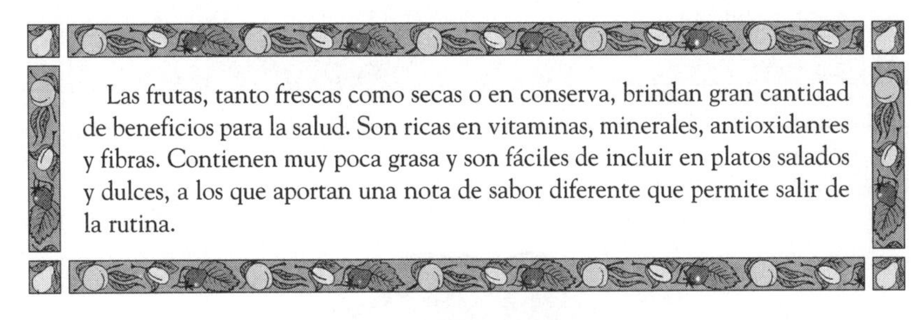

Las frutas, tanto frescas como secas o en conserva, brindan gran cantidad de beneficios para la salud. Son ricas en vitaminas, minerales, antioxidantes y fibras. Contienen muy poca grasa y son fáciles de incluir en platos salados y dulces, a los que aportan una nota de sabor diferente que permite salir de la rutina.

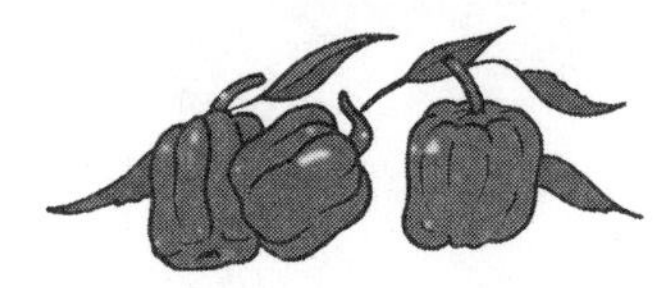

Pollo a la castaña

Ingredientes

1 pollo cortado en presas, sin piel ni grasa

rocío vegetal

2 cebollas cortadas en aros

125 cc de caldo de ave desgrasado

1 cucharada de orégano

3/4 a 1 kilo de castañas frescas limpias (pág. 13)

1 hoja de laurel

sal, pimienta

leche descremada

▼ Sellar las presas de pollo en una sartén antiadherente lubricada con rocío vegetal. Retirarlas y reservarlas.

▼ Colocar las cebollas en una cacerola lubricada con rocío vegetal. Llevar al fuego y cocinar durante 1 minuto. Verter el caldo y continuar la cocción hasta que las cebollas estén transparentes.

▼ Incorporar las castañas. Perfumar con el orégano y el laurel. Sazonar con sal y pimienta. Agregar el pollo reservado y cubrir con leche. Tapar y cocinar hasta que el pollo esté tierno. Si fuera necesario, agregar leche cada vez que se consuma el medio líquido.

▼ Servir el pollo acompañado con las castañas.

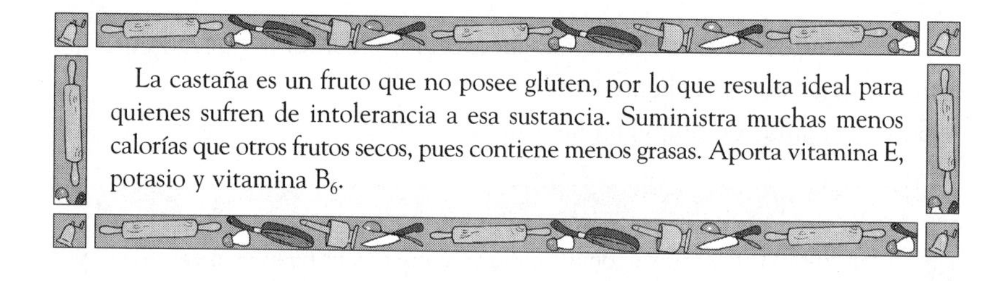

La castaña es un fruto que no posee gluten, por lo que resulta ideal para quienes sufren de intolerancia a esa sustancia. Suministra muchas menos calorías que otros frutos secos, pues contiene menos grasas. Aporta vitamina E, potasio y vitamina B_6.

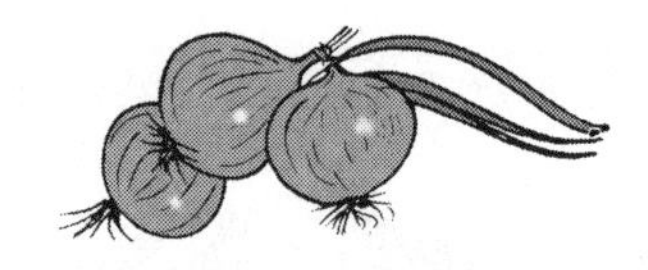

Pollo a la naranja

INGREDIENTES

- 1 pollo cortado en presas, sin piel ni grasa
- rocío vegetal
- 2 cucharadas de aceite de oliva
- 1 cebolla cortada en cuartos
- 1 zanahoria cortada en rodajas
- 250 cc de vino blanco seco
- 1 cucharadita de extracto de carne
- 500 cc de caldo de ave
- sal, pimienta
- piel de 1 naranja sin la membrana blanca, cortada en fina juliana
- 1 cucharada de almidón de maíz
- jugo de 1 naranja
- 2 naranjas fileteadas en gajos (pág. 15)
- azúcar impalpable

▾ Sellar las presas de pollo en una sartén antiadherente lubricada con el rocío vegetal y el aceite de oliva, hasta que cambien de color. Agregar la cebolla, la zanahoria, el vino y el extracto de carne disuelto en 1 taza de caldo caliente. Dejar reducir un poco. Salpimentar. Cocinar hasta que el pollo esté tierno, agregando más caldo a medida que haga falta. Retirar el pollo y las verduras, mantenerlos al calor y reservar el líquido de la cocción.

▾ Echar las tiritas de piel de naranja en agua hirviente. Dejar hervir durante 5 minutos. Retirar y escurrir sobre un lienzo.

▾ Colocar el líquido de la cocción del pollo en una cacerolita. Si es poco, agregarle caldo; si es mucho, reducirlo sobre el fuego. Añadir el almidón de maíz disuelto en el jugo de naranja y calentar hasta que espese. Incorporar la juliana y los gajos de naranja. Equilibrar la sazón con azúcar impalpable.

▾ Servir las presas de pollo bañadas con la salsa. Acompañar con timbales de arroz integral.

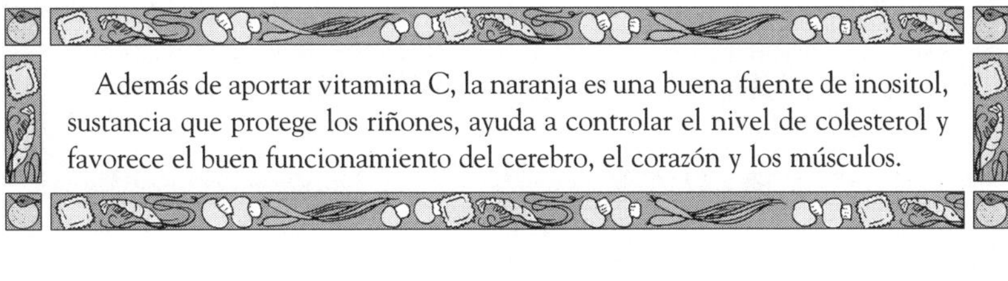

Además de aportar vitamina C, la naranja es una buena fuente de inositol, sustancia que protege los riñones, ayuda a controlar el nivel de colesterol y favorece el buen funcionamiento del cerebro, el corazón y los músculos.

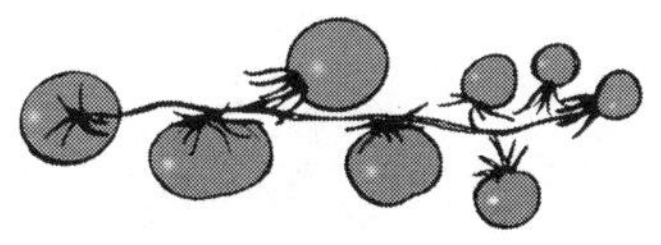

Pollo a las hierbas

Ingredientes

- 8 muslos de pollo, sin piel
- rocío vegetal
- 3 cebollas picadas
- 1 vaso de vino blanco seco
- 100 cc de caldo de ave desgrasado
- sal, pimienta
- 1 puñado de finas hierbas o hierbas de la Provenza
- 400 gramos de queso untable descremado
- 1 cucharada de almidón de maíz
- 100 cc de crema liviana
- sal, pimienta
- cintas de 4 zanahorias (pág. 14), blanqueadas

▼ Sellar los muslos de pollo en una sartén antiadherente lubricada con rocío vegetal. Retirar y reservar.
▼ Colocar en una cacerola las cebollas, el vino y el caldo. Llevar al fuego y cocinar hasta que las cebollas estén transparentes.
▼ Incorporar el pollo, salpimentar y perfumar con las hierbas elegidas. Cocinar durante 15 minutos, aproximadamente, hasta que el pollo esté tierno.
▼ Retirar las presas y reservarlas al calor.
▼ Licuar el fondo de cocción y volver a colocarlo en la cacerola. Agregar el queso untable y el almidón de maíz disuelto en la crema. Cocinar hasta que espese. Luego agregar el pollo y calentar.
▼ Probar y, si es necesario, ajustar el condimento con sal y pimienta.
▼ Servir acompañando con las cintas de zanahorias blanqueadas.

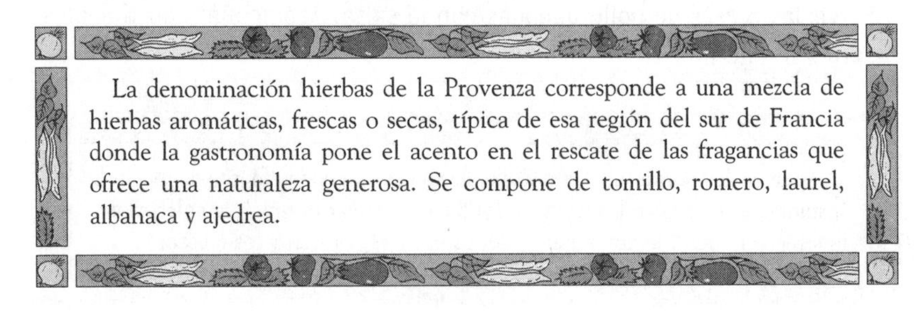

La denominación hierbas de la Provenza corresponde a una mezcla de hierbas aromáticas, frescas o secas, típica de esa región del sur de Francia donde la gastronomía pone el acento en el rescate de las fragancias que ofrece una naturaleza generosa. Se compone de tomillo, romero, laurel, albahaca y ajedrea.

Pollo con mermelada vegetal

INGREDIENTES

8 muslos de pollo, sin piel
especias para aves
sidra
rocío vegetal
3 cebollas cortadas en aros
1 cucharada de aceite de oliva
100 gramos de hongos secos
250 gramos de champiñones fileteados
100 gramos de tomates secos (pág. 16)
2 cucharadas de almidón de maíz
leche descremada

▼ Colocar los muslos de pollo en un recipiente algo hondo. Espolvorearlos con especias para aves y bañarlos con sidra. Dejarlos marinar durante 1 hora. Luego escurrirlos (guardar la sidra de la marinada) y acomodarlos en una fuente térmica lubricada con rocío vegetal.

▼ Cocinarlos en el horno bien caliente hasta que cambien de color. Bajar la temperatura, bañar el pollo con parte de la marinada y continuar la cocción hasta que esté tierno.

▼ Mientras tanto, rehogar las cebollas en una sartén antiadherente con el aceite de oliva. Agregar los champiñones y cocinar durante unos minutos.

▼ Hidratar los hongos y los tomates secos en agua hirviente. Escurrirlos, incorporarlos a la sartén y verter 1 copa de sidra. Cocinar todo junto durante unos minutos, hasta que se reduzca el líquido.

▼ Añadir el almidón de maíz disuelto en leche. Mantener sobre el fuego hasta que espese.

▼ Servir los muslos de pollo acompañados con la mermelada vegetal.

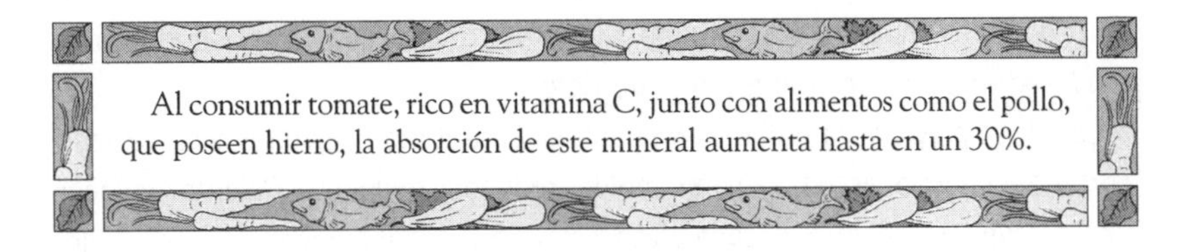

Al consumir tomate, rico en vitamina C, junto con alimentos como el pollo, que poseen hierro, la absorción de este mineral aumenta hasta en un 30%.

Pollo con pimientos y mango

Ingredientes

- 4 supremas de pollo en cubos
- rocío vegetal
- 2 cucharadas de aceite de oliva
- 1 pimiento rojo y 1 amarillo pelados con el pelapapas y cortados en cubitos
- 1 mango en cubos (pág. 14)
- 1 taza de caldo de carne desgrasado
- sal, pimienta
- 1 cucharada de almidón de maíz

Milhojas de papa

- 500 gramos de papas en rodajas
- queso magro rallado
- 240 gramos de queso untable descremado
- 50 cc de leche descremada
- 1 huevo
- 2 claras
- 1 cucharada de almidón de maíz

▾ Sellar los cubos de pollo en una sartén antiadherente lubricada con rocío vegetal y 1 cucharada de aceite de oliva. Cuando cambien de color, retirarlos.

▾ Rehogar los pimientos en una sartén lubricada con rocío vegetal y el resto del aceite de oliva. Cuando estén tiernos pero crujientes, agregar el mango. Saltear durante unos minutos y luego añadir el pollo. Incorporar el caldo, salpimentar y cocinar hasta que el pollo esté listo. Espesar la preparación con el almidón de maíz diluido en agua.

Milhojas de papa

▾ Lubricar una fuente térmica con rocío vegetal. Colocar una capa de papas en cabalgadura, o sea, superponiéndolas parcialmente. Espolvorear con queso rallado, sal y pimienta. Repetir la operación hasta completar 4 capas.

▾ Mezclar el queso untable con la leche, el huevo, las claras y el almidón de maíz disuelto en leche descremada. Verter sobre las papas. Cocinar en horno moderado hasta que se dore la superficie.

▾ Conviene preparar la milhojas de papa el día anterior, dejarla enfriar y luego cortarla en porciones, o hacerla en moldes redondos pequeños. Calentar, colocar una porción en el centro de cada plato y servir alrededor la preparación de pollo.

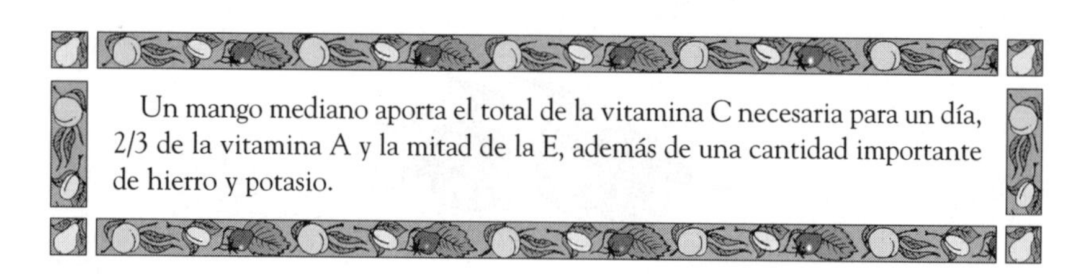

Un mango mediano aporta el total de la vitamina C necesaria para un día, 2/3 de la vitamina A y la mitad de la E, además de una cantidad importante de hierro y potasio.

Pollo en colchón de frutas

INGREDIENTES

8 muslos de pollo, sin piel

pimienta

8 hojas de salvia fresca,
o 1 cucharada de salvia seca

8 lonjas de jamón crudo

azúcar negra

1 kilo de manzanas verdes peladas,
despepitadas y cortadas
en tajadas finas

150 gramos de ciruelas pasa sin carozo

- Condimentar el pollo con pimienta molida en el momento. Colocar sobre cada presa 1 hoja de salvia fresca entera, o espolvorear con salvia seca.
- Descartar toda la grasa posible de las lonjas de jamón crudo. Envolver con ellas las presas de pollo.
- Sobre una fuente térmica aceitada colocar las tajadas de manzanas, encimándolas para formar un colchón.
- Esparcir encima las ciruelas y espolvorear con azúcar negra a gusto.
- Colocar las presas de pollo sobre el colchón de frutas. Cubrir la fuente con papel de aluminio.
- Llevar al horno y cocinar a temperatura fuerte durante 20 minutos, aproximadamente. Quitar el papel de aluminio y continuar la cocción hasta que el pollo esté tierno y dorado.
- Servir las presas acompañadas con las frutas.

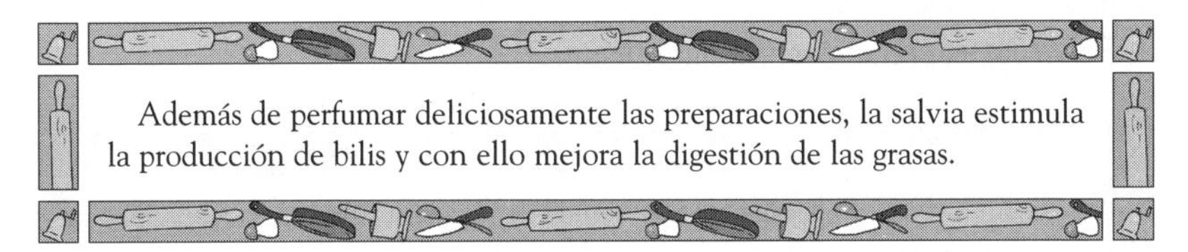

Además de perfumar deliciosamente las preparaciones, la salvia estimula la producción de bilis y con ello mejora la digestión de las grasas.

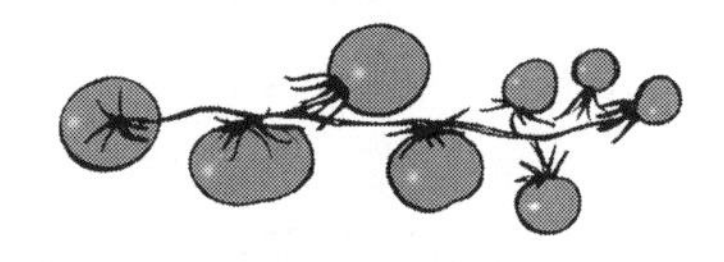

Supremas al sésamo

INGREDIENTES

6 rebanadas de pan lácteo
2 cucharadas de pimentón dulce
2 cucharadas de queso magro rallado
2 cucharadas de sésamo
4 supremas de pollo
2 claras
sal, pimienta

GUARNICIÓN

2 cucharadas de aceite de maíz
2 hinojos cortados en juliana
1 repollo morado chico, cortado en juliana
100 gramos de brotes de soja (pág. 12)
sal, pimienta
salsa de soja

▾ Descortezar el pan lácteo, desmenuzarlo sobre una bandeja y dejarlo orear hasta que esté seco. Procesarlo y mezclarlo con el pimentón, el queso rallado y el sésamo.
▾ Pasar las supremas por las claras ligeramente batidas con sal y pimienta.
▾ Luego pasarlas por la mezcla de pan, queso y sésamo.
▾ Colocarlas en una fuente térmica aceitada. Hornear de 10 a 12 minutos.

Guarnición

▾ Calentar una sartén grande (o un *wok*) con el aceite de maíz.
▾ Colocar los hinojos y saltear durante unos minutos. Agregar el repollo. A último momento, incorporar los brotes de soja. Condimentar a gusto con sal, pimienta y salsa de soja.
▾ Servir las supremas con la guarnición.

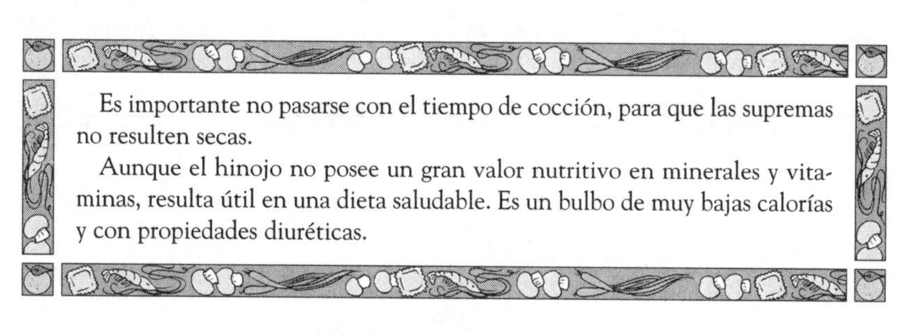

Es importante no pasarse con el tiempo de cocción, para que las supremas no resulten secas.

Aunque el hinojo no posee un gran valor nutritivo en minerales y vitaminas, resulta útil en una dieta saludable. Es un bulbo de muy bajas calorías y con propiedades diuréticas.

Supremas con hongos

INGREDIENTES

4 supremas de pollo
sal, pimienta
2 tajadas de jamón cocido
2 cebollas de verdeo en aros
1 cucharada de aceite de oliva
rocío vegetal
150 gramos de *girgolas* pequeñas
100 cc de crema liviana
150 gramos de champiñones fileteados
2 cucharadas de salsa de soja
1 cucharada de azúcar morena
100 cc de jerez
8 tomates perita pelados (pág. 16), licuados
1 cucharada de almidón de maíz

▼ Dividir las supremas por el medio, realizando un corte horizontal desde un costado, sin llegar hasta el otro. Abrirlas y salpimentarlas. Colocar 1/2 tajada de jamón cocido sobre cada una.

▼ Rehogar las cebollas de verdeo en una sartén antiadherente con el aceite de oliva y distribuir sobre el jamón cocido. Enrollar las supremas.

▼ Lubricar con rocío vegetal una fuente térmica. Colocar las *girgolas* y los champiñones. Apoyar encima las supremas.

▼ Aparte, mezclar la salsa de soja con el azúcar morena, el jerez y los tomates licuados. Volcar sobre las supremas. Tapar con papel de aluminio.

▼ Cocinar en horno moderado durante 20 minutos, hasta que el pollo esté a punto. Retirar y reservar al calor las supremas y los hongos.

▼ Colocar el fondo de cocción en una cacerolita. Agregar el almidón de maíz disuelto en agua y cocinar hasta que espese. Incorporar la crema y calentar sin que llegue a hervir.

▼ Bañar las supremas con la salsa. Acompañar con los hongos y chauchas al vapor.

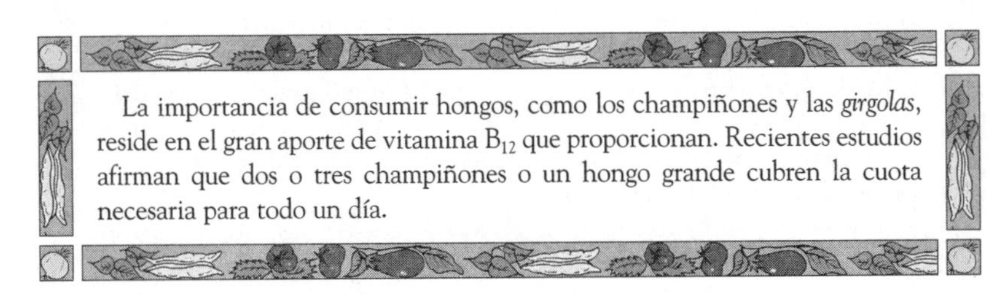

La importancia de consumir hongos, como los champiñones y las *girgolas*, reside en el gran aporte de vitamina B_{12} que proporcionan. Recientes estudios afirman que dos o tres champiñones o un hongo grande cubren la cuota necesaria para todo un día.

Supremas marinadas

INGREDIENTES

- 4 dientes de ajo picados finamente
- 2 *échalotes* picadas finamente
- jugo de 2 naranjas
- 2 cucharadas de aceto balsámico
- 2 cucharadas de salsa de soja
- 4 supremas de pollo
- rocío vegetal
- 2 cebollas cortadas en aros
- 1 pimiento rojo en juliana
- 1 pimiento amarillo en juliana
- 1 berenjena pelada, cortada en bastones pequeños
- 1 pepino pelado, cortado en bastones pequeños
- 2 cucharadas de pasas de uva rubias remojadas en agua caliente
- 6 aceitunas negras descarozadas y cortadas por el medio
- sal, pimienta

▼ Mezclar 2 dientes de ajo con las *échalotes*, el jugo de naranja, el aceto balsámico y la salsa de soja. Agregar las supremas y dejarlas marinar durante 2 horas.

▼ Luego escurrirlas de la marinada (guardar el líquido) y cocinarlas a la plancha, sólo para sellarlas.

▼ Lubricar con rocío vegetal una cacerola o sartén grande. Colocar los dientes de ajo restantes, las cebollas, los pimientos, la berenjena, el pepino y las pasas de uva escurridas. Tapar y cocinar a fuego suave durante 10 minutos. Incorporar las supremas selladas. Seguir cocinando hasta que estén tiernas.

▼ Antes de terminar la cocción, agregar las aceitunas. Condimentar con 2 ó 3 cucharadas de la marinada. Ajustar la sazón con sal y pimienta.

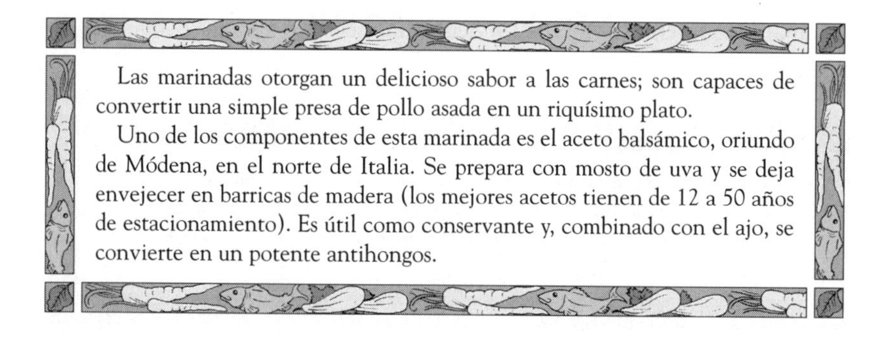

Las marinadas otorgan un delicioso sabor a las carnes; son capaces de convertir una simple presa de pollo asada en un riquísimo plato.

Uno de los componentes de esta marinada es el aceto balsámico, oriundo de Módena, en el norte de Italia. Se prepara con mosto de uva y se deja envejecer en barricas de madera (los mejores acetos tienen de 12 a 50 años de estacionamiento). Es útil como conservante y, combinado con el ajo, se convierte en un potente antihongos.

Turbantes de ave Alejandra

INGREDIENTES

4 supremas de pollo
sal
condimento para aves
1 manojo pequeño de albahaca, limpia y sin tallos
1 cucharada de perejil picado
unas ramitas de tomillo
2 ó 3 cucharadas de crema liviana
125 gramos de queso de cabra o *mozzarella*
jugo de 1/2 limón
pimienta
2 pimientos rojos y 2 amarillos cocidos y pelados (pág. 15)
crema liviana extra para aligerar
1 paquete de chauchas rollizas

▾ Dividir las supremas por el medio, realizando un corte horizontal desde un costado, sin llegar hasta el otro. Abrirlas, sacar los pequeños filetes centrales y reservarlos. Colocar las supremas entre dos hojas de papel manteca. Aplanarlas con el palote. Condimentarlas.
▾ Procesar la albahaca junto con el perejil, el tomillo, el queso, la crema, el jugo de limón, sal y pimienta, para obtener un relleno homogéneo. Untar con él las supremas. Colocar los filetes reservados y enrollar ajustadamente, para obtener los turbantes. Envolver cada uno en papel de aluminio extra resistente, apretando bien, y cerrar como si fueran caramelos.
▾ Cocinarlos en una cacerola con abundante agua hirviente, a fuego lento, durante 15 minutos. Reservarlos al calor.
▾ Licuar o procesar por separado los pimientos de distinto color. Añadir la cantidad de crema liviana necesaria para ajustar la consistencia de ambas salsas y salpimentarlas.
▾ Desenvolver los turbantes, filetearlos y servirlos sobre dos franjas de salsa.
▾ Acompañar con chauchas rollizas al vapor.

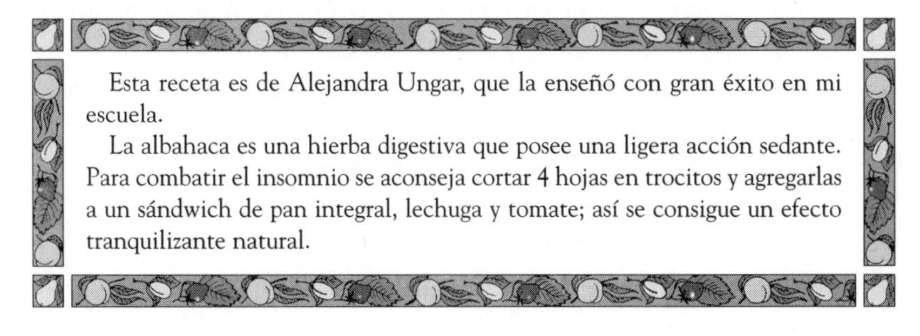

Esta receta es de Alejandra Ungar, que la enseñó con gran éxito en mi escuela.

La albahaca es una hierba digestiva que posee una ligera acción sedante. Para combatir el insomnio se aconseja cortar 4 hojas en trocitos y agregarlas a un sándwich de pan integral, lechuga y tomate; así se consigue un efecto tranquilizante natural.

Won ton con pollo

INGREDIENTES

MASA

1 y 1/2 taza de harina

1/2 taza de almidón de maíz

sal

1/2 taza de agua

2 huevos

RELLENO

blanco de 4 cebollas de verdeo, picado

100 gramos de champiñones picados

1 cucharada de aceite de oliva

250 gramos de pollo sin huesos ni piel, procesado

sal, pimienta

1 huevo para pintar

GUARNICIÓN DE VEGETALES

1/2 pimiento amarillo picado

1/2 pimiento rojo picado

100 gramos de champiñones fileteados

4 cebollas de verdeo en aros

4 cucharadas de salsa de soja

2 puñados de brotes de soja (pág. 12)

1 puñado de brotes de arvejas (pág. 12)

semillas de sésamo

MASA

▾ Tamizar la harina con el almidón de maíz y la sal. Agregar el agua y los huevos y formar la masa. Dejarla reposar durante 30 minutos.

RELLENO

▾ Rehogar la cebolla de verdeo y los champiñones en una sartén con el aceite de oliva. Retirar y mezclar con el pollo procesado. Salpimentar y unir bien.

▾ Espolvorear la mesa con almidón de maíz y estirar la masa hasta dejarla muy fina. Cortar cuadrados de 10 cm de lado. Pintar con huevo. Colocar un poco de relleno en el centro de cada cuadrado, levantar las puntas y cerrar, formando un atadito. Presionar para sellar la unión de la masa.

▾ Cocinar en una cacerola con abundante agua salada. Retirar con espumadera.

GUARNICIÓN DE VEGETALES

▾ Colocar en una sartén grande los pimientos, los champiñones, las cebollas de verdeo y la salsa de soja. Cocinar durante unos minutos. Agregar los brotes de soja y de arvejas. Salpimentar y cocinar sólo un minuto más.

▾ Servir los *won ton* sobre los vegetales. Espolvorear con sésamo blanco y negro.

Los brotes de legumbres son una excepcional fuente de vitaminas y minerales. Además resultan económicos y muy fáciles de obtener.

Desde el campo

Albóndigas africanas

INGREDIENTES

- 1 kilo de carne de cordero desgrasada, procesada
- 2 cebollas picadas finamente
- 2 cucharaditas de canela
- 2 cucharaditas de pimentón dulce
- 2 cucharaditas de comino
- 2 cucharadas de perejil picado
- sal, pimienta
- puré de tomates
- harina
- 1 cucharada de jugo de limón
- 1 cucharada de extracto de tomate
- 1 litro de caldo de carne desgrasado
- 2 cucharadas de aceite de oliva
- 2 dientes de ajo picados
- 1 cebolla grande picada
- 1/2 pimiento verde grande, picado
- 1/2 pimiento rojo grande, picado
- 1 berenjena pelada, en cubitos
- 500 gramos de tomates pelados (pág. 16), en gajos
- 1/2 calabaza pequeña pelada, cortada en cubos y cocida
- 1 paquete de coliflor congelada, blanqueada
- 1 huevo duro

▼ Mezclar la carne de cordero con las cebollas y los condimentos. Agregar la cantidad de puré de tomates necesaria para unir. Formar albóndigas esféricas que no excedan los 4 cm de diámetro. Pasarlas por harina y quitar el excedente.

▼ Colocar en una cacerola 100 cc de puré de tomates, el jugo de limón, el extracto de tomate y el caldo. Calentar y, cuando rompa el hervor, incorporar las albóndigas. Cocinarlas durante 10 minutos. Retirarlas con espumadera y mantenerlas al calor.

▼ En una sartén con el aceite de oliva rehogar el ajo, la cebolla, los pimientos y la berenjena. Agregar los tomates y cocinar durante unos minutos. Condimentar con sal, pimienta y pimentón. A último momento añadir la calabaza y la coliflor y dejar que se calienten.

▼ Servir las albóndigas con la preparación de vegetales. Espolvorear con el huevo duro pasado por tamiz.

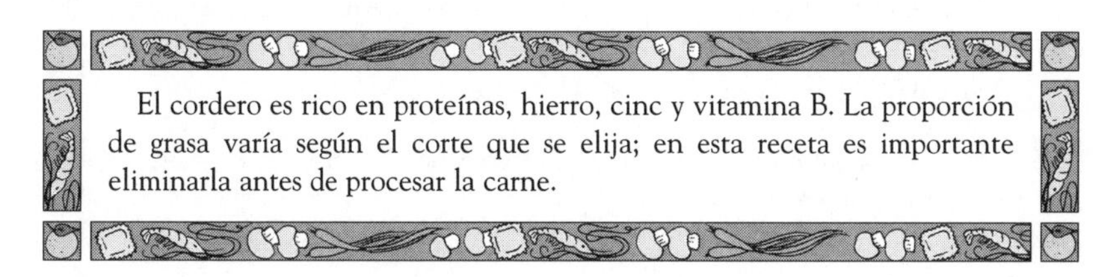

El cordero es rico en proteínas, hierro, cinc y vitamina B. La proporción de grasa varía según el corte que se elija; en esta receta es importante eliminarla antes de procesar la carne.

Berenjenas María Rosa

Ingredientes

2 berenjenas grandes

Relleno

500 gramos de carne de ternera desgrasada, picada

1 huevo

2 cucharadas de queso magro rallado

1 diente de ajo picado

1 cucharada de perejil picado

sal, pimienta, nuez moscada

Salsa

2 cucharadas de aceite de oliva

2 cebollas de verdeo en aros

1 pimiento rojo en tiras anchas

1 zanahoria cortada en rodajas

2 zapallitos cortados en cuartos

4 tomates perita pelados (pág. 16), en cuartos

queso *mozzarella*

▼ Cortar las berenjenas por la mitad, a lo largo, y darles un hervor. Ahuecarlas retirando parte de la pulpa. Reservar.

Relleno

▼ Mezclar la carne picada con el huevo, el queso rallado, el ajo y el perejil. Sazonar con sal, pimienta y nuez moscada. Unir bien y rellenar las berenjenas.

Salsa

▼ Colocar en una cacerola el aceite, las cebollas de verdeo, el pimiento, la zanahoria, los zapallitos y los tomates. Agregar la pulpa que se había retirado de las berenjenas. Rehogar todo junto durante unos minutos, hasta que los vegetales desprendan sus líquidos.

▼ Ubicar las berenjenas rellenas en la cacerola, sobre la salsa. Tapar y cocinar a fuego lento hasta que el relleno esté cocido.

▼ A último momento colocar sobre las berenjenas unas tajadas de queso *mozzarella* y dejar que se fundan.

▼ Acompañar las berenjenas con las verduras de la salsa.

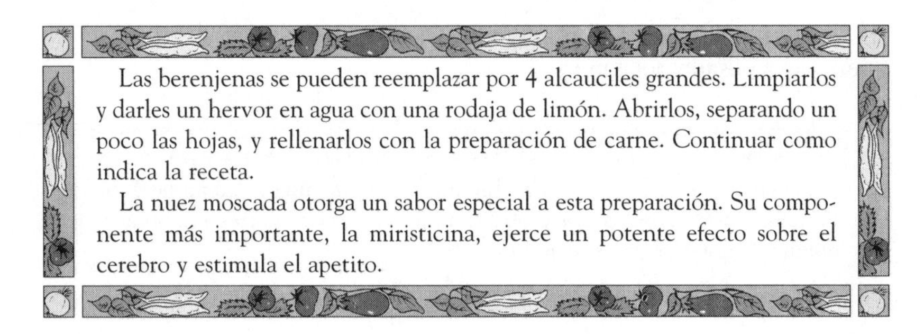

Las berenjenas se pueden reemplazar por 4 alcauciles grandes. Limpiarlos y darles un hervor en agua con una rodaja de limón. Abrirlos, separando un poco las hojas, y rellenarlos con la preparación de carne. Continuar como indica la receta.

La nuez moscada otorga un sabor especial a esta preparación. Su componente más importante, la miristicina, ejerce un potente efecto sobre el cerebro y estimula el apetito.

Brochettes de cerdo marinado

INGREDIENTES

- 3 cucharadas de miel
- 2 cucharadas de salsa de soja
- 1 diente de ajo picado
- 2 cucharadas de jugo de naranja
- 1 cucharadita de sal con especias
- 600 gramos de carne de cerdo magra cortada en cubos
- cebollitas pequeñas blanqueadas
- trozos de pimiento rojo blanqueados
- champiñones

SALSA DE MANZANAS

- 2 manzanas verdes cortadas en rodajas finas
- jugo de 1 naranja
- 2 cucharadas de mermelada de damascos
- 6 cucharadas de mayonesa *light*
- 1 cucharadita de curry
- 6 cucharadas de crema liviana

▼ Mezclar la miel con la salsa de soja, el ajo, el jugo de naranja y la sal con especias. Incorporar los cubos de cerdo y dejarlos marinar durante 1 hora como mínimo.

▼ Armar las *brochettes* alternando en los pinchos cubos de cerdo, champiñones, cebollitas y trozos de pimiento.

▼ Cocinarlas en la parrilla del horno hasta que estén a punto, bañándolas de vez en cuando con la marinada del cerdo.

SALSA

▼ Cocinar las manzanas con el jugo de naranja hasta que estén tiernas.

▼ Retirar y hacer un puré. Agregar la mermelada y mezclar bien. Incorporar la mayonesa, el curry y la crema. Dejar entibiar.

▼ Servir las *brochettes* con la salsa de manzanas. Acompañar con papas torneadas al natural.

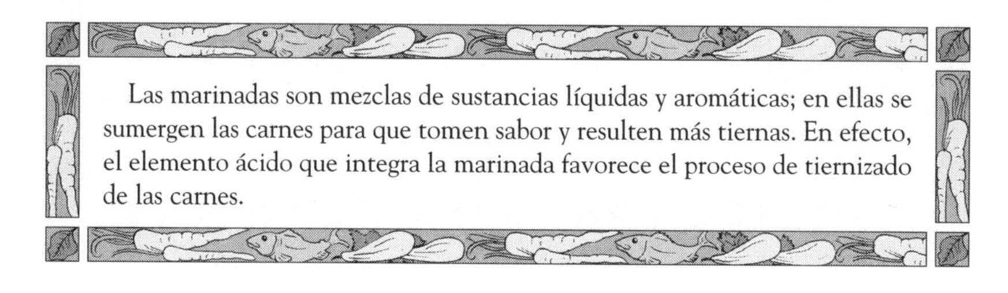

Las marinadas son mezclas de sustancias líquidas y aromáticas; en ellas se sumergen las carnes para que tomen sabor y resulten más tiernas. En efecto, el elemento ácido que integra la marinada favorece el proceso de tiernizado de las carnes.

Carré con frambuesas

Ingredientes

- 1,500 kilo de carré de cerdo
- rocío vegetal
- 1 cucharadita de aceite de oliva
- 1 copita de coñac
- 500 cc de agua
- 500 cc de jugo de ananá
- 2 cucharadas de azúcar morena
- 1 cucharada de menta picada

Salsa

- 90 cc de oporto
- 100 gramos de azúcar rubia
- 300 gramos de frambuesas frescas o congeladas

▾ Lubricar una sartén antiadherente con el rocío vegetal y el aceite de oliva. Llevar al fuego, incorporar el carré y sellarlo en toda su superficie.

▾ Verter el coñac y flamear. Agregar el agua, el jugo de ananá, el azúcar morena y la menta.

▾ Cocinar a fuego lento hasta que el carré esté a punto. Dejarlo reposar dentro del líquido de 15 a 20 minutos, para que termine de tiernizarse.

Salsa

▾ Colocar en una cacerolita el oporto y el azúcar rubia. Calentar hasta que se disuelva el azúcar. Dejar reducir durante unos minutos.

▾ Agregar las frambuesas y calentarlas apenas, cuidando que no se deshagan.

▾ Cortar el carré en rodajas y bañarlo con la salsa. Acompañar con perlas de zapallitos (pág. 14) al vapor.

▾ Se puede servir caliente o frío.

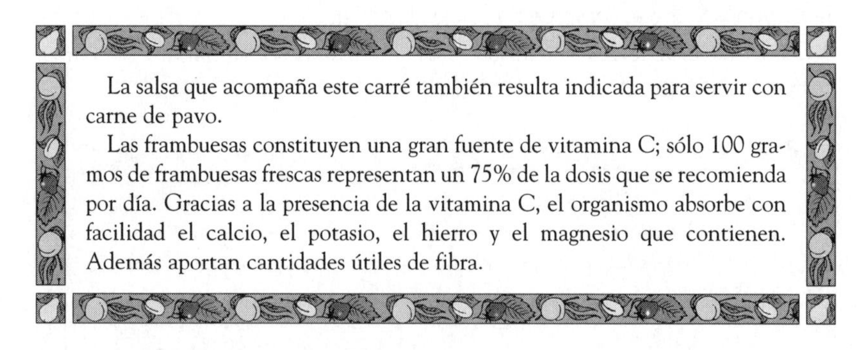

La salsa que acompaña este carré también resulta indicada para servir con carne de pavo.

Las frambuesas constituyen una gran fuente de vitamina C; sólo 100 gramos de frambuesas frescas representan un 75% de la dosis que se recomienda por día. Gracias a la presencia de la vitamina C, el organismo absorbe con facilidad el calcio, el potasio, el hierro y el magnesio que contienen. Además aportan cantidades útiles de fibra.

Cazuelitas de carne y coliflor

Ingredientes

- 300 gramos de carne vacuna magra, picada
- 300 gramos de carne de cerdo magra, picada
- 2 cebollas finamente picadas y pasadas por agua hirviente
- 3 rebanadas de pan integral descortezadas, remojadas en leche descremada
- 3 claras
- sal, pimienta
- 1 paquete de flores de coliflor congeladas
- hierbas aromáticas a gusto
- rocío vegetal
- 8 tomates perita pelados (pág. 16), en cubitos
- 100 gramos de pan integral seco, rallado
- 3 cucharadas de perejil picado
- 1 cucharada de aceite de oliva
- jugo de 1 limón
- 2 cucharadas de semillas de sésamo

▾ En un bol combinar las carnes con las cebollas, el pan remojado y las claras. Salpimentar y aromatizar con las hierbas. Mezclar bien y reservar.

▾ En una cacerola calentar agua con sal. Agregar las flores de coliflor congeladas. Cuando retome el hervor, escurrirlas.

▾ Lubricar con rocío vegetal cazuelitas individuales. Colocar una capa de la mezcla de carne, intercalar flores de coliflor y cubrir con otra capa de carne. Disponer encima cubos de tomates y salar.

▾ Aparte, mezclar el pan rallado con el perejil, el aceite de oliva, el jugo de limón y las semillas de sésamo. Salpimentar y repartir en las cazuelitas, sobre los tomates.

▾ Cocinar en horno moderado durante 50 minutos, aproximadamente.

▾ Servir bien calientes.

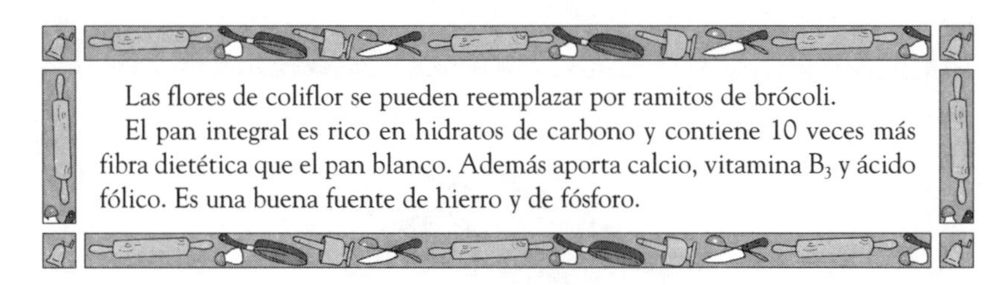

Las flores de coliflor se pueden reemplazar por ramitos de brócoli.

El pan integral es rico en hidratos de carbono y contiene 10 veces más fibra dietética que el pan blanco. Además aporta calcio, vitamina B_3 y ácido fólico. Es una buena fuente de hierro y de fósforo.

Cerdo a la campesina

Ingredientes

- aceite de oliva
- 4 medallones de cerdo
- 4 cebollas pequeñas cortadas en aros finos
- 4 tomates cortados en rodajas
- sal
- curry
- 50 cc de crema liviana
- zanahorias *baby* para acompañar

▼ Pincelar una sartén antiadherente con aceite de oliva. Llevar al fuego, incorporar los medallones de cerdo y dorarlos hasta que resulten sellados de ambos de lados. Retirarlos y reservarlos.

▼ Cubrir el fondo de una fuente térmica con las cebollas y los tomates, disponiéndolos en forma alternada y encimándolos parcialmente, para hacer un colchón. Condimentar con sal y curry.

▼ Colocar los medallones de cerdo sobre el colchón de vegetales. Rociar con la crema liviana. Tapar la fuente con papel de aluminio.

▼ Llevar al horno y cocinar hasta que las verduras estén tiernas y la carne a punto.

▼ Acompañar con zanahorias *baby* (o zanahorias comunes cortadas en bastones) cocidas.

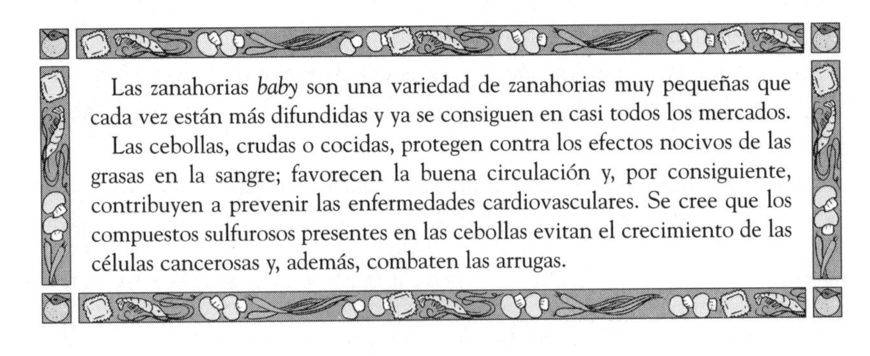

Las zanahorias *baby* son una variedad de zanahorias muy pequeñas que cada vez están más difundidas y ya se consiguen en casi todos los mercados.

Las cebollas, crudas o cocidas, protegen contra los efectos nocivos de las grasas en la sangre; favorecen la buena circulación y, por consiguiente, contribuyen a prevenir las enfermedades cardiovasculares. Se cree que los compuestos sulfurosos presentes en las cebollas evitan el crecimiento de las células cancerosas y, además, combaten las arrugas.

Colita de cuadril al vino

Ingredientes

- 1 colita de cuadril
- 2 cucharadas de aceite de oliva
- rocío vegetal
- 1 cebolla grande picada
- 500 gramos de zanahorias ralladas
- 1 vaso de vino blanco seco
- sal, pimienta
- 1 pizca de comino
- caldo de carne desgrasado
- 150 gramos de crema liviana
- 50 cc de leche descremada

- Eliminar toda la grasa de la carne.
- Calentar el aceite de oliva en una sartén. Incorporar la colita de cuadril y sellarla hasta que esté dorada en forma pareja en toda su superficie. Retirarla y reservarla.
- Lubricar una cacerola con rocío vegetal. Llevar al fuego y rehogar la cebolla. Agregar las zanahorias, mezclar bien y verter el vino. Condimentar con sal, pimienta y comino.
- Colocar la colita de cuadril en la cacerola. Tapar y cocinar todo junto hasta que la carne esté tierna. Si fuera necesario para que la preparación no se seque, agregar caldo de carne desgrasado.
- Una vez que la carne esté lista, retirarla, cortarla en tajadas y reservarla al calor.
- Licuar el fondo de cocción para preparar la salsa. Colocarlo nuevamente en la cacerola, ajustar el condimento y calentar.
- Agregar la crema liviana mezclada con la leche y mantener sobre el fuego durante unos segundos más, cuidando que no llegue a hervir.
- Acomodar las rodajas de carne dentro de la cacerola, sobre la salsa, y dejar reposar durante pocos minutos antes de servir, para unificar la temperatura.
- Acompañar con chauchas al vapor.

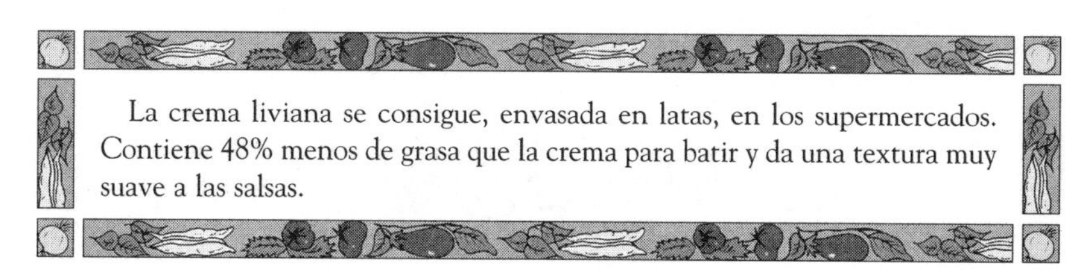

La crema liviana se consigue, envasada en latas, en los supermercados. Contiene 48% menos de grasa que la crema para batir y da una textura muy suave a las salsas.

Conejo al verdeo

INGREDIENTES

2 cucharadas de aceite de oliva
350 gramos de cebollas de verdeo cortadas en aros gruesos
2 zanahorias cortadas en rebanadas finas
1 conejo cortado en presas
1 vaso de vino blanco
sal, pimienta
1 pizca de curry
4 papas cortadas en esferas pequeñas, cocidas al vapor
perejil picado para espolvorear (pág. 15)

▼ Colocar el aceite de oliva en una cacerola. Llevar al fuego y añadir las cebollas de verdeo y las zanahorias. Rehogarlas durante unos minutos.
▼ Incorporar las presas de conejo y verter 1/2 vaso de vino blanco. Ir agregando el vino restante a medida que sea necesario, para que la preparación no se seque.
▼ Condimentar con sal, pimienta y curry.
▼ Tapar la cacerola y cocinar a fuego lento hasta que el conejo esté a punto. Dar vuelta las presas de vez en cuando, para que se cocinen en forma pareja.
▼ Servir el conejo bañado con el fondo de cocción. Acompañar con esferas de papas cocidas al vapor, condimentadas con sal y pimienta, rociadas con aceite de oliva y espolvoreadas con perejil picado.

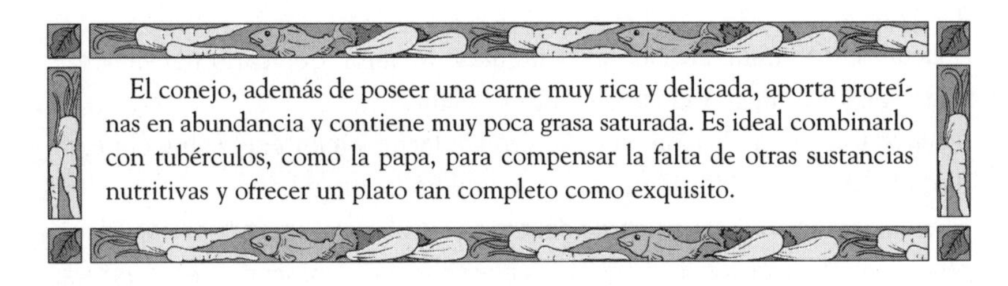

El conejo, además de poseer una carne muy rica y delicada, aporta proteínas en abundancia y contiene muy poca grasa saturada. Es ideal combinarlo con tubérculos, como la papa, para compensar la falta de otras sustancias nutritivas y ofrecer un plato tan completo como exquisito.

Conejo con ciruelas

INGREDIENTES

20 ciruelas pasa sin carozo
1 vaso de vino blanco
rocío vegetal
1 cucharada de aceite de oliva
1 conejo cortado en presas
6 *échalotes* picadas
1 taza de caldo de carne desgrasado
250 gramos de jamón cocido desgrasado, cortado en cubitos
1 cucharadita de extracto de carne
150 gramos de crema liviana
sal, pimienta
papas al natural, para acompañar

- Poner las ciruelas en un tazón. Calentar el vino, verterlo sobre ellas y dejarlas macerar hasta que se ablanden.
- Lubricar una sartén antiadherente con el rocío vegetal y el aceite de oliva. Llevar al fuego, añadir las presas de conejo y sellarlas hasta que resulten doradas en toda su superficie. Agregar las *échalotes* y el jamón. Cocinar durante unos minutos.
- Escurrir las ciruelas e incorporar a la sartén el vino de la maceración, junto con el caldo y el extracto de carne. Esparcir las ciruelas sobre el conejo y cocinar a fuego lento hasta que la carne esté tierna. Si hiciera falta, agregar más caldo para que la preparación no se seque.
- Retirar del fuego y añadir la crema para suavizar la textura de la salsa. Probar y, si es necesario, corregir el condimento con sal y pimienta.
- Servir todo bien caliente, con papas al natural.

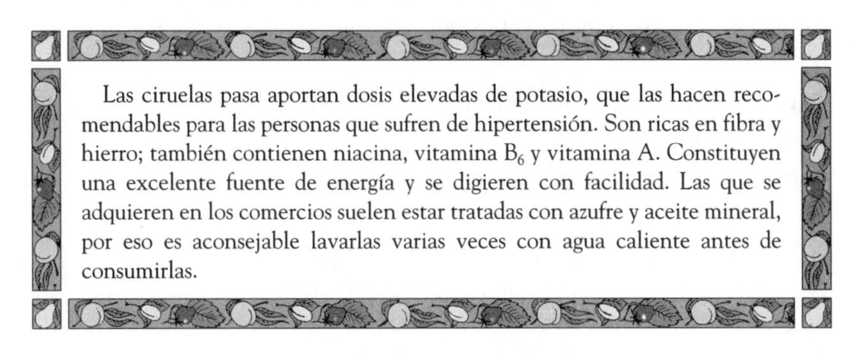

Las ciruelas pasa aportan dosis elevadas de potasio, que las hacen recomendables para las personas que sufren de hipertensión. Son ricas en fibra y hierro; también contienen niacina, vitamina B_6 y vitamina A. Constituyen una excelente fuente de energía y se digieren con facilidad. Las que se adquieren en los comercios suelen estar tratadas con azufre y aceite mineral, por eso es aconsejable lavarlas varias veces con agua caliente antes de consumirlas.

Cordero sobre colchón vegetal

Ingredientes

- 1 pierna de cordero de 1,500 kilo, desgrasada
- 4 dientes de ajo en mitades
- tomillo
- pimienta negra de molinillo
- jugo de 1 limón
- 2 cucharadas de aceite de oliva
- rocío vegetal
- 2 cebollas cortadas en rodajas
- 750 gramos de zapallitos en rodajas
- 750 gramos de papas con cáscara, en rodajas
- sal
- 50 gramos de queso magro rallado
- 240 gramos de queso untable descremado
- 50 cc de crema liviana
- 1 diente de ajo picado
- 1 manojo de albahaca picada

▼ Hacer unos cortes en la pierna de cordero e introducir en ellos los dientes de ajo.

▼ Combinar el tomillo con la pimienta, el jugo de limón y la mitad del aceite. Adobar la pierna con la mezcla. Tapar y dejar marinar alrededor de 12 horas.

▼ Lubricar una sartén antiadherente con rocío vegetal y el aceite restante. Sellar la pierna de ambos lados. Cocinar durante unos minutos para que se desgrase bien.

▼ En una fuente térmica lubricada con rocío vegetal colocar las cebollas, las papas y los zapallitos. Salar la pierna de cordero y colocarla sobre las verduras. Apoyar la fuente sobre el piso del horno y cocinar durante 1 hora.

▼ Esparcir el queso rallado sobre las verduras y volver al horno durante 1/2 hora más.

▼ Aparte, formar una crema uniendo el queso untable con la crema, el ajo, la albahaca, sal y pimienta.

▼ Servir el cordero acompañado con los vegetales y la crema de queso.

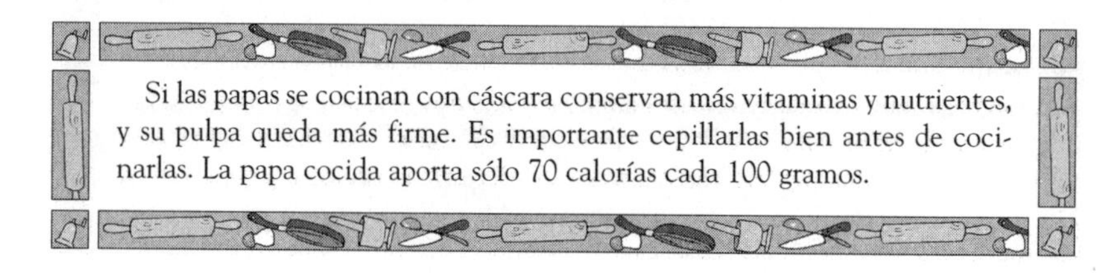

Si las papas se cocinan con cáscara conservan más vitaminas y nutrientes, y su pulpa queda más firme. Es importante cepillarlas bien antes de cocinarlas. La papa cocida aporta sólo 70 calorías cada 100 gramos.

El pan de carne de mi mamá

INGREDIENTES

700 gramos de carne vacuna magra, picada
1 manzana rallada grueso
1 zanahoria rallada grueso
2 cucharadas de germen de trigo
2 cucharadas de queso Mar del Plata rallado
orégano
hierbas de la Provenza
sal, pimienta
3 claras
rocío vegetal
3 huevos duros en mitades
6 tomates perita pelados (pág. 16), licuados
1/4 de vaso de vino blanco
1 cucharadita de azúcar

- Mezclar la carne picada con la manzana, la zanahoria, el germen de trigo y el queso rallado. Sazonar con orégano, hierbas de la Provenza, sal y pimienta. Unir con las claras.
- Forrar con papel de aluminio y lubricar con rocío vegetal un molde para budín inglés grande. Colocar dentro la mitad de la preparación. Ubicar en el centro las mitades de huevos duros, en hilera y con la yema hacia abajo. Cubrir con el resto de mezcla de carne.
- Combinar los tomates con el vino y el azúcar. Verter sobre el pan de carne.
- Tapar con papel de aluminio. Cocinar durante 40 minutos en horno moderado. Quitar el papel 5 minutos antes de terminar la cocción, para que se dore la superficie.
- Retirar, desmoldar y cortar en tajadas. Acompañar con ensaladas frescas.

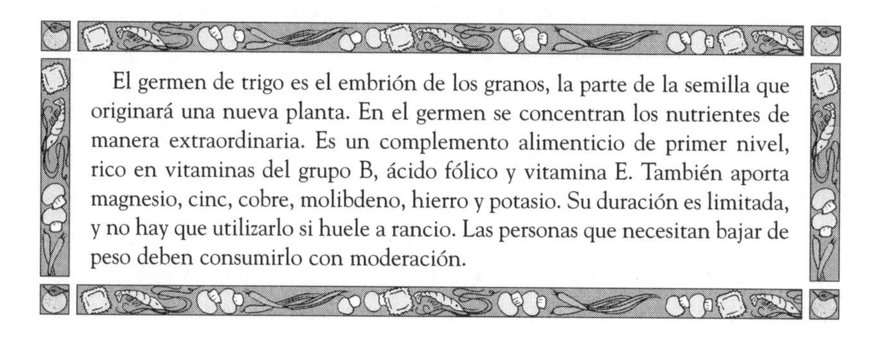

El germen de trigo es el embrión de los granos, la parte de la semilla que originará una nueva planta. En el germen se concentran los nutrientes de manera extraordinaria. Es un complemento alimenticio de primer nivel, rico en vitaminas del grupo B, ácido fólico y vitamina E. También aporta magnesio, cinc, cobre, molibdeno, hierro y potasio. Su duración es limitada, y no hay que utilizarlo si huele a rancio. Las personas que necesitan bajar de peso deben consumirlo con moderación.

Crêpes de carne

INGREDIENTES

CRÊPES
- 3 claras
- 200 gramos de harina
- sal
- 500 cc de leche descremada
- 1 cucharada de aceite de oliva
- 1 cucharada de orégano
- rocío vegetal

RELLENO
- 1 cucharadita de aceite de oliva
- 1 cebolla picada
- 2 dientes de ajo picados
- 2 pimientos rojos picados
- 1 ají picante fresco o seco, entero o picado (opcional)
- 1 hoja de laurel
- 1 cucharada de aceto balsámico
- 300 gramos de carne vacuna magra, picada
- sal, pimienta
- canela molida
- orégano
- perejil picado

SALSA
- 2 cebollas finamente picadas
- 1 cucharadita de aceite de oliva
- 50 gramos de margarina untable
- 50 gramos de harina
- 1 cucharadita de pimentón dulce
- 440 cc de leche descremada
- 100 cc de jerez
- queso *mozzarella* rallado para espolvorear

CRÊPES

▾ Licuar las claras junto con la harina, algo de sal, la leche, el aceite y el orégano. Dejar reposar la pasta durante 20 minutos. Luego hacer las *crêpes* en una panquequera lubricada con rocío vegetal. Apilarlas a medida que estén listas. Reservarlas.

RELLENO

▾ Lubricar una sartén antiadherente con rocío vegetal y el aceite de oliva. Rehogar la cebolla junto con los dientes de ajo, los pimientos y el ají picante. Agregar el laurel y el aceto balsámico. Cocinar durante unos minutos.

▾ Incorporar la carne picada y seguir cocinando hasta que cambie de color. Condimentar con sal, pimienta, canela, orégano y perejil picado. Retirar, descartar el ají picante si se usó entero y dejar enfriar.

SALSA

▼ Rehogar la cebolla en una sartén antiadherente lubricada con rocío vegetal y el aceite de oliva. Añadir la margarina y dejar que se funda. Incorporar la harina mezclada con el pimentón, revolver y cocinar durante 1 minuto. Verter la leche y el jerez, lentamente y sin dejar de revolver. Cocinar hasta que espese.

ARMADO

▼ Untar las *crêpes* con parte de la salsa y esparcir 1 cucharada del relleno sobre cada una. Doblarlas y acomodarlas en una fuente térmica. Cubrirlas con el resto de salsa.

▼ Espolvorear con queso *mozzarella* rallado y gratinar en el horno. Retirar y servir de inmediato.

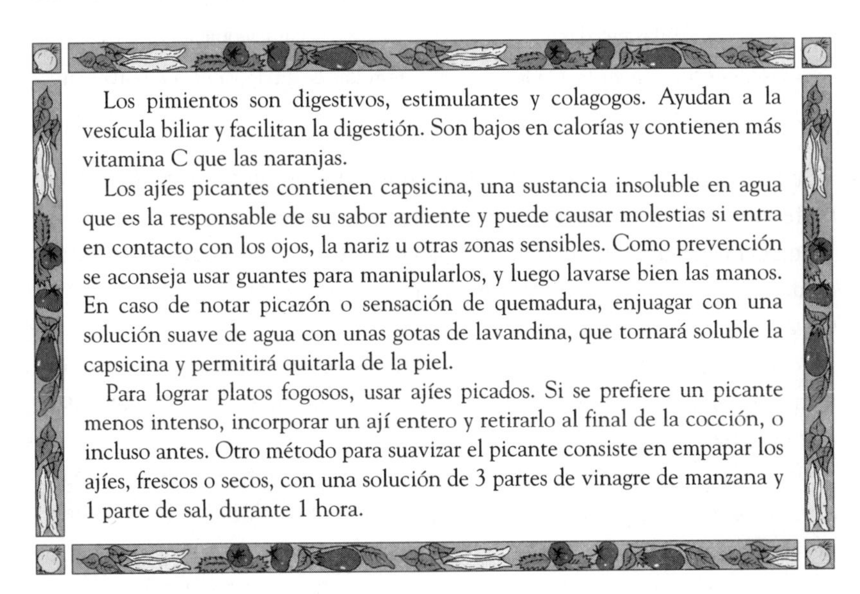

Los pimientos son digestivos, estimulantes y colagogos. Ayudan a la vesícula biliar y facilitan la digestión. Son bajos en calorías y contienen más vitamina C que las naranjas.

Los ajíes picantes contienen capsicina, una sustancia insoluble en agua que es la responsable de su sabor ardiente y puede causar molestias si entra en contacto con los ojos, la nariz u otras zonas sensibles. Como prevención se aconseja usar guantes para manipularlos, y luego lavarse bien las manos. En caso de notar picazón o sensación de quemadura, enjuagar con una solución suave de agua con unas gotas de lavandina, que tornará soluble la capsicina y permitirá quitarla de la piel.

Para lograr platos fogosos, usar ajíes picados. Si se prefiere un picante menos intenso, incorporar un ají entero y retirarlo al final de la cocción, o incluso antes. Otro método para suavizar el picante consiste en empapar los ajíes, frescos o secos, con una solución de 3 partes de vinagre de manzana y 1 parte de sal, durante 1 hora.

Lomo con crema de calabaza

Ingredientes

- 4 medallones de lomo de ternera
- rocío vegetal
- 1 cucharadita de aceite de oliva
- coñac
- sal

Crema de calabaza

- 2 cebollas picadas
- sal, pimienta, nuez moscada
- 2 cucharadas + 1 pocillo de caldo de verduras
- 500 gramos de calabaza pelada y cortada en cubos
- 100 gramos de crema liviana
- 50 cc de leche descremada
- cintas de *zucchini* (pág. 14) blanqueadas, para acompañar
- semillas de amapola para espolvorear

▼ Sellar los medallones de lomo, de ambos lados, en una sartén antiadherente lubricada con el rocío vegetal y el aceite de oliva.

▼ Colocarlos en una fuente térmica y pincelarlos con coñac. Cocinar en horno moderado hasta que estén a punto. Salar antes de servir.

Crema de calabaza

▼ Cocinar las cebollas en una sartén antiadherente con las cucharadas de caldo. Agregar los cubitos de calabaza y el pocillo de caldo. Cocinar hasta que esté tierna.

▼ Licuar la preparación. Condimentar con sal, pimienta y nuez moscada. Agregar la crema liviana mezclada con la leche y calentar sin que llegue a hervir.

▼ Presentar el lomo con la crema de calabaza y cintas de *zucchini* blanqueadas. Espolvorear con semillas de amapola.

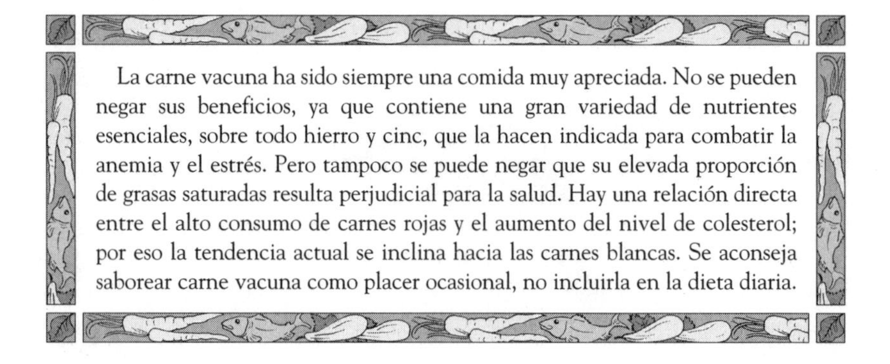

La carne vacuna ha sido siempre una comida muy apreciada. No se pueden negar sus beneficios, ya que contiene una gran variedad de nutrientes esenciales, sobre todo hierro y cinc, que la hacen indicada para combatir la anemia y el estrés. Pero tampoco se puede negar que su elevada proporción de grasas saturadas resulta perjudicial para la salud. Hay una relación directa entre el alto consumo de carnes rojas y el aumento del nivel de colesterol; por eso la tendencia actual se inclina hacia las carnes blancas. Se aconseja saborear carne vacuna como placer ocasional, no incluirla en la dieta diaria.

Matambrito con manzanas

INGREDIENTES

- 1 matambre de cerdo chico, desgrasado
- condimento para carne
- mostaza
- 3 manzanas verdes peladas y cortadas en tajadas finas
- 50 gramos de nueces picadas
- canela molida
- jengibre en polvo
- rocío vegetal
- vino blanco
- 1/2 taza de azúcar morena
- 1 cucharada de vinagre de manzana
- pimienta de molinillo

▼ Desgrasar muy bien el matambre de cerdo. Colocarlo sobre la mesada, dejando hacia abajo la parte donde estaba la grasa. Espolvorear con condimento para carne y untar con mostaza.

▼ Cubrir el matambre con las tajadas de manzanas. Esparcir arriba las nueces. Espolvorear con canela y jengibre. Enrollar y atar con hilo de cocina.

▼ Colocar el matambre en una fuente térmica lubricada con rocío vegetal. Llevar al horno y cocinar a temperatura moderada hasta que esté tierno. De vez en cuando, rociar con vino blanco.

▼ Mezclar el azúcar morena con 1 cucharada de mostaza, el vinagre y pimienta a gusto. 15 minutos antes de que el matambre esté a punto, untarlo con la mezcla preparada. Completar la cocción, retirar y dejar enfriar.

▼ Quitar el hilo, cortar en rodajas y servir.

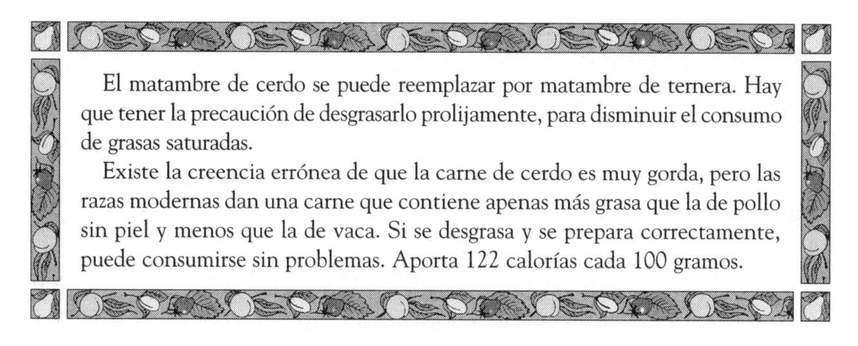

El matambre de cerdo se puede reemplazar por matambre de ternera. Hay que tener la precaución de desgrasarlo prolijamente, para disminuir el consumo de grasas saturadas.

Existe la creencia errónea de que la carne de cerdo es muy gorda, pero las razas modernas dan una carne que contiene apenas más grasa que la de pollo sin piel y menos que la de vaca. Si se desgrasa y se prepara correctamente, puede consumirse sin problemas. Aporta 122 calorías cada 100 gramos.

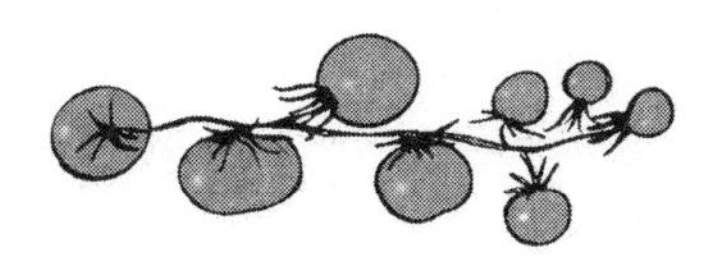

Milanesitas al sésamo

INGREDIENTES

- 2 cucharadas de pimentón dulce
- 2 cucharadas de semillas de sésamo
- 4 cucharadas de pan lácteo oreado y procesado
- sal, pimienta
- 1 kilo de peceto fileteado para milanesas
- 2 claras
- 2 cebollas en aros finos
- 1 cucharada de aceite de oliva

VEGETALES AL CURRY

- 1 cebolla picada
- rocío vegetal
- aceite de oliva
- 1 cucharada de curry
- 200 gramos de chauchas rollizas cortadas al sesgo en trozos de 3 cm
- 200 gramos de zanahorias cortadas en rodajas acanaladas
- 1 berenjena con piel, en cubos
- 4 zapallitos en perlas (pág. 14)
- 200 gramos de tomates *cherry*
- 1 taza de caldo de verduras

▼ Mezclar el pimentón con el sésamo, el pan procesado, sal y pimienta.

▼ Limpiar las tajadas de peceto. Pasarlas por las claras ligeramente batidas y rebozarlas con la mezcla de pan.

▼ Rociar las cebollas con el aceite de oliva, mezclar bien y colocarlas sobre una placa. Ubicar encima las milanesas. Tapar con papel de aluminio y cocinar en horno moderado. Dar vuelta a mitad de la cocción.

VEGETALES AL CURRY

▼ Rehogar la cebolla en una sartén antiadherente lubricada con rocío vegetal y 1 cucharadita de aceite de oliva. Agregar el curry disuelto en 2 cucharadas de aceite de oliva y dejar entibiar. Incorporar las chauchas, las zanahorias, la berenjena y los zapallitos. Cocinar durante unos minutos. Añadir los tomates *cherry* y el caldo necesario para que la preparación no se seque. Cocinar durante 10 minutos, no más. Servir con las milanesas.

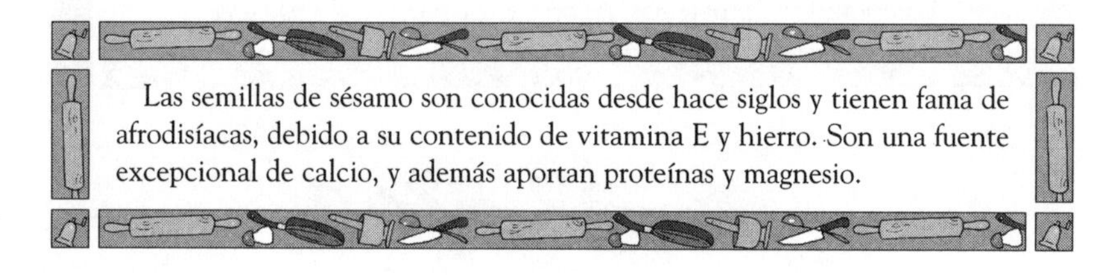

Las semillas de sésamo son conocidas desde hace siglos y tienen fama de afrodisíacas, debido a su contenido de vitamina E y hierro. Son una fuente excepcional de calcio, y además aportan proteínas y magnesio.

Muffins de carne

Ingredientes

Pasta

- 150 gramos de harina
- 1 clara
- 1 cucharada de perejil picado
- 1 taza de leche descremada
- 1 pizca de cebolla en polvo
- sal, pimienta
- 1/2 taza de agua
- 1 cucharadita de polvo para hornear

Relleno

- 400 gramos de carne de ternera desgrasada, picada
- 1 taza de blanco de apio picado
- 3 cucharadas de avena arrollada instantánea o salvado de trigo
- 3 cucharadas de salsa de soja
- 1/2 taza de semillas de sésamo
- rocío vegetal

Pasta

▾ Procesar la harina junto con la clara, el perejil, la leche, la cebolla en polvo, sal, pimienta, el agua y el polvo para hornear. Dejar reposar durante unos minutos.

Relleno

▾ Mezclar muy bien la carne con el apio, la avena o el salvado y la salsa de soja. Dividir la mezcla en 12 partes iguales, formar albóndigas y rebozarlas con las semillas de sésamo.

▾ Lubricar moldes para *muffins* con rocío vegetal. Ubicar en ellos las albóndigas. Cocinar durante 10 minutos en horno moderado, precalentado.

▾ Retirar y distribuir la pasta sobre las albóndigas. Volver al horno durante 25 minutos, hasta que los *muffins* estén firmes.

▾ Servirlos calientes, con salsa de tomates liviana (pág. 16).

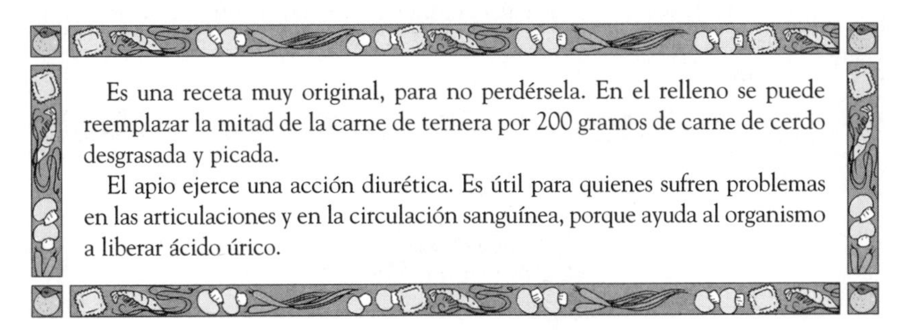

Es una receta muy original, para no perdérsela. En el relleno se puede reemplazar la mitad de la carne de ternera por 200 gramos de carne de cerdo desgrasada y picada.

El apio ejerce una acción diurética. Es útil para quienes sufren problemas en las articulaciones y en la circulación sanguínea, porque ayuda al organismo a liberar ácido úrico.

Peceto a la naranja

INGREDIENTES

- aceite de oliva
- 1 peceto de 600 gramos
- 8 *échalotes* picadas
- 2 tomates perita pelados (pág. 16), en cuartos
- hierbas aromáticas
- ralladura de 1 naranja
- jugo de 2 naranjas
- 1/2 vaso de vino blanco
- sal, pimienta
- 250 gramos de champiñones fileteados
- 1 cucharada de almidón de maíz
- 2 naranjas fileteadas en gajos (pág. 15)
- 4 rodajas gruesas de calabaza, cocidas en el horno o en el microondas

▾ Untar apenas con aceite de oliva una sartén antiadherente. Dorar rápidamente el peceto en toda su superficie.

▾ Agregar las *échalotes* picadas, los tomates, las hierbas aromáticas, la ralladura y el jugo de naranja. Verter el vino y condimentar con sal y pimienta. Tapar y cocinar a fuego bajo durante 20 minutos.

▾ Incorporar los champiñones y continuar la cocción hasta que el peceto esté tierno. Retirarlo y reservarlo al calor.

▾ Añadir a la salsa el almidón de maíz disuelto en agua y los gajos de naranjas. Cocinar hasta que espese.

▾ Cortar el peceto en rodajas. Acomodarlas sobre las rodajas de calabaza. Cubrir con la salsa de naranja y servir.

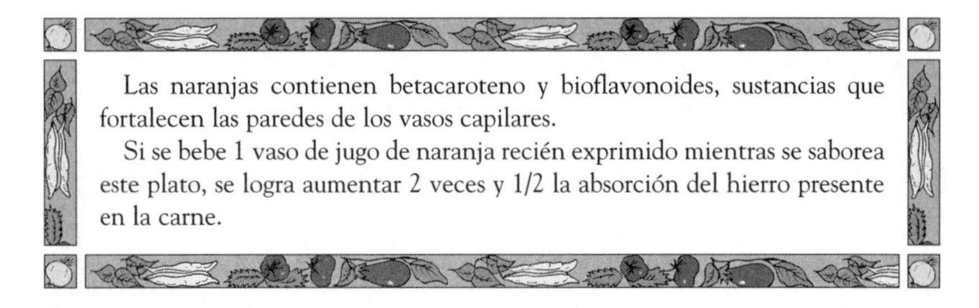

Las naranjas contienen betacaroteno y bioflavonoides, sustancias que fortalecen las paredes de los vasos capilares.

Si se bebe 1 vaso de jugo de naranja recién exprimido mientras se saborea este plato, se logra aumentar 2 veces y 1/2 la absorción del hierro presente en la carne.

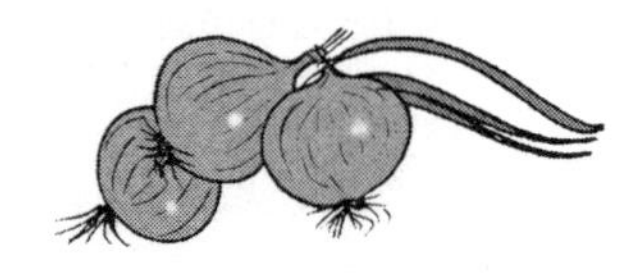

Pecetos de cerdo en camisa

INGREDIENTES

- 4 pecetos de cerdo (1 kilo en total)
- rocío vegetal
- aceite de oliva
- 1 copita de coñac
- 12 clavos de olor
- canela molida
- 1 manzana verde rallada
- 40 gramos de pan integral seco y rallado
- 1 cucharada de *échalote* picada
- 2 cucharadas de almendras peladas, tostadas y picadas
- 1 cucharada de mostaza tipo Dijón
- sal, pimienta negra
- 4 rodajas de calabaza de 4 cm de espesor, cocidas en el horno
- 1 paquete de repollitos de Bruselas congelados, cocidos
- crema liviana

▼ Sellar los pecetos en una sartén antiadherente lubricada con rocío vegetal y 1 cucharada de aceite de oliva. Flamear con el coñac. Retirar e insertar 3 clavos de olor en cada peceto. Espolvorear con canela.

▼ Colocar una rejilla sobre una placa. Apoyar los pecetos sobre la rejilla. Cubrir con papel de aluminio y asar en el horno durante 20 minutos.

▼ Aparte, mezclar la manzana con el pan rallado, las almendras, la mostaza, la *échalote*, sal y pimienta.

▼ Retirar la placa del horno, quitar el papel de aluminio y extender la mezcla de manzana sobre los pecetos. Volver al horno hasta que estén a punto.

▼ Ahuecar las rodajas de calabaza, para formar canastitas, y reservar la pulpa extraída. Rociar los repollitos de Bruselas con 2 cucharadas de oliva, mezclar y rellenar las canastitas. Hacer un puré con la pulpa reservada, agregar crema liviana hasta lograr una consistencia corrediza y salsear las calabazas. Calentar en el horno.

▼ Servir los pecetos salseados con el jugo de cocción que habrá quedado en la placa. Acompañar con las canastitas de calabaza rellenas.

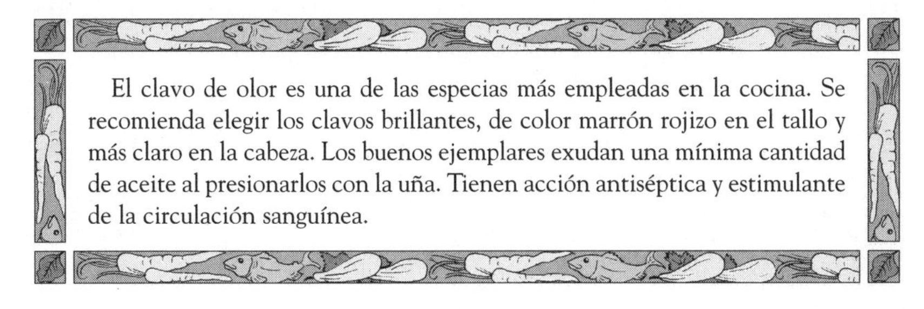

El clavo de olor es una de las especias más empleadas en la cocina. Se recomienda elegir los clavos brillantes, de color marrón rojizo en el tallo y más claro en la cabeza. Los buenos ejemplares exudan una mínima cantidad de aceite al presionarlos con la uña. Tienen acción antiséptica y estimulante de la circulación sanguínea.

Ternera rellena

Ingredientes

1 tapa de nalga	2 cebollas picadas y cocidas durante 6 minutos en el microondas
2 rebanadas de pan integral descortezadas y untadas con manteca de ambos lados	1 cucharada de aceite de oliva
1 cucharada de hierbas de la Provenza	200 cc de caldo de carne desgrasado
100 gramos de queso *port salut* descremado	200 cc de vino blanco seco
rocío vegetal	200 gramos de champiñones fileteados
	1 cucharada de almidón de maíz
	3 cucharadas de crema liviana

- Desgrasar la tapa de nalga y abrirla. Colocar las rebanadas de pan en un extremo. Espolvorear con las hierbas de la Provenza y salpimentar. Disponer sobre el pan el queso *port salut* y las cebollas. Enrollar la carne y atar con intervalos de 3 cm. Dorar la carne en una sartén antiadherente lubricada con el rocío vegetal y el aceite de oliva. Pasarla a una fuente térmica. Rociar con el caldo mezclado con el vino.
- Hornear a 180ºC durante 1 hora. De vez en cuando, bañar la carne con el líquido de la fuente. Retirarla cuando esté a punto y reservarla al calor.
- Calentar el fondo de cocción en una cacerola, añadir los champiñones y cocinar durante 2 minutos. Agregar el almidón de maíz disuelto en la crema y cocinar hasta que espese. Corregir el condimento de la salsa.
- Servir la carne cortada en rodajas y cubierta con la salsa. Acompañar con papas torneadas, cocidas al vapor.

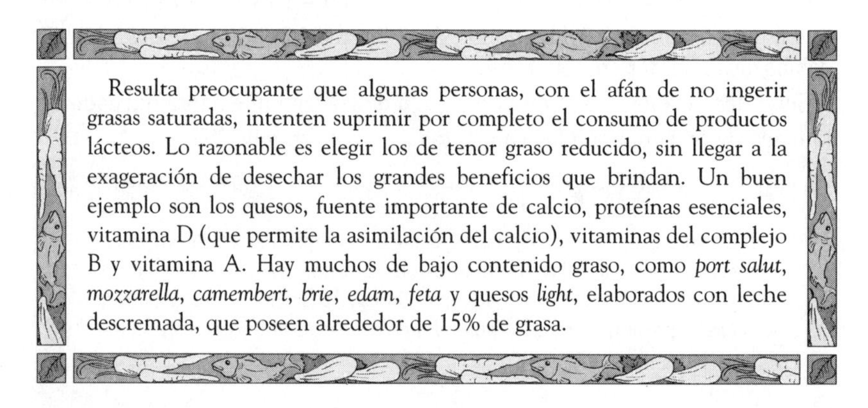

Resulta preocupante que algunas personas, con el afán de no ingerir grasas saturadas, intenten suprimir por completo el consumo de productos lácteos. Lo razonable es elegir los de tenor graso reducido, sin llegar a la exageración de desechar los grandes beneficios que brindan. Un buen ejemplo son los quesos, fuente importante de calcio, proteínas esenciales, vitamina D (que permite la asimilación del calcio), vitaminas del complejo B y vitamina A. Hay muchos de bajo contenido graso, como *port salut*, *mozzarella*, *camembert*, *brie*, *edam*, *feta* y quesos *light*, elaborados con leche descremada, que poseen alrededor de 15% de grasa.

Terrina de conejo y hongos

Ingredientes

- 4 cebollas de verdeo en aros
- rocío vegetal
- 2 cucharadas de aceite de oliva
- 500 gramos de conejo en trozos
- 1 copita de vino blanco
- 2 cucharadas de aceto balsámico
- 200 gramos de champiñones
- 4 sobres de gelatina sin sabor
- 1 litro de caldo de carne desgrasado
- 100 gramos de hongos secos remojados en vino blanco caliente
- 100 gramos de *girgolas* frescas salteadas con 1 cucharadita de aceite de oliva
- 2 cucharadas de perejil picado
- 50 gramos de almendras peladas, tostadas y fileteadas

▼ Rehogar las cebollas de verdeo en una sartén antiadherente lubricada con el rocío vegetal y el aceite de oliva. Agregar el conejo y dorarlo.

▼ Añadir el vino, tapar y cocinar durante 20 minutos a fuego lento. Retirar y dejar enfriar. Deshuesar el conejo y procesarlo junto con las cebollas de verdeo del fondo de cocción, 1 cucharada de aceto balsámico y los champiñones. Si es necesario, añadir un poco del líquido de cocción.

▼ Disolver la gelatina en el caldo y calentar hasta que rompa el hervor.

▼ Separar 100 cc de la gelatina preparada y combinarla con los hongos secos, las *girgolas* salteadas, la mitad del perejil y las almendras. Incorporar la mezcla procesada. Unir el resto de la gelatina preparada con el aceto balsámico y el perejil restantes.

▼ Forrar un molde para budín inglés con papel de aluminio. Colocar en el fondo 1 cm de gelatina y dejar solidificar. Cubrir con la mitad de la preparación de conejo y dejar solidificar. Colocar otra franja de gelatina y dejar solidificar. Disponer el resto de la preparación de conejo y terminar con gelatina. Llevar a la heladera hasta que esté firme.

▼ Desmoldar, cortar en tajadas y servir con ensalada de hojas frescas y gajos de tomates.

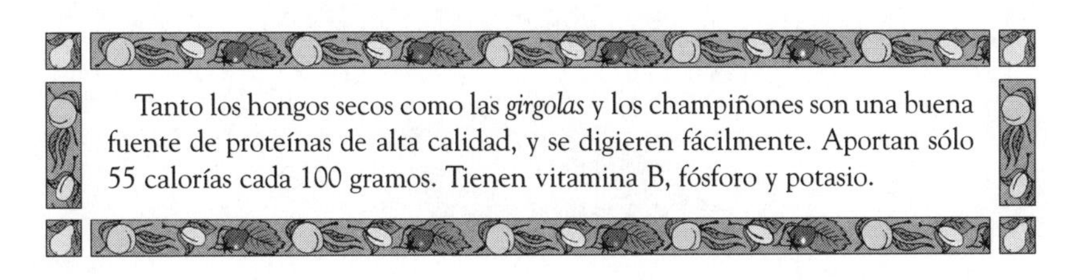

Tanto los hongos secos como las *girgolas* y los champiñones son una buena fuente de proteínas de alta calidad, y se digieren fácilmente. Aportan sólo 55 calorías cada 100 gramos. Tienen vitamina B, fósforo y potasio.

Terrina de ternera y queso

Ingredientes

- 300 gramos de carne vacuna magra, cocida
- 500 gramos de queso untable descremado
- 2 pimientos rojos cocidos y pelados (pág. 15)
- 8 puerros picados y cocidos durante 5 minutos en el microondas
- 2 cucharadas de ketchup
- 1/4 de taza de agua fría
- 2 cucharadas de mayonesa *light*
- sal, pimienta
- 2 sobres de gelatina sin sabor
- 1 cucharada de *ciboulette* picada
- 1 cucharada de perejil picado

▼ Trozar la carne cocida. Procesarla junto con el queso untable, los pimientos, los puerros, el ketchup, la mayonesa, sal y pimienta. Retirar de la procesadora, pasar a un bol y reservar.

▼ Hidratar la gelatina con el agua fría, dentro de un jarrito. Llevar al fuego y calentar hasta que se disuelva, cuidando que no llegue a hervir.

▼ Agregar la gelatina, la *ciboulette* y el perejil a la mezcla procesada. Unir bien, para lograr una textura homogénea.

▼ Poner en la base de un molde desmontable para torta un disco de cartón forrado con papel de aluminio. Colocar dentro la mezcla. Llevar a la heladera hasta que solidifique.

▼ Desmoldar en una fuente, sobre un colchón de hojas verdes. Decorar con tomates *cherry* y hojas de perejil.

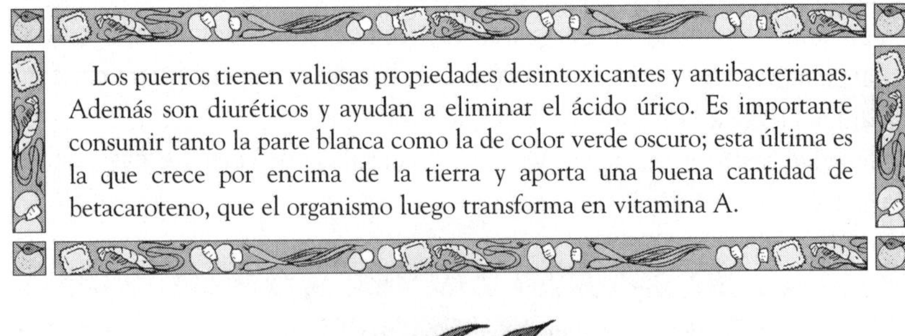

Los puerros tienen valiosas propiedades desintoxicantes y antibacterianas. Además son diuréticos y ayudan a eliminar el ácido úrico. Es importante consumir tanto la parte blanca como la de color verde oscuro; esta última es la que crece por encima de la tierra y aporta una buena cantidad de betacaroteno, que el organismo luego transforma en vitamina A.

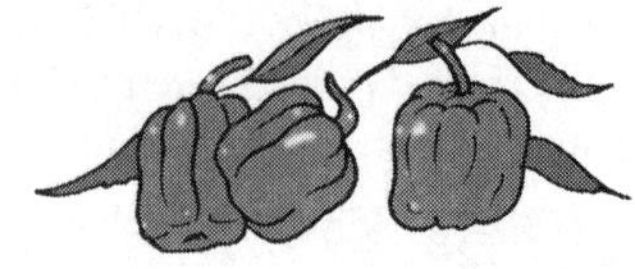

Pastas y cereales

Arroz al modo chino

INGREDIENTES

2 cucharadas de sal gruesa	rocío vegetal
400 gramos de arroz grano largo	1 cucharada de aceite de oliva
2 huevos	2 cucharaditas de jengibre fresco rallado
1 clara	250 gramos de pollo cocido, cortado en tajadas muy delgadas
1 cucharadita de cúrcuma	250 gramos de camarones limpios
sal, pimienta	4 cucharadas de salsa de soja
8 cebollas de verdeo en aros	

▾ Calentar abundante agua con la sal en una cacerola. Cuando hierva, incorporar el arroz gradualmente, para que el agua no se enfríe. Dejar que retome el hervor y cocinar de 10 a 12 minutos, sin tapar.

▾ Cuando el arroz esté a punto, colarlo y ponerlo nuevamente en la cacerola con agua bien fría. Volver a colarlo, extenderlo sobre una bandeja y dejarlo en la heladera durante toda la noche (si se necesita en el día, secarlo durante 5 minutos en el horno precalentado a temperatura moderada, revolviendo de vez en cuando).

▾ Batir ligeramente los huevos con la clara y la cúrcuma. Salpimentar. Hacer panqueques bien finos, picarlos y reservarlos.

▾ Rehogar las cebollas de verdeo en una sartén lubricada con el rocío vegetal y el aceite de oliva. Agregar el jengibre y cocinar durante 1 minuto.

▾ Incorporar el arroz, mezclar y cocinar durante 5 minutos. Añadir el pollo y los camarones. Mezclar y calentar. Agregar los panqueques picados. A último momento, condimentar con la salsa de soja.

▾ Servir bien caliente.

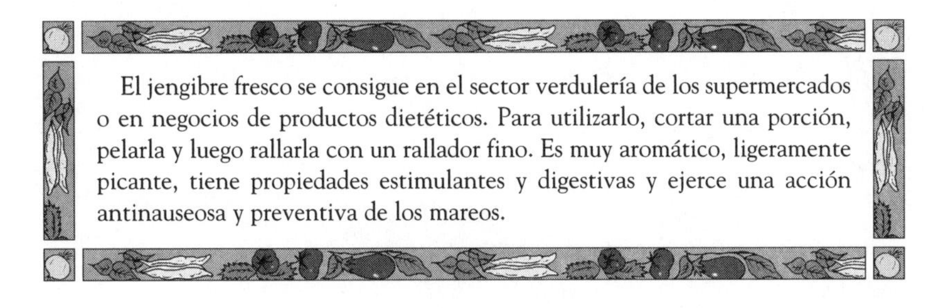

El jengibre fresco se consigue en el sector verdulería de los supermercados o en negocios de productos dietéticos. Para utilizarlo, cortar una porción, pelarla y luego rallarla con un rallador fino. Es muy aromático, ligeramente picante, tiene propiedades estimulantes y digestivas y ejerce una acción antinauseosa y preventiva de los mareos.

Arroz con hinojo

Ingredientes

25 gramos de manteca	300 gramos de arroz integral
2 cucharadas de aceite de oliva	sal, pimienta
1 cebolla picada	800 cc de caldo de gallina
300 gramos de hinojo sin partes duras, cortado en tiritas	50 gramos de queso magro rallado
	2 cucharadas de semillas de sésamo

- Calentar la manteca junto con el aceite en una cacerola. Dorar a fuego fuerte la cebolla y el hinojo.
- Agregar el arroz y dorarlo durante unos minutos, revolviendo con cuchara de madera para que tome el sabor de los vegetales.
- Verter un poco del caldo caliente. Continuar la cocción hasta que el arroz esté a punto, agregando el caldo restante a medida que el arroz lo absorba y aumentando la cantidad indicada si fuera necesario.
- Verificar la sal y añadir pimienta.
- Retirar del fuego y, de inmediato, agregar el queso rallado, mezclar bien y repartir en los platos.
- Espolvorear con las semillas de sésamo, tostadas ligeramente en una sartén limpia, y presentar.

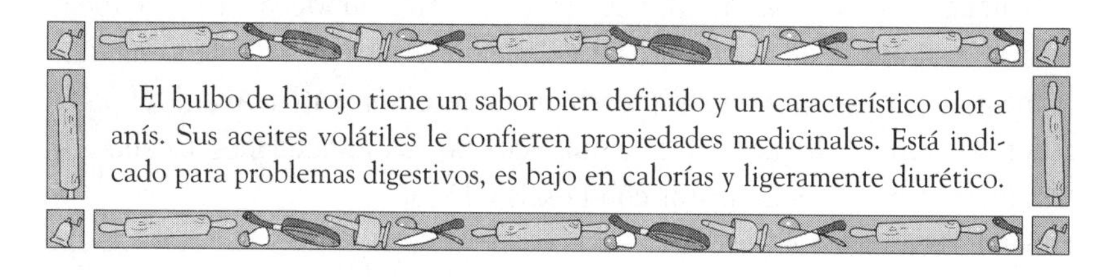

El bulbo de hinojo tiene un sabor bien definido y un característico olor a anís. Sus aceites volátiles le confieren propiedades medicinales. Está indicado para problemas digestivos, es bajo en calorías y ligeramente diurético.

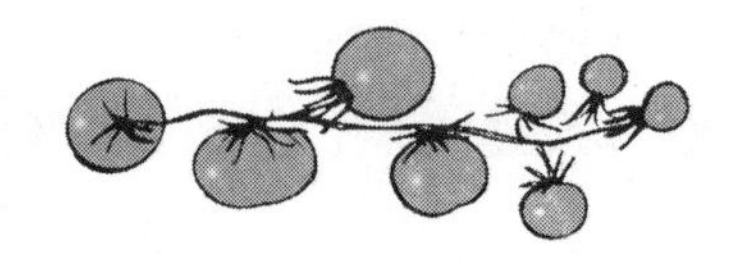

Bocadillos de mijo al horno

INGREDIENTES

1 y 1/2 taza de mijo
4 tazas de agua
6 *échalotes* picadas
1 diente de ajo picado
2 cucharadas de perejil picado
4 cucharadas de queso magro rallado
1 huevo
2 claras
salsa inglesa,
sal, pimienta

ENSALADA

1 remolacha grande cruda, rallada
1 manzana verde rallada
50 gramos de pipas de girasol saladas
sal, jugo de limón, aceite de maíz

- Lavar el mijo. Colocarlo en una cacerola con el agua y dejarlo en remojo durante 1/2 hora. Luego cocinarlo durante 20 minutos, hasta que esté tierno.
- Mezclar el mijo cocido con las *échalotes*, el ajo y el perejil. Añadir el queso rallado, el huevo y las claras. Condimentar con salsa inglesa, sal y pimienta.
- Formar bocadillos esféricos con la cuchara para servir helados y colocarlos sobre una placa aceitada.
- Hornear durante 20 minutos, aproximadamente.
- Acompañar los bocadillos con una ensalada preparada con la remolacha, la manzana y las pipas de girasol, aderezada con sal, limón y aceite.

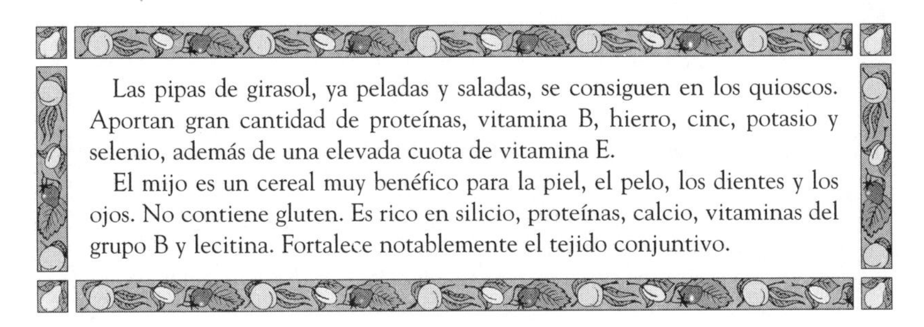

Las pipas de girasol, ya peladas y saladas, se consiguen en los quioscos. Aportan gran cantidad de proteínas, vitamina B, hierro, cinc, potasio y selenio, además de una elevada cuota de vitamina E.

El mijo es un cereal muy benéfico para la piel, el pelo, los dientes y los ojos. No contiene gluten. Es rico en silicio, proteínas, calcio, vitaminas del grupo B y lecitina. Fortalece notablemente el tejido conjuntivo.

Cintas con salsa de zucchini

INGREDIENTES

- 1 paquete de cintas anchas
- sal gruesa
- 3 cebollas de verdeo en aros
- rocío vegetal
- 700 gramos de *zucchini* en bastones de 6 mm de ancho por 4 cm de largo
- 1 cucharada de aceite de oliva
- sal, pimienta negra
- 250 cc de crema liviana
- 1/4 de cucharadita de hebras de azafrán molidas en el mortero
- queso magro rallado

▼ Cocinar las cintas en abundante agua con sal hasta que estén al dente. Escurrirlas y mantenerlas al calor.

▼ Rehogar las cebollas de verdeo en una sartén lubricada con el rocío vegetal y el aceite de oliva. Agregar los *zucchini* y cocinar hasta que estén ligeramente dorados.

▼ Condimentar con sal y pimienta negra molida en el momento.

▼ Incorporar la crema liviana y el azafrán. Revolver sobre llama suave hasta calentar, cuidando que no llegue a hervir.

▼ Retirar del fuego y volcar sobre la pasta caliente.

▼ Espolvorear con queso rallado a gusto antes de servir.

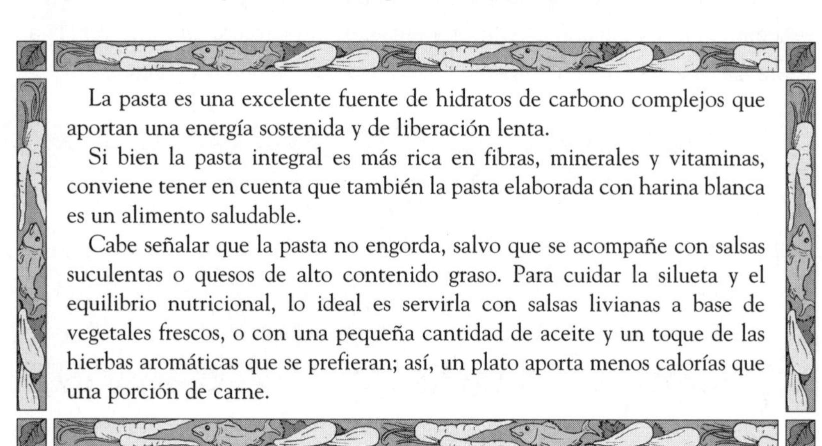

La pasta es una excelente fuente de hidratos de carbono complejos que aportan una energía sostenida y de liberación lenta.

Si bien la pasta integral es más rica en fibras, minerales y vitaminas, conviene tener en cuenta que también la pasta elaborada con harina blanca es un alimento saludable.

Cabe señalar que la pasta no engorda, salvo que se acompañe con salsas suculentas o quesos de alto contenido graso. Para cuidar la silueta y el equilibrio nutricional, lo ideal es servirla con salsas livianas a base de vegetales frescos, o con una pequeña cantidad de aceite y un toque de las hierbas aromáticas que se prefieran; así, un plato aporta menos calorías que una porción de carne.

Cintas verdes con tomates

INGREDIENTES

- sal gruesa
- 2 cucharadas de aceite de girasol
- 500 gramos de cintas verdes
- 7 cucharadas de aceite de oliva
- 1 berenjena grande pelada
- 6 tomates perita pelados (pág. 16)
- 1 cucharada de orégano
- sal, pimienta
- blanco de 1 puerro picado finamente y blanqueado

▼ En una cacerola amplia calentar abundante agua con sal y el aceite de girasol. Cuando rompa el hervor, echar las cintas verdes. Cocinarlas hasta que estén al dente.

▼ Un par de minutos antes de retirarlas, calentar 3 cucharadas de aceite de oliva en una sartén, sobre llama suave. Agregar los tomates cortados en 4 cascos y la berenjena cortada en cubos pequeños. Cocinar brevemente. Apagar el fuego, perfumar con el orégano y sazonar con sal y pimienta recién molida.

▼ Escurrir las cintas y colocarlas en una fuente. Esparcir arriba el blanco de puerro, rociar con el aceite de oliva restante y mezclar bien.

▼ Agregar la preparación de tomates y berenjena, con su jugo de cocción.

▼ Servir de inmediato.

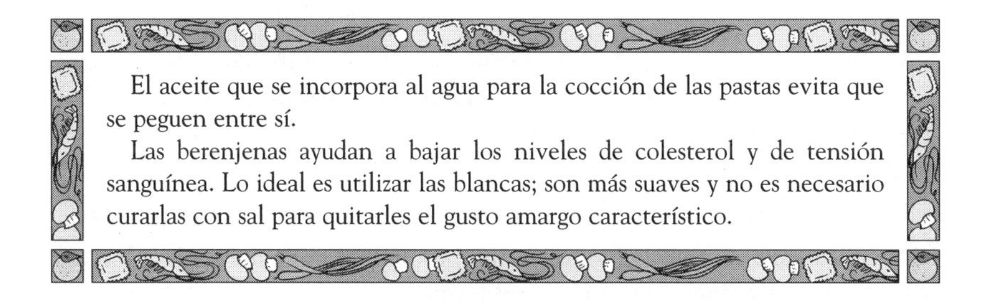

El aceite que se incorpora al agua para la cocción de las pastas evita que se peguen entre sí.

Las berenjenas ayudan a bajar los niveles de colesterol y de tensión sanguínea. Lo ideal es utilizar las blancas; son más suaves y no es necesario curarlas con sal para quitarles el gusto amargo característico.

Crêpes a la italiana

INGREDIENTES

CRÊPES
2 huevos
220 gramos de harina
1 cucharada de manteca derretida
500 cc de leche descremada
sal
rocío vegetal

RELLENO
400 gramos de ricota descremada
1 paquete de choclo congelado, cocido y procesado
1 cebolla picada y rehogada
sal, pimienta, nuez moscada
1/2 pimiento rojo picado y rehogado
1 huevo ligeramente batido
3 cucharadas de queso magro rallado

SALSAS
50 gramos de harina
500 cc de leche descremada
1 cucharada de manteca
sal, pimienta, nuez moscada
2 pimientos rojos y 2 verdes, cocidos y pelados (pág. 15), procesados
8 cucharadas de crema liviana

CRÊPES

▼ Licuar los huevos con la harina, la manteca, la leche y algo de sal. Dejar reposar durante 20 minutos. Hacer las *crêpes* en una panquequera lubricada con rocío vegetal.

RELLENO

▼ Mezclar la ricota con el choclo, la cebolla y el pimiento. Sazonar. Unir con el huevo y el queso rallado. Rellenar las *crêpes*, enrollarlas y acomodarlas en una fuente térmica lubricada con rocío vegetal.

SALSAS

▼ Para la salsa blanca diluir la harina en la leche. Cocinar hasta que espese. Fuera del fuego agregar la manteca, sal, pimienta y nuez moscada. Mezclar bien, cubrir las *crêpes* y gratinar en el horno.

▼ Para las salsas de colores, agregar a cada licuado de pimientos 4 cucharadas de crema liviana. Salpimentar y calentar.

▼ Colocar en cada plato salsa verde a la izquierda, salsa roja a la derecha y una *crêpe* con salsa blanca en el centro, para formar la bandera de Italia.

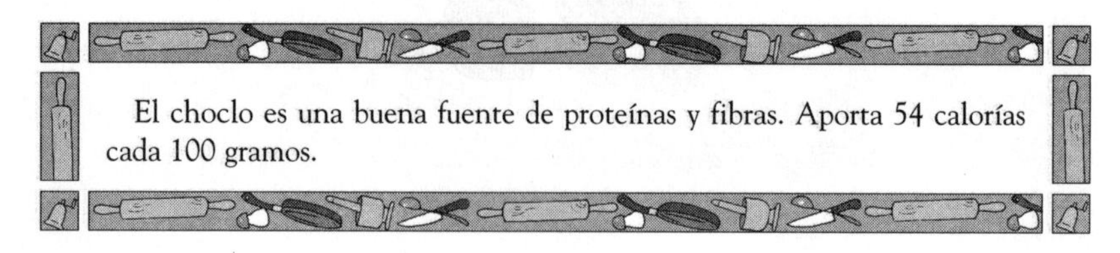

El choclo es una buena fuente de proteínas y fibras. Aporta 54 calorías cada 100 gramos.

Crêpes al champiñón

INGREDIENTES

CRÊPES

- 1 huevo
- 3 claras
- 150 gramos de harina leudante
- 1 y 1/2 taza de soda
- 1/2 cucharadita de cúrcuma
- sal, pimienta
- rocío vegetal

RELLENO Y SALSA

- 1 y 1/2 cucharada de almidón de maíz
- 2 tazas de caldo desgrasado
- 4 cucharadas de aceite de maíz
- 2 cucharadas de leche en polvo descremada
- sal, pimienta, nuez moscada
- 1 cebolla picada
- 200 gramos de champiñones fileteados
- 1 cucharada de aceite de oliva
- 100 gramos de salmón ahumado picado
- 2 pimientos rojos cocidos y pelados (pág. 15), licuados
- crema liviana

CRÊPES

▼ Licuar o procesar el huevo junto con las claras, la harina, la soda, la cúrcuma, sal y pimienta. Dejar reposar durante 20 minutos. Hacer las *crêpes* en una sartén antiadherente lubricada con rocío vegetal.

RELLENO Y SALSA

▼ Disolver el almidón de maíz y la leche en polvo en el caldo. Cocinar hasta que espese, para obtener una salsa blanca. Retirar del fuego y agregar el aceite de maíz. Sazonar. Separar en dos partes y reservar.

▼ Rehogar la cebolla y los champiñones en el aceite de oliva. Agregar el salmón ahumado, sal, pimienta y nuez moscada. Unir con la mitad de la salsa blanca.

▼ Rellenar las *crêpes* con la preparación de champiñones, doblarlas y acomodarlas en una fuente térmica. Cubrirlas con la salsa blanca restante. Gratinar.

▼ Mezclar los pimientos con la crema liviana necesaria para lograr una consistencia corrediza. Salpimentar. Servir las *crêpes* con esta salsa.

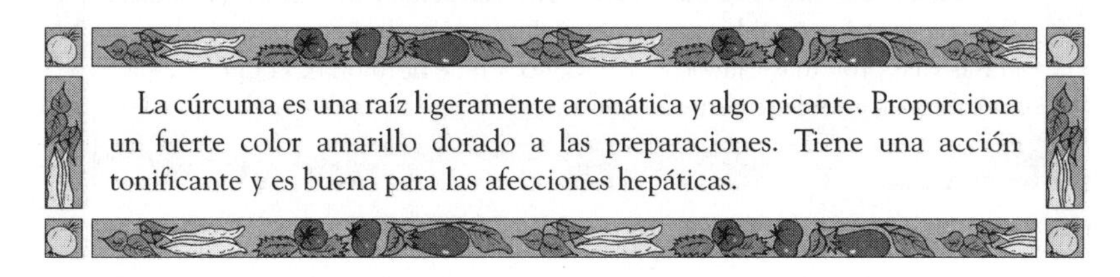

La cúrcuma es una raíz ligeramente aromática y algo picante. Proporciona un fuerte color amarillo dorado a las preparaciones. Tiene una acción tonificante y es buena para las afecciones hepáticas.

Fusilli con salsa de vegetales

INGREDIENTES

- 3 cucharadas de aceite de maíz
- 200 gramos de cebollas de verdeo cortadas en aros
- 200 gramos de zanahorias cortadas en fina juliana
- 200 gramos de chauchas cortadas en cintas o en trozos pequeños
- 1/2 pimiento rojo pelado con el pelapapas y cortado en juliana
- 1 taza de caldo de verduras concentrado (pág. 13)
- 200 gramos de champiñones fileteados
- pimienta
- salsa de soja
- 1 lata de crema liviana
- 1 paquete de *fusilli*
- sal gruesa
- queso magro rallado

▼ Calentar el aceite en una sartén grande. Incorporar las cebollas de verdeo, las zanahorias, las chauchas y el pimiento. Saltear todo junto a fuego moderado durante 5 minutos, mientras se mezcla con cuchara de madera.

▼ Agregar el caldo y cocinar durante pocos minutos más, hasta que los vegetales estén cocidos pero no blandos.

▼ Incorporar los champiñones y cocinar sólo un momento.

▼ Condimentar a gusto con pimienta y salsa de soja.

▼ Añadir la crema liviana y calentar hasta que se funda, cuidando que no llegue a hervir.

▼ Hervir los *fusilli* en abundante agua salada hasta que estén al dente. Colar, salsear y espolvorear con queso rallado.

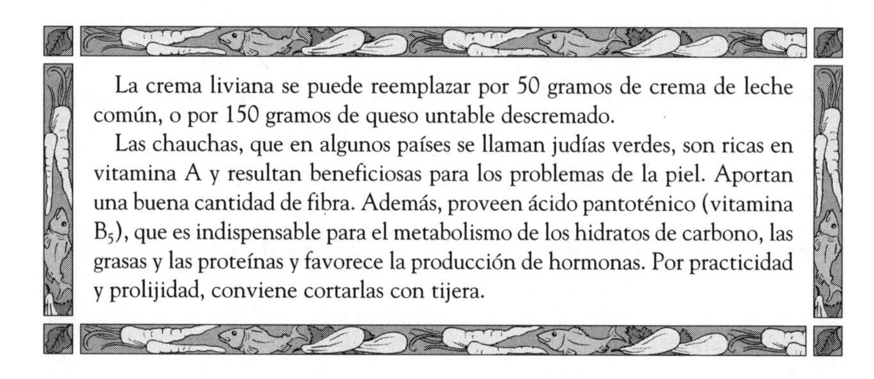

La crema liviana se puede reemplazar por 50 gramos de crema de leche común, o por 150 gramos de queso untable descremado.

Las chauchas, que en algunos países se llaman judías verdes, son ricas en vitamina A y resultan beneficiosas para los problemas de la piel. Aportan una buena cantidad de fibra. Además, proveen ácido pantoténico (vitamina B_5), que es indispensable para el metabolismo de los hidratos de carbono, las grasas y las proteínas y favorece la producción de hormonas. Por practicidad y prolijidad, conviene cortarlas con tijera.

Geometrías de polenta

Ingredientes

Salsa

6 *échalotes* picadas

rocío vegetal

1 cucharadita de aceite de oliva

500 gramos de *girgolas* frescas

1/2 copita de jerez

150 gramos de crema liviana

sal, pimienta

Polenta

2 cucharadas de aceite de oliva

1 cebolla picada

4 cebollas de verdeo en aros

1/2 pimiento rojo picado

2 dientes de ajo picados

2 tomates perita pelados (pág. 16), en cubitos

sal, pimienta negra

1/2 copita de jerez

1 y 1/2 litro de caldo de ave desgrasado

500 gramos de polenta integral de cocción rápida

rocío vegetal

queso magro rallado

Salsa

▼ Rehogar las *échalotes* en una sartén antiadherente lubricada con el rocío vegetal y el aceite. Agregar las *girgolas* y rehogarlas vuelta y vuelta. Verter el jerez y dejar que se evapore el alcohol. Añadir la crema liviana, salpimentar y dejar reducir un poco.

Polenta

▼ Calentar el aceite en una cacerola. Rehogar la cebolla, las cebollas de verdeo, el pimiento, los dientes de ajo y los tomates. Salpimentar y rociar con el jerez. Agregar el caldo y dejar que hierva. Incorporar la polenta en forma de lluvia y cocinar durante 1 minuto, revolviendo siempre.

▼ Colocar la polenta en una asadera lubricada con rocío vegetal. Alisar la superficie y dejar enfriar. Cortar cuadrados de 7 cm de lado, aproximadamente.

▼ Disponer los cuadrados en una fuente térmica lubricada con rocío vegetal. Espolvorear con queso rallado y gratinar en el horno. Servir con la salsa.

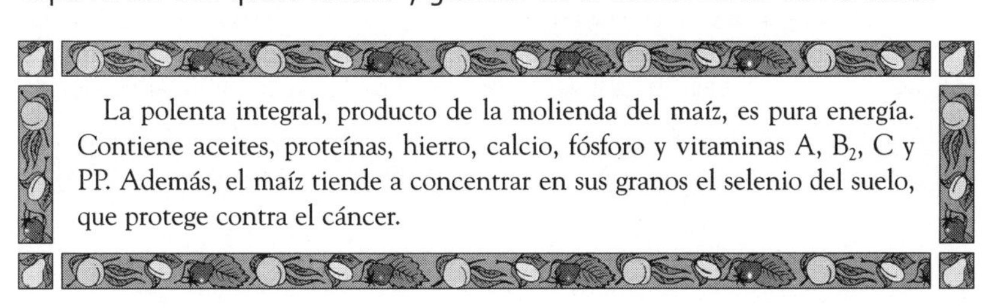

La polenta integral, producto de la molienda del maíz, es pura energía. Contiene aceites, proteínas, hierro, calcio, fósforo y vitaminas A, B_2, C y PP. Además, el maíz tiende a concentrar en sus granos el selenio del suelo, que protege contra el cáncer.

Gratinado de arroz

INGREDIENTES

- 2 tazas de arroz integral
- 4 tazas de agua
- sal gruesa
- 4 cucharadas de almidón de maíz
- 1 litro de leche descremada
- 6 tomates perita pelados (pág. 16), en cubitos
- 1 ramito aromático
- 1 vasito de vino blanco seco
- 1 cucharadita de azúcar
- sal, pimienta
- 1 paquete de arvejas congeladas, cocidas
- 300 gramos de queso *mozzarella* rallado
- 2 cucharadas de queso magro rallado
- 2 cucharadas de pan rallado
- 2 cucharadas de aceite de oliva
- 1 cucharada de orégano

▼ Cocinar el arroz en el agua salada. Si es necesario, agregar más agua.

▼ Disolver el almidón de maíz en la leche fría. Cocinar hasta que espese, para obtener una salsa blanca.

▼ Colocar en una cacerolita los tomates y el ramito aromático. Calentar durante 1 minuto. Agregar el vino blanco y dejar reducir. Equilibrar la acidez con el azúcar.

▼ Mezclar la salsa de tomates con la salsa blanca. Condimentar a gusto con sal y pimienta.

▼ En una fuente térmica colocar por capas la mitad del arroz, la mitad de la salsa, la mitad de las arvejas y la mitad del queso *mozzarella*. Repetir las capas.

▼ Aparte, combinar el queso rallado con el pan rallado, el aceite y el orégano. Esparcir sobre la superficie de la preparación anterior.

▼ Gratinar en horno caliente y servir.

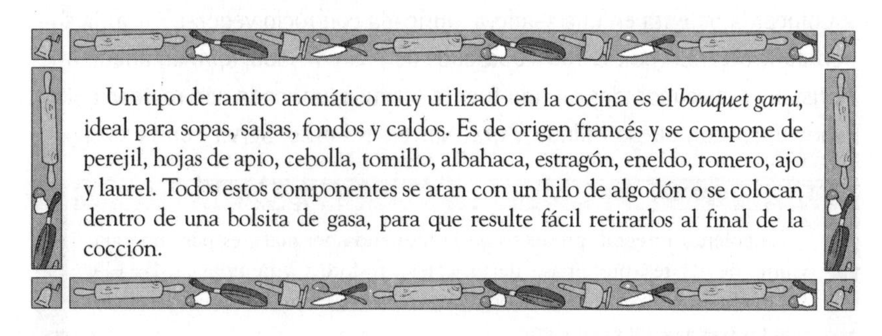

Un tipo de ramito aromático muy utilizado en la cocina es el *bouquet garni*, ideal para sopas, salsas, fondos y caldos. Es de origen francés y se compone de perejil, hojas de apio, cebolla, tomillo, albahaca, estragón, eneldo, romero, ajo y laurel. Todos estos componentes se atan con un hilo de algodón o se colocan dentro de una bolsita de gasa, para que resulte fácil retirarlos al final de la cocción.

Lasaña de berenjenas

INGREDIENTES

SALSA DE QUESO

5 claras

500 gramos de ricota descremada

300 cc de leche descremada

5 cucharadas de queso magro rallado

sal, pimienta, nuez moscada

LASAÑA

500 gramos de berenjenas

sal gruesa

rocío vegetal

aceite de oliva

250 gramos de hojas de masa precocida para lasaña

500 gramos de tomates perita

250 gramos de queso *mozzarella*

SALSA DE QUESO

▾ Mezclar muy bien las claras con la ricota. Agregar la leche y el queso rallado. Sazonar con sal, pimienta y nuez moscada.

LASAÑA

▾ Lavar las berenjenas y cortarlas transversalmente en rodajas de 1/2 cm de espesor. Colocarlas por capas en un colador, espolvoreando cada capa con sal gruesa. Dejarlas reposar durante 30 minutos. Enjuagar y secar con papel absorbente. Colocarlas sobre una placa lubricada con rocío vegetal y pincelarlas con aceite de oliva. Hornearlas a temperatura moderada durante 25 minutos, aproximadamente, dándolas vuelta de vez en cuando.

▾ Colocar un poco de salsa de queso en el fondo de una fuente térmica de 23 por 33 cm. Disponer capas de hojas de masa (remojadas en agua hirviente en el momento de utilizarlas), berenjenas, salsa y hojas de masa. Intercalar rebanadas de tomates y queso *mozzarella*. Disponer otras capas de salsa, hojas de masa y berenjenas. Terminar con salsa.

▾ Espolvorear con queso magro rallado y hornear a temperatura moderada durante 45 minutos, aproximadamente, hasta que se cocine la masa.

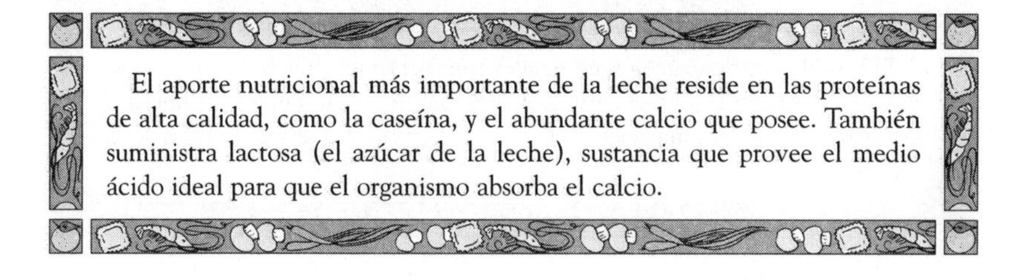

El aporte nutricional más importante de la leche reside en las proteínas de alta calidad, como la caseína, y el abundante calcio que posee. También suministra lactosa (el azúcar de la leche), sustancia que provee el medio ácido ideal para que el organismo absorba el calcio.

Moldeado de arroz integral

Ingredientes

2 tazas de arroz integral
caldo de ave
rocío vegetal oliva
1 berenjena con piel, en rodajas
1/2 pimiento rojo en juliana
1 cucharada de aceite de oliva
1/2 pimiento rojo picado
1 cucharadita de tomillo

1 taza de queso magro rallado
1 taza de queso
untable descremado
3 cucharadas de ketchup
sal, pimienta
rocío vegetal
150 gramos de queso de máquina
cortado en tajadas

- Cocinar el arroz en caldo de ave hasta que esté al dente. Escurrir y reservar.
- Rociar las rodajas de berenjena con rocío vegetal oliva. Cocinarlas a la plancha, dándolas vuelta, o en el horno, sobre una placa, hasta que estén tiernas. Reservarlas.
- Cocinar al vapor el pimiento rojo en juliana. Reservarlo.
- Rehogar en el aceite el pimiento picado. Cuando esté tierno, agregar el tomillo y cocinar durante pocos minutos más.
- Mezclar el arroz con el pimiento rehogado, el queso rallado, el queso untable, el ketchup, sal y pimienta.
- Forrar con papel manteca un molde para budín inglés (pág. 14) y lubricarlo con rocío vegetal. Disponer en el fondo la juliana de pimiento rojo, formando un enrejado.
- Colocar una capa de arroz y presionar con suavidad. Cubrir con el queso de máquina. Colocar otra capa de arroz. Por último, cubrir con las rodajas de berenjena, en forma escalonada, y presionar ligeramente.
- Hornear a temperatura moderada durante 15 minutos. Retirar y desmoldar.
- Servir caliente, solo o con carne de ave, ternera o pescado.

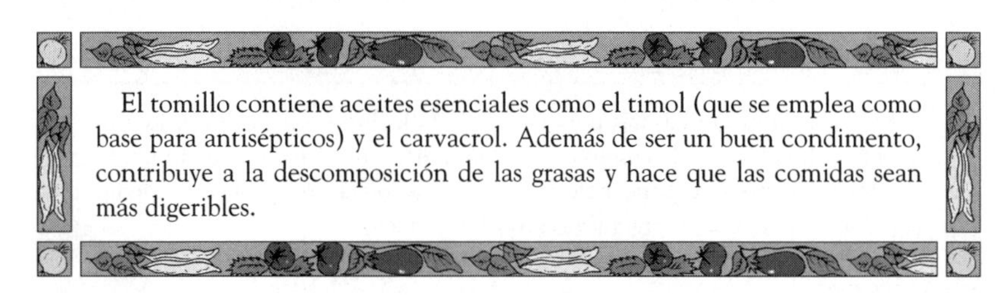

El tomillo contiene aceites esenciales como el timol (que se emplea como base para antisépticos) y el carvacrol. Además de ser un buen condimento, contribuye a la descomposición de las grasas y hace que las comidas sean más digeribles.

Ñoquicitos con salsa de hongos

INGREDIENTES

ÑOQUICITOS

- 2 huevos ligeramente batidos
- 1 taza de leche descremada
- sal, pimienta
- harina 0000
- sal gruesa

SALSA DE HONGOS

- 2 dientes de ajo
- 1 cucharadita de hojas de romero
- 6 tomates perita pelados (pág. 16), en cubitos
- 300 cc de caldo de ave desgrasado
- 300 gramos de champiñones fileteados
- 30 gramos de hongos secos cortados en trocitos
- 50 cc de jerez o vino blanco seco
- 2 cucharada de salsa de soja
- 3 cucharadas de leche en polvo descremada
- 4 cucharadas de almidón de maíz
- 400 cc de leche descremada

ÑOQUICITOS

▾ Mezclar los huevos con la leche, sal y pimienta. Agregar harina hasta formar una pasta de mediana consistencia (no muy dura, ni demasiado tierna).

▾ Pasar la pasta, en varias etapas, por el colador para *spaetzle*, dejando caer los ñoquicitos dentro de una olla con agua hirviente salada. Cocinar durante 2 ó 3 minutos desde que suban a la superficie. Retirarlos con espumadera.

SALSA DE HONGOS

▾ Colocar en una cacerola los dientes de ajo, el romero, los tomates y la mitad del caldo. Dejar que hierva todo junto hasta que se reduzca a la mitad.

▾ Agregar los champiñones, los hongos secos, el jerez, la salsa de soja y el resto del caldo. Cocinar durante 7 minutos.

▾ Mezclar la leche en polvo con el almidón de maíz y disolver ambos en la leche descremada. Incorporar lentamente a la salsa. Cocinar durante 1 minuto, hasta que espese y haga burbujas. Retirar y salsear los ñoquicitos.

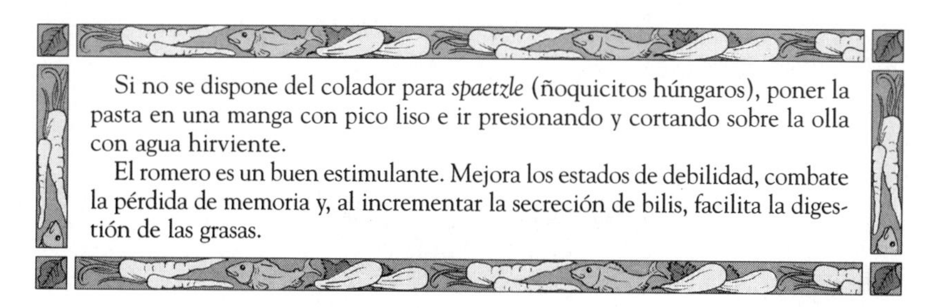

Si no se dispone del colador para *spaetzle* (ñoquicitos húngaros), poner la pasta en una manga con pico liso e ir presionando y cortando sobre la olla con agua hirviente.

El romero es un buen estimulante. Mejora los estados de debilidad, combate la pérdida de memoria y, al incrementar la secreción de bilis, facilita la digestión de las grasas.

Ñoquis de zanahoria

INGREDIENTES

ÑOQUIS

- 300 gramos de ricota descremada
- 1 taza de zanahorias cocidas
- 1 yema
- 3 cucharadas de queso magro rallado
- sal, nuez moscada
- harina integral superfina
- sal gruesa
- 1 cucharada de aceite

SALSA

- 1 cebolla picada
- 1 zanahoria rallada
- 1 cucharada de aceite de oliva
- 500 gramos de tomates perita pelados (pág. 16), en cubitos
- sal, orégano, pimentón dulce
- 2 zapallitos rallados grueso

ÑOQUIS

- Licuar la ricota junto con las zanahorias hasta obtener un puré liso. Retirar de la licuadora y pasar a un bol.
- Agregar la yema y el queso rallado. Sazonar con sal y nuez moscada. Incorporar harina integral en la cantidad necesaria para formar una masa firme.
- Armar los ñoquis. Cocinarlos en abundante agua hirviente con sal y el aceite. Retirarlos con espumadera y reservarlos al calor.

SALSA

- Rehogar la cebolla y la zanahoria en el aceite de oliva.
- Añadir los tomates. Condimentar con sal, orégano y pimentón dulce. Cocinar durante 10 minutos.
- A último momento agregar los zapallitos y cocinar durante 5 minutos más.
- Retirar y servir sobre los ñoquis calientes.

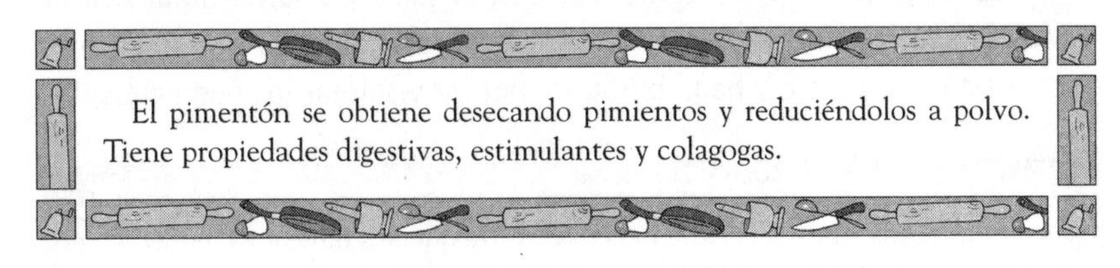

El pimentón se obtiene desecando pimientos y reduciéndolos a polvo. Tiene propiedades digestivas, estimulantes y colagogas.

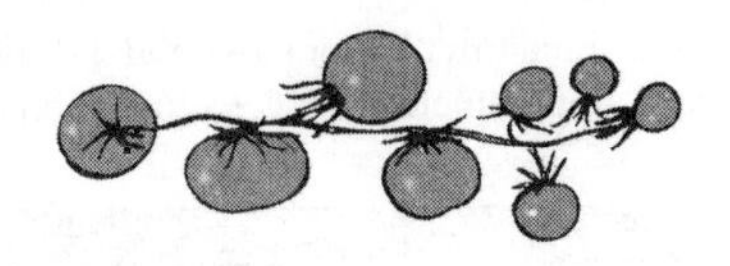

Pasta con salsa de cebollas

Ingredientes

aceite de oliva	1 lata de crema liviana
1 diente de ajo	1 taza de leche descremada
3 cebollas cortadas en pluma (pág. 14)	300 gramos de fideos tricolores
1 pocillo de caldo de ave desgrasado	sal gruesa
sal, pimienta, nuez moscada, orégano	queso magro rallado

- Untar una sartén con aceite de oliva. Frotarla con el diente de ajo partido y colocarla sobre la llama. Incorporar las cebollas y saltear durante unos minutos. Verter el caldo de ave y continuar la cocción.
- Cuando las cebollas estén transparentes, condimentar con sal, pimienta, nuez moscada y orégano.
- Agregar la crema diluida con la leche y mantener sobre el fuego hasta que tome temperatura.
- Mientras se prepara la salsa, cocinar los fideos en una olla con abundante agua hirviente y sal gruesa. Colarlos en cuanto estén al dente.
- En una fuente alternar los fideos, la salsa y queso rallado a gusto.
- Servir bien caliente.

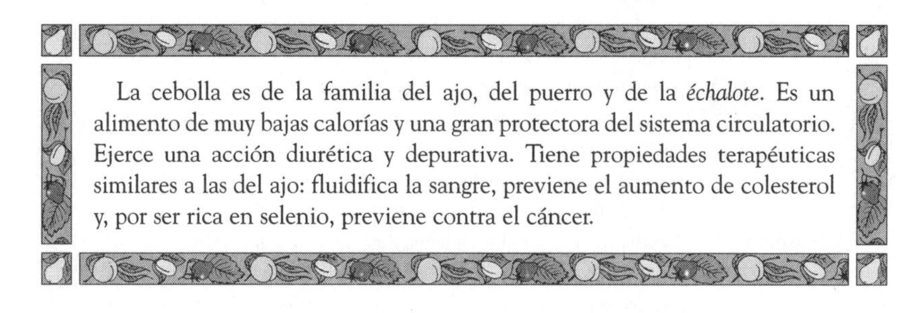

La cebolla es de la familia del ajo, del puerro y de la *échalote*. Es un alimento de muy bajas calorías y una gran protectora del sistema circulatorio. Ejerce una acción diurética y depurativa. Tiene propiedades terapéuticas similares a las del ajo: fluidifica la sangre, previene el aumento de colesterol y, por ser rica en selenio, previene contra el cáncer.

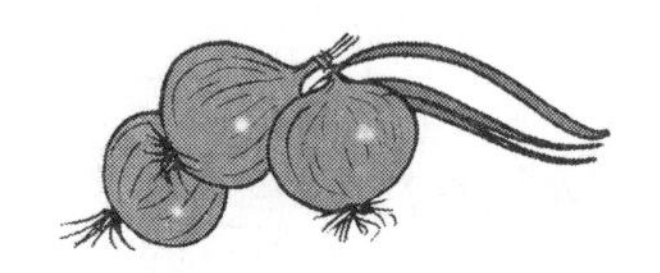

Pilaf de arroz

INGREDIENTES

50 cc de aceite de maíz o de oliva	850 cc de agua o caldo de verduras
350 gramos de arroz	sal

- Calentar el aceite en una cacerola. Echar el arroz y saltearlo de 2 a 3 minutos.
- Cuando el arroz comience a crujir, verter el agua o caldo caliente. Se aconseja realizar este paso con la mano protegida por una manopla.
- Tapar la cacerola y bajar el fuego al mínimo. Cocinar durante 10 minutos, sin revolver.
- Apagar el fuego y dejar reposar durante 5 minutos. En ese tiempo el arroz terminará de absorber el líquido y se completará su cocción.
- Probar y rectificar la sazón con sal a gusto.
- Servir el *pilaf* como guarnición de platos variados, usarlo para hacer timbales o presentarlo como lecho para una cazuela.

Se llama *pilaf* el método que se emplea para cocinar cereales, en especial arroz, tal como lo hacen los turcos, griegos y otros pueblos del Mediterráneo. El salteado previo a la incorporación del líquido sella los granos, que al final de la cocción quedan al dente y bien sueltos.

La receta también se puede hacer con trigo burgol, mijo, cebada perlada o centeno. Si se usan cereales integrales hay que tomar en cuenta que el tiempo de cocción oscilará entre 30 y 40 minutos y que puede ser necesario agregar más líquido para compensar la evaporación.

El arroz integral está desprovisto solamente de su capa protectora externa. Conserva el salvado o cascarilla, que concentra buena parte de los nutrientes y lo hace más resistente a la cocción. Provee proteínas, hidratos de carbono y tiene muy pocas grasas. Es rico en vitaminas del complejo B, E, potasio, calcio, magnesio y fósforo. Las variedades más conocidas en nuestro país son el yamaní, el *blue bonnet* y el carolina.

Pizza soufflé

Ingredientes

- rocío vegetal
- 12 rebanadas de pan integral
- leche descremada
- 1 y 1/2 taza de salsa de tomates liviana (pág. 16)
- orégano
- 50 gramos de aceitunas verdes descarozadas y cortadas en aros
- 4 cucharadas de queso magro rallado
- 400 gramos de queso *mozzarella* cortado en rebanadas finas
- 3 huevos
- 3 claras

Cubierta

- 2 rebanadas de pan lácteo
- 3 cucharadas de queso magro rallado
- 1 cucharada de ajo y perejil picados

▼ Lubricar con rocío vegetal una fuente de vidrio térmico.

▼ Remojar apenas el pan integral en leche. Colocar una capa en el fondo de la fuente. Cubrir con salsa de tomates y espolvorear orégano. Disponer la totalidad de las aceitunas y la mitad del queso *mozzarella*. Repetir las capas de pan integral, salsa, orégano y queso.

▼ Aparte, batir los huevos con las claras y el queso rallado. Verter sobre la preparación de la fuente, despacio, para que penetre bien.

Cubierta

▼ Desmenuzar el pan lácteo sobre una fuente y dejarlo orear. Luego procesarlo junto con el queso rallado, el ajo y el perejil picados. Esparcir sobre la preparación de la fuente.

▼ Llevar a horno moderado, precalentado, hasta que la pizza se dore y se infle.

▼ Servir caliente o fría, con ensalada verde.

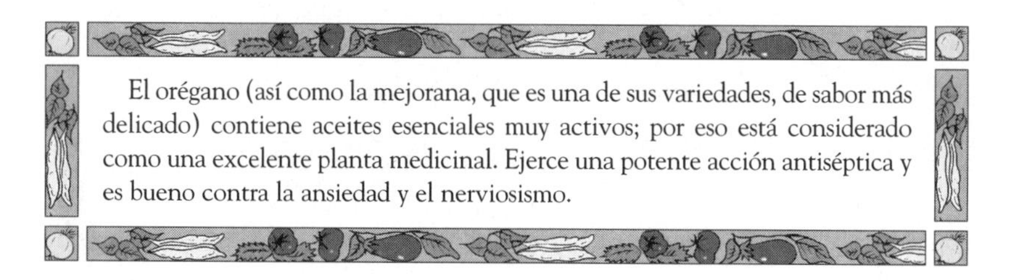

El orégano (así como la mejorana, que es una de sus variedades, de sabor más delicado) contiene aceites esenciales muy activos; por eso está considerado como una excelente planta medicinal. Ejerce una potente acción antiséptica y es bueno contra la ansiedad y el nerviosismo.

Raviolones verdes

INGREDIENTES

MASA	RELLENO
300 gramos de harina 000	1 cebolla picada
200 gramos de harina integral superfina	1 cucharadita de aceite de oliva
1 huevo	1 calabaza
20 cc de aceite de oliva	1 paquete de choclo congelado, cocido y procesado
1 taza de espinaca blanqueada y procesada	150 gramos de queso magro rallado
sal, pimienta, nuez moscada	1 cucharada de harina

MASA

▾ Procesar las dos harinas junto con el huevo, el aceite, la espinaca, sal, pimienta y nuez moscada. Agregar agua en la cantidad necesaria para formar una masa. Dejar reposar durante 1 hora.

RELLENO Y ARMADO

▾ Colocar la cebolla picada en un bol de vidrio, cubrir con film autoadherente y cocinar durante 3 minutos en microondas, al máximo. Retirar, agregar el aceite y reservar.

▾ Lavar la calabaza, pincharla con un tenedor, colocarla en el piso del microondas y cocinarla durante 18 minutos por kilo de peso, al máximo. Darla vuelta a mitad de la cocción. Dejarla reposar, tapada, durante 10 minutos. Luego pelarla y quitarle las semillas. Pesar 500 gramos y hacer un puré. Mezclar con la cebolla, el choclo, el queso rallado y la harina. Sazonar con sal, pimienta y nuez moscada.

▾ Estirar la masa sobre la mesa enharinada, formando un rectángulo. Extender el relleno sobre una mitad. Doblar la masa sobre el relleno. Espolvorear con harina. Marcar cuadrados de 4 cm de lado y presionar para sellar el contorno de cada raviolón. Cortar con ruedita. Cocinar en abundante agua salada hasta que estén al dente. Escurrir cuidadosamente y servir con salsa a gusto.

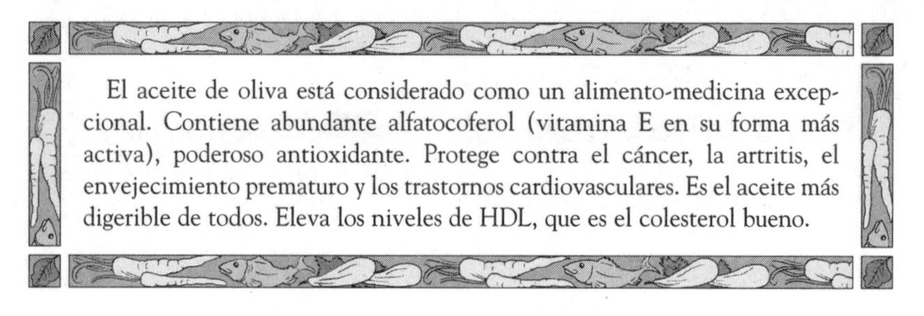

El aceite de oliva está considerado como un alimento-medicina excepcional. Contiene abundante alfatocoferol (vitamina E en su forma más activa), poderoso antioxidante. Protege contra el cáncer, la artritis, el envejecimiento prematuro y los trastornos cardiovasculares. Es el aceite más digerible de todos. Eleva los niveles de HDL, que es el colesterol bueno.

Spaghetti con crema de mariscos

INGREDIENTES

- 300 gramos de *spaghetti*
- sal gruesa
- rocío vegetal
- 1 cebolla picada
- 1 vaso de vino blanco
- 500 cc de leche descremada
- 3 cucharadas de harina
- 1 sobre de caldo *light*
- 1 cucharada de eneldo fresco picado
- 150 gramos de mejillones limpios
- 150 gramos de camarones limpios
- 1 cápsula de azafrán
- sal, pimienta

▾ Hervir los *spaghetti* en abundante agua con sal hasta que estén al dente. Escurrirlos y reservarlos al calor.
▾ En una sartén lubricada con rocío vegetal rehogar la cebolla hasta que esté transparente.
▾ Verter el vino blanco y dejar reducir.
▾ Mezclar la leche con la harina y añadir a la sartén.
▾ Perfumar con el eneldo. Incorporar los mejillones y los camarones.
▾ Disolver el caldo *light* y el azafrán en una tacita de agua. Agregar a la preparación.
▾ Salpimentar a gusto. Cocinar durante unos minutos, hasta que espese.
▾ Servir los fideos salseados con la crema de mariscos.

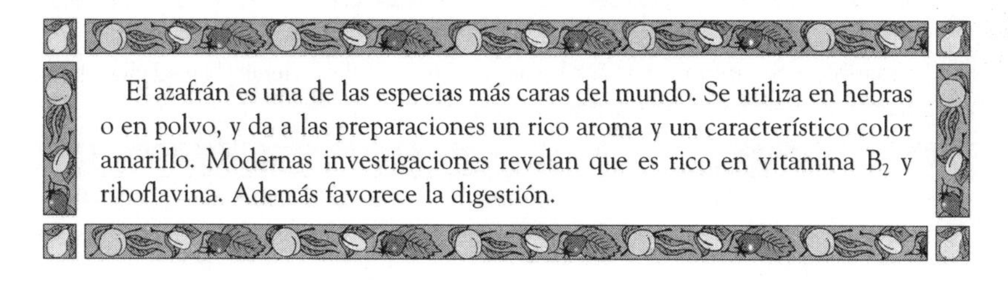

El azafrán es una de las especias más caras del mundo. Se utiliza en hebras o en polvo, y da a las preparaciones un rico aroma y un característico color amarillo. Modernas investigaciones revelan que es rico en vitamina B_2 y riboflavina. Además favorece la digestión.

Spaghetti con salsa light

INGREDIENTES

- sal gruesa
- 500 gramos de *spaghetti* de sémola
- 1 cebolla picada
- rocío vegetal
- 100 cc de vino blanco
- 500 cc de leche descremada
- 2 cucharadas de almidón de maíz
- 2 cucharadas de leche en polvo descremada
- 200 gramos de camarones limpios
- 200 gramos de mejillones limpios
- sal, pimienta, eneldo

▼ En una cacerola amplia calentar abundante agua con sal. Cuando rompa el hervor, echar los *spaghetti*. Cocinarlos hasta que estén al dente. Escurrirlos y reservarlos al calor.

▼ Dorar la cebolla en una sartén lubricada con rocío vegetal. Verter el vino, dejar que se evapore el alcohol y cocinar durante unos minutos.

▼ Disolver en la leche el almidón de maíz y la leche en polvo. Agregar a la sartén y cocinar hasta que la salsa espese.

▼ Incorporar los camarones y los mejillones. Dejar que se calienten y retirar del fuego.

▼ Condimentar con sal y pimienta. Aromatizar con eneldo.

▼ Servir la salsa sobre la pasta caliente.

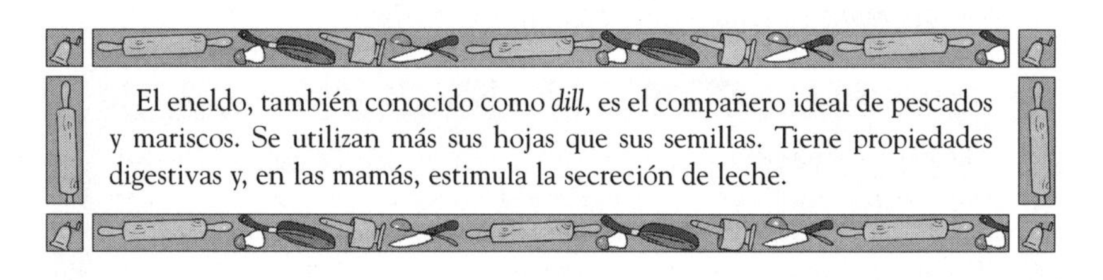

El eneldo, también conocido como *dill*, es el compañero ideal de pescados y mariscos. Se utilizan más sus hojas que sus semillas. Tiene propiedades digestivas y, en las mamás, estimula la secreción de leche.

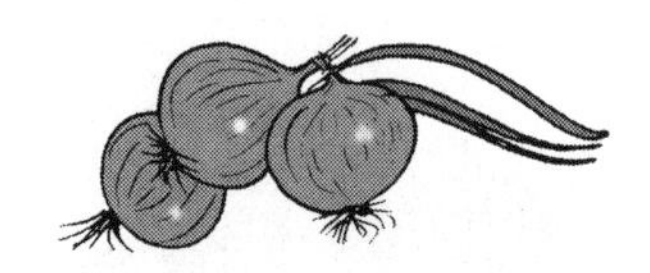

Tentaciones

Arrollado de pasas y nueces

INGREDIENTES

MASA	RELLENO
100 gramos de margarina untable *light*	1 clara
240 gramos de harina leudante	1 cucharada de agua
100 gramos de azúcar rubia	80 gramos de azúcar rubia
1 huevo	canela molida
1 clara	40 gramos de nueces picadas
2 cucharadas de oporto	80 gramos de ciruelas presidente picadas
rocío vegetal	

MASA

▼ Mezclar la margarina con la harina. Agregar el azúcar, el huevo, la clara y el oporto (ajustar la cantidad en la medida que la masa necesite líquido). Amasar poco. Dejar descansar durante 15 minutos, aproximadamente. Luego colocar la masa sobre un papel manteca lubricado con rocío vegetal. Estirarla hasta dejarla de 1/2 cm de espesor, en forma de rectángulo.

RELLENO

▼ Diluir la clara con el agua y pincelar toda la superficie de la masa.

▼ Mezclar el azúcar rubia con canela a gusto y espolvorear la masa.

▼ Esparcir las nueces y las ciruelas picadas, cubriendo sólo la mitad del rectángulo.

▼ Enrollar comenzando por el lado con relleno. Colocar el arrollado sobre una placa.

▼ Pintar la superficie con el resto de clara diluida con agua. Espolvorear con una cantidad extra de azúcar rubia mezclada con canela.

▼ Cocinar en horno moderado hasta que esté dorado.

▼ Retirar y dejar enfriar antes de cortar.

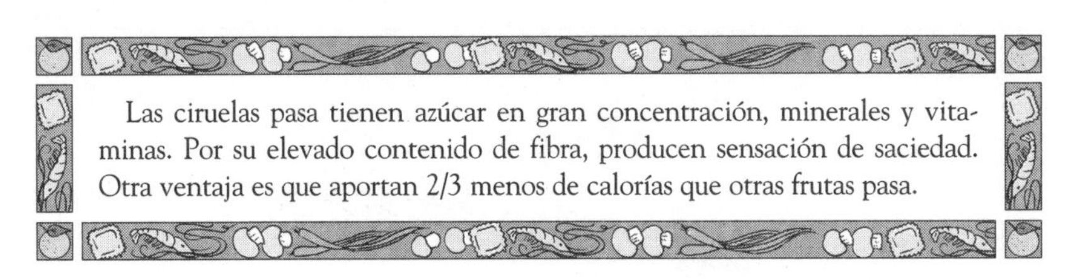

Las ciruelas pasa tienen azúcar en gran concentración, minerales y vitaminas. Por su elevado contenido de fibra, producen sensación de saciedad. Otra ventaja es que aportan 2/3 menos de calorías que otras frutas pasa.

Bizcochos de naranja

Ingredientes

- 2 tazas de harina 0000
- 1 taza de harina integral superfina
- 1/2 cucharadita de bicarbonato de sodio
- 1 taza de azúcar rubia
- 2 huevos
- 1/2 taza de aceite de maíz
- ralladura de 2 naranjas
- jugo de naranja para unir la masa
- rocío vegetal
- azúcar impalpable para espolvorear

▼ Tamizar en un bol la harina 0000 junto con la harina integral, el bicarbonato de sodio y el azúcar rubia. Mezclar bien y hacer un hueco en el centro. Colocar allí los huevos, el aceite de maíz y la ralladura de naranjas.

▼ Unir los ingredientes centrales e ir incorporando gradualmente los ingredientes secos de alrededor, hasta formar una masa homogénea. Ajustar la consistencia con el jugo de naranja, en la medida que se necesite. Trabajar la masa lo menos posible. Dejarla reposar durante 1/2 hora.

▼ Estirar la masa hasta dejarla de 1/2 cm de espesor. Cortar bizcochos con cortapastas de distintas formas. Colocarlos en placas lubricadas con rocío vegetal.

▼ Llevar al horno y cocinar a temperatura moderada hasta que estén dorados en la base.

▼ Retirar, dejar enfriar y espolvorear con azúcar impalpable.

▼ Estos bizcochos se pueden guardar en latas.

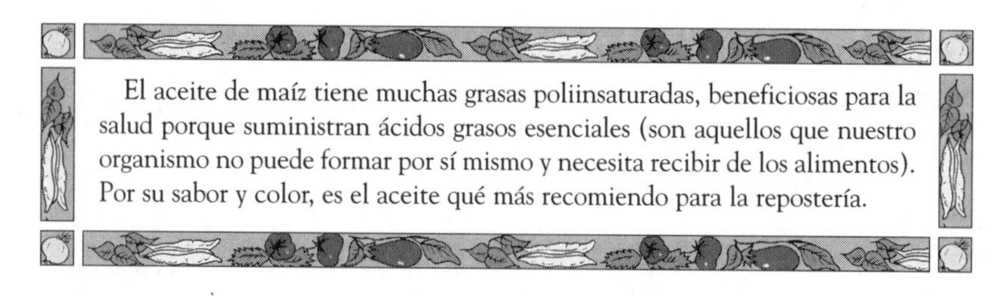

El aceite de maíz tiene muchas grasas poliinsaturadas, beneficiosas para la salud porque suministran ácidos grasos esenciales (son aquellos que nuestro organismo no puede formar por sí mismo y necesita recibir de los alimentos). Por su sabor y color, es el aceite qué más recomiendo para la repostería.

Budín de claras de Gaby

Ingredientes

- 1 taza de claras (6 ó 7)
- 1 taza de azúcar rubia
- esencia de vainilla
- ralladura de 1 naranja
- 120 gramos de harina leudante
- 5 cucharadas de aceite de maíz

Salsa de naranja

- 1 cucharada de almidón de maíz
- 250 cc de jugo de naranja colado
- 1 clavo de olor
- azúcar impalpable
- 2 naranjas fileteadas en gajos (pág. 15)
- cascaritas de naranja glaseadas, para decorar (pág. 15)

▾ Batir las claras hasta espumar. Ir agregando el azúcar poco a poco, mientras se continúa batiendo hasta formar un merengue firme. Perfumar a gusto con esencia de vainilla y la ralladura de naranja. Incorporar la harina con movimientos envolventes, alternando con el aceite.

▾ Verter la preparación en un molde para budín inglés forrado con papel manteca (pág. 14).

▾ Cocinar en horno moderado de 35 a 40 minutos, hasta que esté dorado.

▾ Retirar, dejar enfriar y desmoldar.

Salsa de naranja

▾ En una cacerolita disolver el almidón de maíz con el jugo de naranja. Agregar el clavo de olor. Llevar al fuego y cocinar hasta que espese.

▾ Probar y, si es necesario, endulzar con azúcar impalpable (esto depende del dulzor natural de la fruta).

▾ A último momento agregar los gajos de naranja y calentarlos.

▾ Servir el budín con la salsa y decorar con cascaritas de naranja glaseadas.

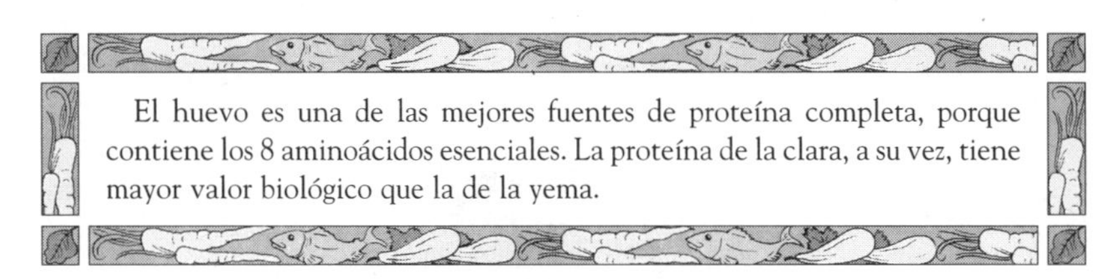

El huevo es una de las mejores fuentes de proteína completa, porque contiene los 8 aminoácidos esenciales. La proteína de la clara, a su vez, tiene mayor valor biológico que la de la yema.

Budín de duraznos

INGREDIENTES

- 1 sobre para 8 porciones de gelatina de duraznos bajas calorías
- 250 cc de agua hirviente
- 250 cc de agua fría
- 200 gramos de yogur descremado de duraznos
- gajos de duraznos frescos
- hojas de menta

- Preparar la gelatina de duraznos con el agua hirviente y el agua fría, siguiendo las instrucciones que figuran en el envase.
- Colocar en un recipiente plano la mitad de la gelatina preparada. Llevar a la heladera.
- Deja enfriar la gelatina restante hasta que tome punto jarabe. Incorporarle el yogur de duraznos.
- Verter la mezcla en una budinera forrada con film autoadherente. Refrigerar hasta que solidifique.
- Picar la gelatina que se había colocado en el recipiente plano.
- Desmoldar el budín. Rodearlo con la gelatina picada. Decorar con gajos de duraznos y hojitas de menta.

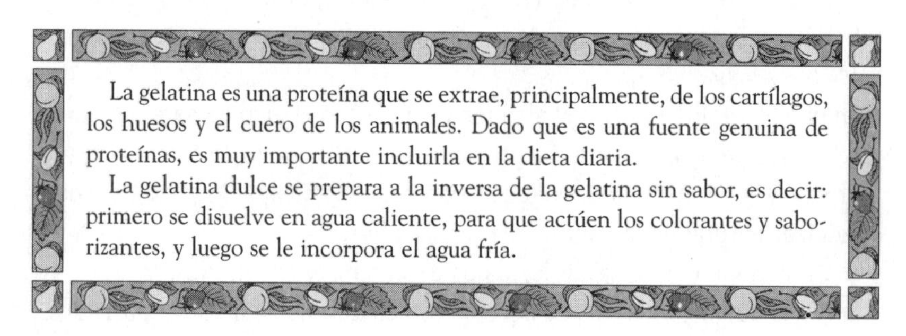

La gelatina es una proteína que se extrae, principalmente, de los cartílagos, los huesos y el cuero de los animales. Dado que es una fuente genuina de proteínas, es muy importante incluirla en la dieta diaria.

La gelatina dulce se prepara a la inversa de la gelatina sin sabor, es decir: primero se disuelve en agua caliente, para que actúen los colorantes y saborizantes, y luego se le incorpora el agua fría.

Budín liviano de peras

Ingredientes

- 1 lata de peras en almíbar bajas calorías
- 400 gramos de queso untable descremado
- edulcorante líquido o en polvo
- 3 sobres de gelatina sin sabor
- 1 lata de duraznos en almíbar bajas calorías

- Escurrir las peras, reservando el almíbar.
- Procesar las peras. Pasarlas a un bol y mezclarlas con el queso untable descremado.
- Hidratar la gelatina en el almíbar que se había reservado. Llevar sobre fuego suave y calentar hasta que se disuelva, cuidando que no llegue a hervir. Incorporarla a la mezcla anterior.
- Endulzar a gusto con edulcorante y unir bien.
- Verter la preparación en un molde para budín inglés forrado con papel manteca (pág. 14).
- Llevar a la heladera y dejar que solidifique.
- Escurrir los duraznos y procesarlos. Si es necesario, agregar parte del almíbar de los duraznos para conseguir una textura corrediza y tersa.
- Desmoldar el budín y cortarlo en tajadas. Presentarlas salseadas con el *coulis* de duraznos.

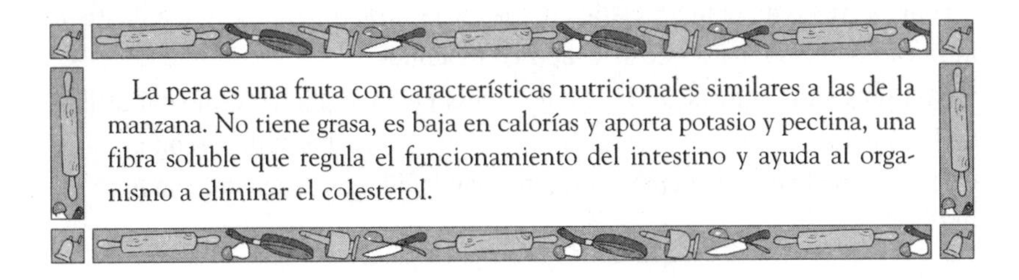

La pera es una fruta con características nutricionales similares a las de la manzana. No tiene grasa, es baja en calorías y aporta potasio y pectina, una fibra soluble que regula el funcionamiento del intestino y ayuda al organismo a eliminar el colesterol.

Budincitos de canela al vapor

INGREDIENTES

- 100 gramos de margarina untable *light*
- 100 gramos de harina integral superfina
- 100 gramos de harina leudante
- 1 cucharadita de polvo para hornear
- 1 cucharadita de sal
- 2 cucharadas de canela molida
- 2 huevos
- rocío vegetal
- 1 frasco (de 450 gramos) de mermelada de *cassis* o de tomate
- *kirsch*
- crema liviana para acompañar

▾ Procesar la margarina untable junto con la harina integral, la harina leudante, el polvo para hornear, la sal y la canela.

▾ Pasar a un bol e incorporar los huevos, batiendo bien, para lograr una pasta homogénea.

▾ Lubricar 9 flaneritas individuales con rocío vegetal y enharinarlas. Llenarlas hasta la mitad con la pasta. Colocar 1 cucharada de la mermelada elegida en cada una y completar con pasta hasta alcanzar las tres cuartas partes de la altura.

▾ Colocar todas las flaneritas en una vaporiera y cocinar hasta que los budines estén firmes. También se puede cubrir la superficie con papel manteca y cocinar en el horno, a baño de María.

▾ Poner el resto de la mermelada en una cacerolita. Agregar *kirsch* a gusto y llevar a ebullición, para que se evapore el alcohol.

▾ Para presentar, colocar un espejo de crema en cada plato, desmoldar arriba un budincito y bañar con la salsa. Si se prefiere, bañar los budines con la salsa y decorar con líneas de crema blanca, formando dibujos delicados. Saborearlos tibios.

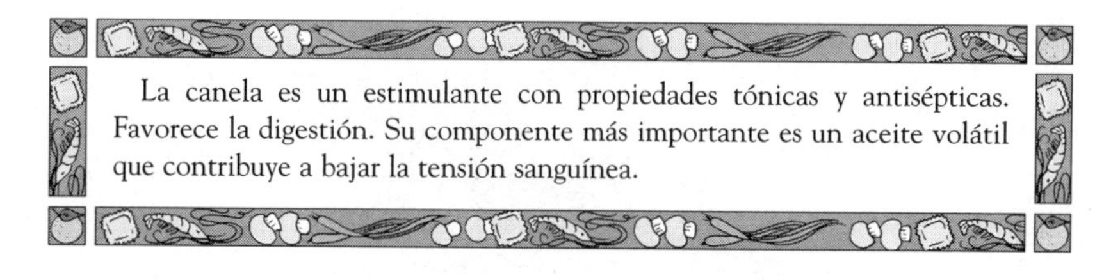

La canela es un estimulante con propiedades tónicas y antisépticas. Favorece la digestión. Su componente más importante es un aceite volátil que contribuye a bajar la tensión sanguínea.

Cofres de pera

INGREDIENTES

MASA

360 gramos de harina leudante

150 gramos de margarina untable *light*

120 gramos de azúcar impalpable

2 huevos

RELLENO

2 cucharadas de coñac

100 gramos de mazapán casero (pág. 14)

100 gramos de almendras peladas, tostadas y picadas

3 peras cocidas y reducidas a puré (lo más seco posible)

MASA

▾ Procesar la harina leudante junto con la margarina. Pasar a un bol e incorporar el azúcar impalpable y los huevos, para formar una masa tierna. Envolverla en film autoadherente y dejarla reposar en la heladera durante 1 hora.

▾ Estirar 2/3 de la masa y forrar 12 moldes para tarteletas o para *muffins* de bordes altos. Reservar la masa restante.

RELLENO

▾ Mezclar el mazapán con el coñac, para obtener una pasta maleable. Colocar 1 cucharadita dentro de cada tarteleta.

▾ Añadir las almendras al puré de peras. Si es necesario, endulzarlo.

▾ Rellenar generosamente las tarteletas con el puré de peras.

▾ Estirar la masa reservada y cubrir los moldes. Practicar una linda terminación en los bordes.

▾ Llevar al horno y cocinar a temperatura moderada durante 40 minutos, aproximadamente.

▾ Retirar, dejar enfriar y desmoldar.

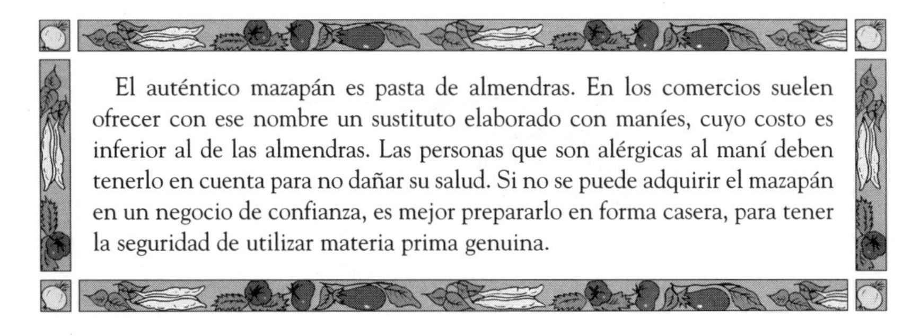

El auténtico mazapán es pasta de almendras. En los comercios suelen ofrecer con ese nombre un sustituto elaborado con maníes, cuyo costo es inferior al de las almendras. Las personas que son alérgicas al maní deben tenerlo en cuenta para no dañar su salud. Si no se puede adquirir el mazapán en un negocio de confianza, es mejor prepararlo en forma casera, para tener la seguridad de utilizar materia prima genuina.

Crema chantillí de Alejandra

INGREDIENTES

1/4 de taza de leche descremada

1/2 cucharadita de gelatina sin sabor

1/4 de taza de agua fría

2/3 de taza de leche en polvo descremada

2 cucharaditas de fructosa o edulcorante a gusto

- Colocar la leche descremada en un bol de metal. Llevar al freezer hasta que empiece a escarchar, de 30 a 45 minutos. Al mismo tiempo, enfriar también el batidor de la batidora eléctrica que se utilizará.
- Hidratar la gelatina en el agua fría, dentro de un jarrito. Llevar sobre fuego suave y calentar hasta que se disuelva, cuidando que no llegue a hervir. Retirar y dejar entibiar.
- Retirar la leche descremada del freezer e incorporarle la gelatina a punto jarabe. Agregar la leche en polvo y la fructosa o edulcorante.
- Batir con batidora eléctrica, a velocidad máxima, hasta que se formen picos.
- Cubrir con film autoadherente. Enfriar en la heladera de 15 a 20 minutos antes de utilizar.

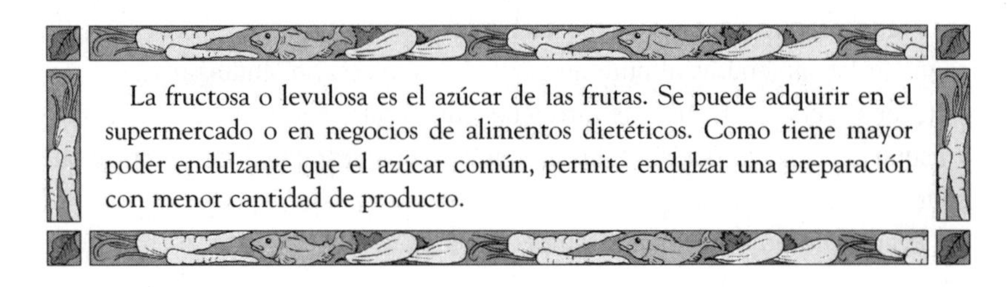

La fructosa o levulosa es el azúcar de las frutas. Se puede adquirir en el supermercado o en negocios de alimentos dietéticos. Como tiene mayor poder endulzante que el azúcar común, permite endulzar una preparación con menor cantidad de producto.

Crêpes de frutas

INGREDIENTES

- 2 huevos
- 2 cucharadas de leche en polvo descremada
- 2 cucharadas de leche líquida descremada
- edulcorante líquido
- esencia de vainilla
- rocío vegetal
- 1 manzana
- 1 pera
- 1 durazno
- 2 cucharadas de vino dulce
- 1/2 cucharadita de especias dulces
- queso untable descremado
- leche descremada extra para aligerar

▼ Mezclar los huevos con la leche en polvo y la leche líquida. Añadir unas gotas de edulcorante y esencia de vainilla a gusto. Unir para obtener una pasta homogénea. Dejar reposar durante 30 minutos en la heladera.

▼ Hacer las *crêpes* en una panquequera antiadherente lubricada con rocío vegetal. Apilarlas a medida que estén listas. Reservarlas.

▼ Pelar, despepitar y cortar en cubos la manzana, la pera y el durazno. Colocar todas las frutas juntas en una cacerola. Verter el vino, llevar al fuego y cocinar hasta que las frutas estén tiernas y el líquido se evapore. Hacer un puré seco. Agregar edulcorante a gusto, si es necesario, y perfumar con las especias dulces.

▼ Rellenar las *crêpes* con el puré de frutas y doblarlas.

▼ Aligerar el queso untable con la leche. Endulzar con edulcorante. Bañar las *crêpes* con esta crema y servir.

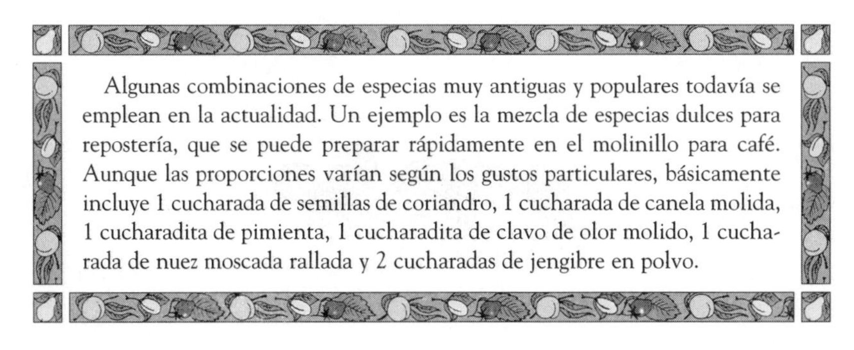

Algunas combinaciones de especias muy antiguas y populares todavía se emplean en la actualidad. Un ejemplo es la mezcla de especias dulces para repostería, que se puede preparar rápidamente en el molinillo para café. Aunque las proporciones varían según los gustos particulares, básicamente incluye 1 cucharada de semillas de coriandro, 1 cucharada de canela molida, 1 cucharadita de pimienta, 1 cucharadita de clavo de olor molido, 1 cucharada de nuez moscada rallada y 2 cucharadas de jengibre en polvo.

Crocantes de fruta seca

INGREDIENTES

125 gramos de almendras peladas, tostadas y procesadas	100 gramos de claras (3, aproximadamente)
125 gramos de avellanas tostadas y procesadas	esencia de vainilla
250 gramos de azúcar impalpable	40 gramos de puré de manzanas
	agua azucarada para pincelar

- Mezclar las almendras con las avellanas y el azúcar impalpable.
- Agregar las claras poco a poco, integrándolas bien.
- Perfumar a gusto con esencia de vainilla.
- Incorporar el puré de manzanas y unir todo.
- Distribuir la pasta en pirotines de papel. Ubicarlos sobre dos placas encimadas, para evitar que se recocine la parte inferior.
- Pincelar la superficie con agua azucarada y dejar secar.
- Llevar al horno y cocinar a 160ºC hasta que estén secos.
- Retirar y dejar enfriar.
- Se pueden guardar en frascos herméticos.

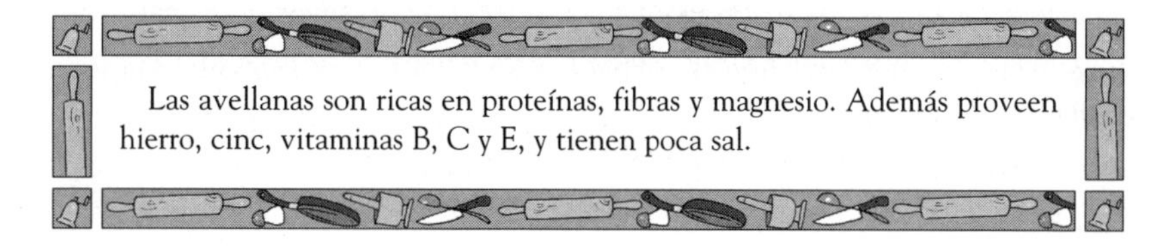

Las avellanas son ricas en proteínas, fibras y magnesio. Además proveen hierro, cinc, vitaminas B, C y E, y tienen poca sal.

Flan especiado de calabaza

Ingredientes

- 250 gramos de azúcar rubia
- 1 pizca de sal
- 1/2 cucharadita de canela molida
- 1/2 cucharadita de jengibre en polvo
- 5 tazas de puré seco de calabaza
- 1 cucharada de ralladura de naranja
- 2 cucharadas de almidón de maíz
- 250 gramos de queso untable descremado
- 750 cc de leche descremada
- 4 huevos
- rocío vegetal
- azúcar rubia extra para la budinera
- crema liviana para acompañar
- almendras peladas y tostadas para espolvorear

▼ Combinar el azúcar rubia con la sal, la canela y el jengibre.

▼ Mezclar el puré de calabaza con la ralladura de naranja y el almidón de maíz. Agregarlo al azúcar.

▼ Unir el queso untable con la leche descremada y los huevos. Incorporarlo a la mezcla anterior.

▼ Verter la preparación en una budinera lubricada con rocío vegetal y espolvoreada con azúcar rubia.

▼ Llevar al horno y cocinar durante 45 minutos a temperatura moderada.

▼ Retirar, dejar enfriar y desmoldar.

▼ Servir acompañado con crema liviana endulzada a gusto y espolvoreado con almendras tostadas.

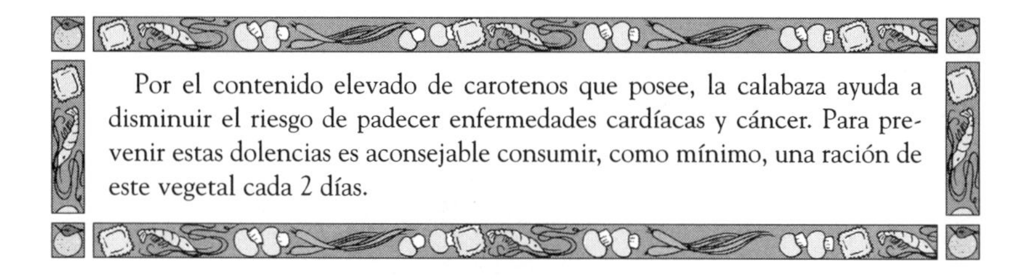

Por el contenido elevado de carotenos que posee, la calabaza ayuda a disminuir el riesgo de padecer enfermedades cardíacas y cáncer. Para prevenir estas dolencias es aconsejable consumir, como mínimo, una ración de este vegetal cada 2 días.

Galletitas crocantes de arroz

INGREDIENTES

160 gramos de margarina untable *light*	1 cucharadita de especias dulces
130 gramos de azúcar morena	1 y 1/2 taza de copos de arroz crocante
1 huevo	1/2 taza de nueces picadas
esencia de vainilla	rocío vegetal
180 gramos de harina leudante	

- Batir la margarina con el azúcar morena hasta lograr una textura lisa y cremosa.
- Incorporar el huevo y aromatizar a gusto con esencia de vainilla.
- Agregar la harina leudante tamizada junto con las especias dulces.
- Por último añadir los copos de arroz y las nueces. Mezclar bien.
- Tomar cucharadas de la preparación y disponerlas sobre una placa lubricada con rocío vegetal.
- Llevar al horno y cocinar a temperatura moderada durante 15 minutos, aproximadamente.
- Retirar y dejar enfriar antes de sacar las galletitas de la placa.

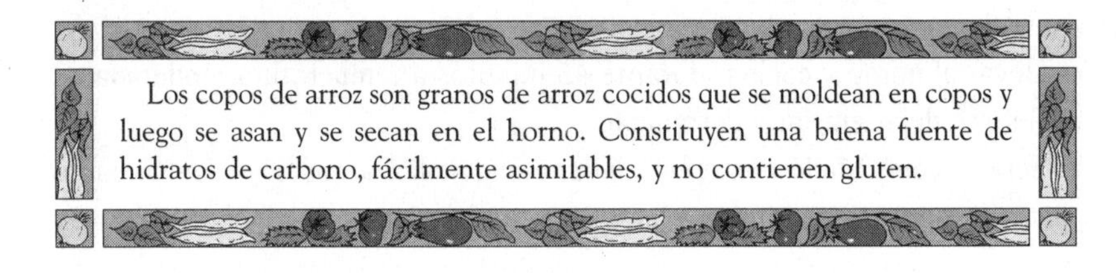

Los copos de arroz son granos de arroz cocidos que se moldean en copos y luego se asan y se secan en el horno. Constituyen una buena fuente de hidratos de carbono, fácilmente asimilables, y no contienen gluten.

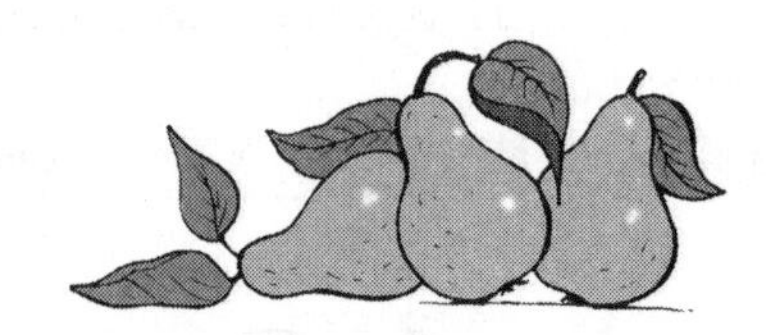

Macedonia en salsa de vainilla

INGREDIENTES

- 2 duraznos
- 2 peras
- 2 manzanas verdes
- jugo de 1 limón
- 1 parte de agua
- 1 parte de vino blanco
- 200 gramos de azúcar rubia
- 2 clavos de olor
- 1 ramita de canela
- 1 huevo batido
- 3 cucharadas de almidón de maíz disuelto en leche descremada
- esencia de vainilla
- almendras peladas, tostadas y fileteadas en agujas

▾ Lavar bien los duraznos, las peras y las manzanas. Partir todas las frutas en 4, quitarles los carozos o las semillas y pincelarlas con el jugo de limón, para que no se oscurezcan.

▾ Colocarlas en una cacerola y cubrirlas con agua y vino blanco en partes iguales. Agregar el azúcar rubia, los clavos de olor y la canela. Hervir todo junto hasta que las frutas estén cocidas, pero no deshechas.

▾ Retirar, escurrir las frutas y reservarlas. Dejar enfriar el líquido de cocción y colarlo. Añadirle el huevo y el almidón de maíz disuelto en leche. Unir bien. Llevar sobre fuego suave y revolver constantemente hasta que espese.

▾ Retirar del fuego y perfumar con esencia de vainilla a gusto. Dejar enfriar.

▾ Servir las frutas acompañadas con la salsa de vainilla y espolvoreadas con las agujas de almendras tostadas.

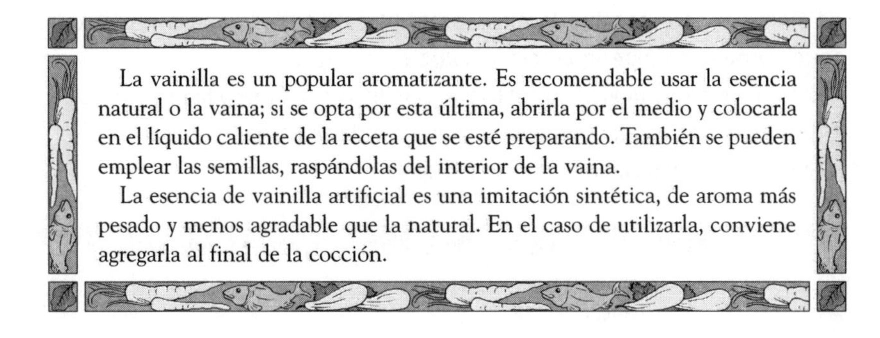

La vainilla es un popular aromatizante. Es recomendable usar la esencia natural o la vaina; si se opta por esta última, abrirla por el medio y colocarla en el líquido caliente de la receta que se esté preparando. También se pueden emplear las semillas, raspándolas del interior de la vaina.

La esencia de vainilla artificial es una imitación sintética, de aroma más pesado y menos agradable que la natural. En el caso de utilizarla, conviene agregarla al final de la cocción.

Masas de miel y limón

Ingredientes

Masa

300 gramos de harina leudante

1 pizca de sal

3 cucharadas de aceite de maíz

jugo de 3 naranjas, aproximadamente

rocío vegetal

Relleno

250 gramos de miel

100 gramos de crema liviana

120 gramos de pan integral rallado

100 gramos de almendras o nueces picadas

ralladura de 1 limón

4 cucharadas de jugo de limón

2 huevos

1/2 taza de mermelada de damascos o de manzanas

Masa

- Tamizar la harina y colocarla en forma de corona dentro de un bol. Incorporar la sal y el aceite y mezclar. Agregar jugo de naranja en la cantidad necesaria para formar una masa que se desprenda de las paredes del bol. Terminar de unir sobre la mesada. Dejar reposar durante 1/2 hora.
- Estirar 2/3 de la masa y cubrir una placa lubricada con rocío vegetal. Reservar la masa restante.

Relleno

- Si fuera necesario, calentar la miel para que tome consistencia líquida. Mezclarla con el pan rallado, las almendras o nueces, la ralladura y el jugo de limón, los huevos y la crema liviana.
- Colocar el relleno sobre la masa de la placa. Estirar la masa reservada, cortar tiritas y formar un enrejado sobre el relleno.
- Cocinar en horno moderado hasta que el relleno esté firme y la masa se dore.
- Retirar, pintar con la mermelada caliente y dejar enfriar.
- Cortar masas del tamaño que se prefiera.

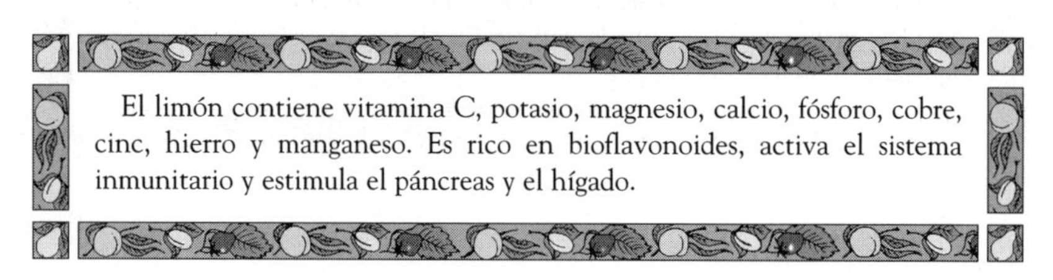

El limón contiene vitamina C, potasio, magnesio, calcio, fósforo, cobre, cinc, hierro y manganeso. Es rico en bioflavonoides, activa el sistema inmunitario y estimula el páncreas y el hígado.

Paquetitos de salmón (*pág. 62*)

Mousse de pollo con camarones (*pág.* 83)

Pez ángel en chupín (*pág.* 66)

Cintas verdes con tomates (*pág. 129*)

1

1 Budín de damascos y almendras (*pág. 183*)
2 *Muffins* de zanahorias (*pág. 189*)

Torta Ángel de Dorothy Smid (*pág. 175*)

Budincitos de canela al vapor *(pág. 152)*

Mousse de mandarinas

INGREDIENTES

- 500 gramos de queso untable descremado
- 250 cc de jugo de mandarina
- 1 cucharada de ralladura de mandarina
- unas gotas de colorante vegetal naranja
- 2 sobres de gelatina sin sabor
- 1/4 de taza de agua fría
- 3 claras
- 6 cucharadas de azúcar
- 1 disco de pionono

DECORACIÓN

- 240 gramos de queso untable descremado
- azúcar
- esencia de vainilla
- gajos de mandarinas
- hojas de menta

▼ En un bol mezclar el queso untable con el jugo y la ralladura de mandarina y el colorante.

▼ Hidratar la gelatina en el agua fría, calentarla y agregarla.

▼ Aparte, batir las claras con el azúcar hasta lograr un merengue firme. Incorporarlo a la preparación anterior, uniendo en forma envolvente.

▼ Forrar con papel de aluminio o papel manteca el fondo de un molde desmontable de 24 cm de diámetro. Colocar dentro la *mousse*. Cubrir con el disco de pionono. Llevar a la heladera hasta que solidifique.

▼ Desmoldar, dejando el pionono como base, y quitar el papel.

DECORACIÓN

▼ Mezclar el queso untable con azúcar y esencia de vainilla a gusto. Colocarlo en una manga y practicar una bordura alrededor de la *mousse*. Adornar con gajos de mandarinas y hojas de menta.

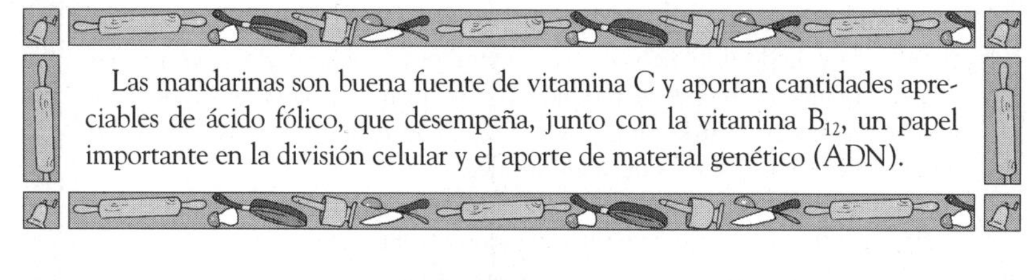

Las mandarinas son buena fuente de vitamina C y aportan cantidades apreciables de ácido fólico, que desempeña, junto con la vitamina B_{12}, un papel importante en la división celular y el aporte de material genético (ADN).

Mousse de manzanas

INGREDIENTES

- 4 manzanas verdes peladas, en rodajas
- jugo de 1 naranja
- 3 cucharadas de azúcar rubia
- 250 gramos de queso untable descremado
- 1 gota de colorante rojo
- 1 clara
- 1 cucharada de azúcar

CROCANTE DE NUECES

- 1 taza de azúcar rubia
- 1 taza de nueces picadas
- rocío vegetal

▾ Colocar en una cacerola las manzanas, el jugo de naranja y el azúcar rubia. Llevar sobre fuego suave y cocinar hasta que las manzanas estén tiernas. Procesarlas para obtener un puré. Dejarlo enfriar.

▾ Batir el queso untable con el colorante y agregarlo al puré.

▾ Batir la clara a nieve, junto con el azúcar. Incorporarla a la mezcla anterior, con movimientos envolventes.

▾ Reservar en la heladera hasta el momento de servir.

CROCANTE DE NUECES

▾ Colocar el azúcar rubia en una sartén, humedecerla apenas con agua y llevar al fuego hasta que se forme un caramelo claro. Agregar las nueces picadas.

▾ Volcar la mezcla sobre una placa lubricada con rocío vegetal. Dejar enfriar hasta que el caramelo solidifique.

▾ Desprender el crocante de la placa y picarlo sobre una tabla de cocina.

▾ Distribuir la *mousse* de manzanas en copas y salpicar con el crocante de nueces.

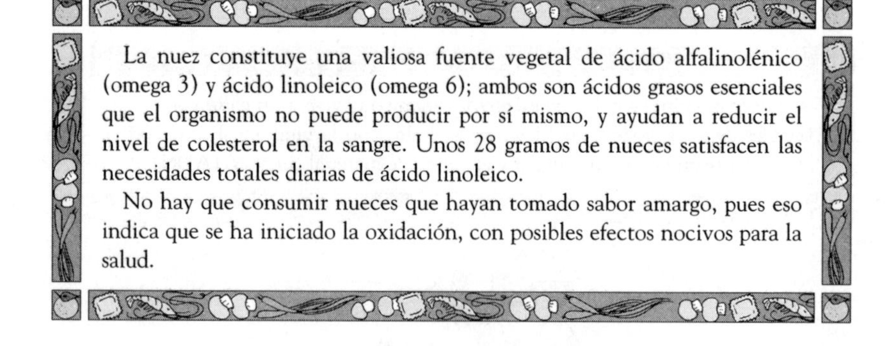

La nuez constituye una valiosa fuente vegetal de ácido alfalinolénico (omega 3) y ácido linoleico (omega 6); ambos son ácidos grasos esenciales que el organismo no puede producir por sí mismo, y ayudan a reducir el nivel de colesterol en la sangre. Unos 28 gramos de nueces satisfacen las necesidades totales diarias de ácido linoleico.

No hay que consumir nueces que hayan tomado sabor amargo, pues eso indica que se ha iniciado la oxidación, con posibles efectos nocivos para la salud.

Pan de jengibre

INGREDIENTES

JARABE

300 gramos de azúcar común

180 cc de agua

1 cucharadita de cremor tártaro

1 trocito de jengibre fresco

PAN

300 gramos de harina leudante

1 cucharada de jengibre en polvo

130 gramos de azúcar rubia

180 cc de jarabe de jengibre

80 cc de aceite de maíz

2 huevos ligeramente batidos

rocío vegetal

JARABE

▼ Colocar en una cacerolita el azúcar, el agua, el cremor tártaro y el trozo de jengibre fresco. Llevar al fuego y dejar que hierva (conviene usar un termómetro y controlar que marque 100ºC).

▼ Retirar, medir la cantidad que se indica para el pan y reservar el resto.

PAN

▼ Tamizar la harina leudante junto con el jengibre en polvo.

▼ Aparte, en un bol, mezclar el azúcar rubia con el jarabe de jengibre, el aceite de maíz y los huevos.

▼ Agregar los ingredientes secos tamizados y unir bien.

▼ Colocar la preparación en un molde para budín inglés, lubricado con rocío vegetal y enharinado.

▼ Llevar al horno y cocinar a temperatura moderada durante 35 minutos.

▼ Retirar y rociar el pan con el jarabe de jengibre que se había reservado. Dejar enfriar antes de desmoldar.

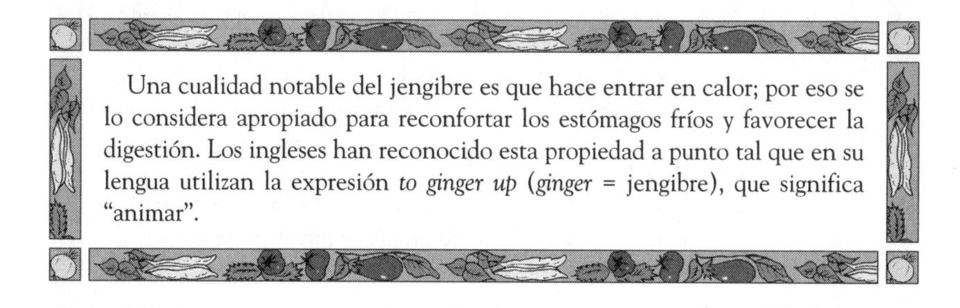

Una cualidad notable del jengibre es que hace entrar en calor; por eso se lo considera apropiado para reconfortar los estómagos fríos y favorecer la digestión. Los ingleses han reconocido esta propiedad a punto tal que en su lengua utilizan la expresión *to ginger up* (*ginger* = jengibre), que significa "animar".

Pan integral de nuez

INGREDIENTES

50 gramos de levadura fresca
20 gramos de azúcar
450 cc de leche descremada, tibia
500 gramos de harina 000
250 gramos de harina integral superfina
20 gramos de sal
150 gramos de nueces molidas

▼ Colocar en un bol la levadura, el azúcar, la mitad de la leche y 4 ó 5 cucharadas de la harina 000, hasta formar una pasta de regular consistencia. Tapar y dejar leudar en un lugar tibio.
▼ Mezclar el resto de la harina 000 con la harina integral, la sal y las nueces. Incorporar la leche restante y la levadura ya leudada.
▼ Unir para formar una masa, tapar con un lienzo y dejar leudar al doble de su volumen.
▼ Luego amasar un poco para desgasificar y colocar en un molde lubricado con rocío vegetal.
▼ Llevar al horno precalentado y cocinar a temperatura moderada hasta que el pan esté dorado.
▼ Retirar, desmoldar y dejar enfriar.

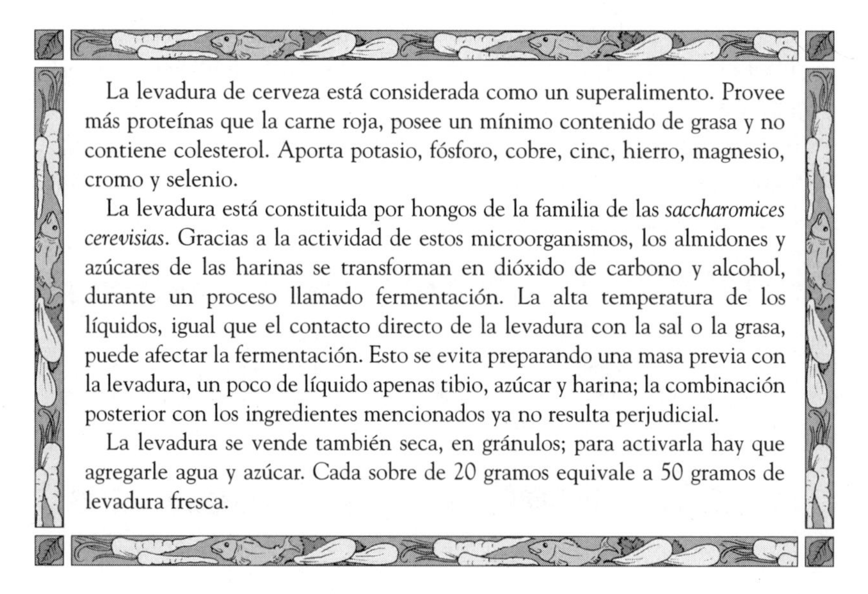

La levadura de cerveza está considerada como un superalimento. Provee más proteínas que la carne roja, posee un mínimo contenido de grasa y no contiene colesterol. Aporta potasio, fósforo, cobre, cinc, hierro, magnesio, cromo y selenio.

La levadura está constituida por hongos de la familia de las *saccharomices cerevisias*. Gracias a la actividad de estos microorganismos, los almidones y azúcares de las harinas se transforman en dióxido de carbono y alcohol, durante un proceso llamado fermentación. La alta temperatura de los líquidos, igual que el contacto directo de la levadura con la sal o la grasa, puede afectar la fermentación. Esto se evita preparando una masa previa con la levadura, un poco de líquido apenas tibio, azúcar y harina; la combinación posterior con los ingredientes mencionados ya no resulta perjudicial.

La levadura se vende también seca, en gránulos; para activarla hay que agregarle agua y azúcar. Cada sobre de 20 gramos equivale a 50 gramos de levadura fresca.

Pan negro de miel

INGREDIENTES

1 taza de miel	1 taza de té cargado
1 taza de aceite de maíz	500 gramos de harina leudante
1 taza de azúcar rubia	1 pizca de bicarbonato de sodio
ralladura de 1 limón	200 gramos de nueces picadas
3 huevos	rocío vegetal

▼ Si la miel está muy espesa, entibiarla para que tome consistencia líquida y pueda integrarse bien con los demás ingredientes. Mezclarla con el aceite de maíz, el azúcar rubia y la ralladura de limón.

▼ Aparte, unir los huevos con el té.

▼ Tamizar la harina junto con el bicarbonato. Incorporarle las nueces. Agregarla a la mezcla de miel, alternando con la mezcla de huevo.

▼ Colocar la preparación dentro de un molde para budín inglés forrado con papel manteca (pág. 14) o lubricado con rocío vegetal, o distribuirla en moldes para *muffins*.

▼ Llevar al horno y cocinar a temperatura moderada de 35 a 40 minutos, hasta que el pan esté dorado.

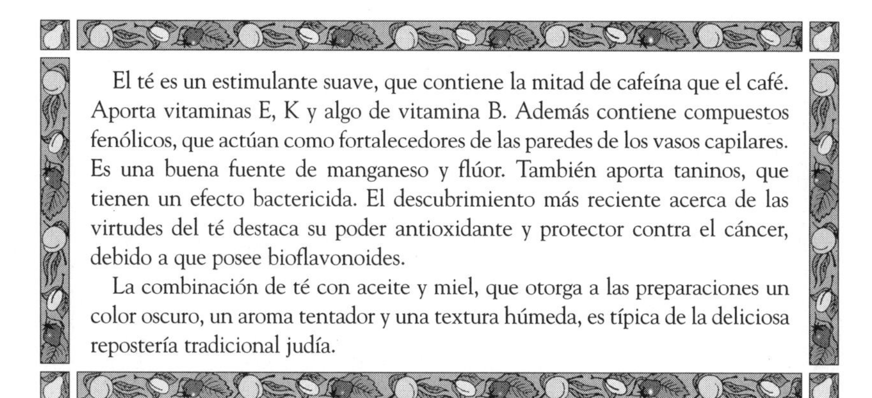

El té es un estimulante suave, que contiene la mitad de cafeína que el café. Aporta vitaminas E, K y algo de vitamina B. Además contiene compuestos fenólicos, que actúan como fortalecedores de las paredes de los vasos capilares. Es una buena fuente de manganeso y flúor. También aporta taninos, que tienen un efecto bactericida. El descubrimiento más reciente acerca de las virtudes del té destaca su poder antioxidante y protector contra el cáncer, debido a que posee bioflavonoides.

La combinación de té con aceite y miel, que otorga a las preparaciones un color oscuro, un aroma tentador y una textura húmeda, es típica de la deliciosa repostería tradicional judía.

Pancitos de avena

INGREDIENTES

- 50 gramos de levadura fresca
- 70 gramos de azúcar
- 500 cc de leche descremada, tibia
- 600 gramos de harina 0000
- avena arrollada tradicional
- 230 gramos de avena arrollada extrafina
- sal
- 30 cc de aceite de maíz
- 1 clara para pintar

▾ Colocar la levadura en un tazón. Agregarle 1 cucharadita del azúcar indicada, la mitad de la leche y 4 ó 5 cucharadas de la harina 0000. Revolver hasta formar una pasta de regular consistencia.

▾ Tapar y dejar leudar en un lugar tibio. Este proceso se puede acelerar en el microondas, durante 30 segundos al 10% de potencia.

▾ Mezclar el resto de la harina con la avena extrafina, una pizca de sal y el resto del azúcar. Incorporar el aceite, la leche restante y la levadura ya leudada. Integrar todo para obtener una masa. Si es necesario, agregar un poco más de leche.

▾ Tapar y dejar leudar al doble de su volumen. En este caso también se puede colocar el bollo en el microondas, durante 3 minutos al 10% de potencia.

▾ Tomar pequeñas porciones de masa y bollarlas (darles forma esférica) para formar los pancitos.

▾ Pintarlos con clara y pasarlos por la avena tradicional. Colocarlos en una placa lubricada con rocío vegetal y dejarlos leudar un poco.

▾ Llevar al horno precalentado y cocinar a temperatura moderada hasta que estén dorados.

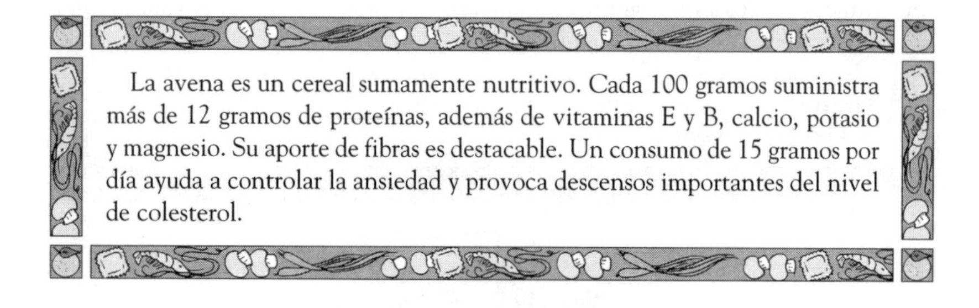

La avena es un cereal sumamente nutritivo. Cada 100 gramos suministra más de 12 gramos de proteínas, además de vitaminas E y B, calcio, potasio y magnesio. Su aporte de fibras es destacable. Un consumo de 15 gramos por día ayuda a controlar la ansiedad y provoca descensos importantes del nivel de colesterol.

Peras nevadas

INGREDIENTES

4 peras peladas, con los cabitos

agua o vino blanco

2 claras

4 cucharadas de azúcar

50 gramos de coco rallado

30 gramos de almendras peladas y fileteadas

▾ Colocar las peras dentro de una cacerola donde quepan justas. Verter la cantidad de agua o vino blanco necesaria para que el líquido alcance 1 cm de altura en el fondo de la cacerola. Llevar al fuego y cocinar hasta que las peras estén tiernas. Retirar y dejar enfriar.

▾ Batir las claras a punto nieve. Agregar el azúcar en forma de lluvia y seguir batiendo hasta lograr un merengue bien firme.

▾ Cubrir las peras con el merengue. Espolvorear con el coco rallado. Salpicar con las almendras.

▾ Disponer las peras en una fuente térmica lubricada con rocío vegetal.

▾ Hornear hasta que el merengue se dore ligeramente.

▾ Retirar y servir en el momento. Si se desea, acompañar con *coulis* de frutillas.

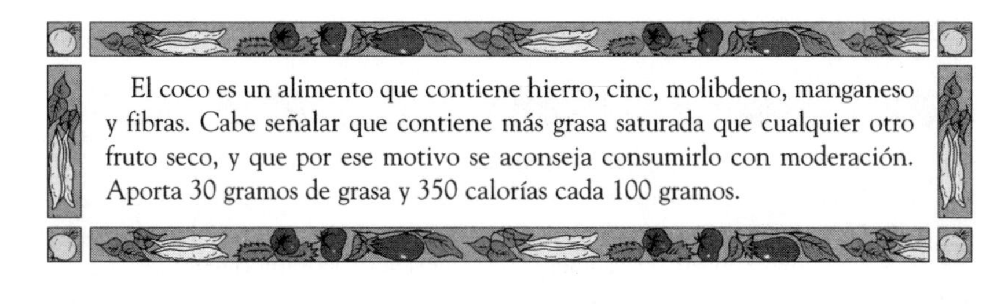

El coco es un alimento que contiene hierro, cinc, molibdeno, manganeso y fibras. Cabe señalar que contiene más grasa saturada que cualquier otro fruto seco, y que por ese motivo se aconseja consumirlo con moderación. Aporta 30 gramos de grasa y 350 calorías cada 100 gramos.

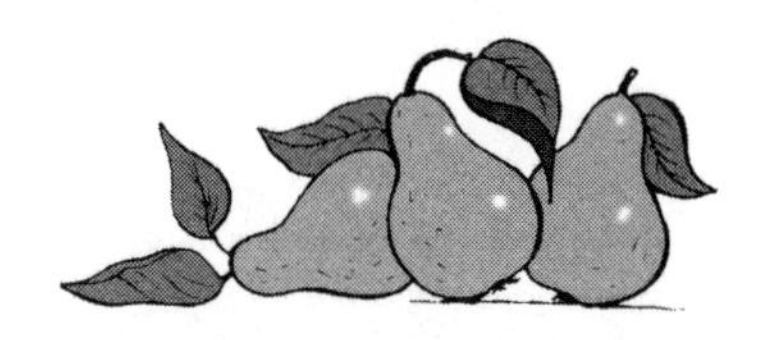

Pionono de claras

INGREDIENTES

9 claras	60 gramos de harina leudante
180 gramos de azúcar impalpable	rocío vegetal
1 y 1/2 cucharadita de ron	azúcar molida para espolvorear
esencia de vainilla	

- Batir las claras hasta que comiencen a espumar. Ir agregando el azúcar impalpable poco a poco, mientras se continúa batiendo para lograr un merengue firme.
- Perfumar con el ron y esencia de vainilla a gusto.
- Agregar la harina leudante en forma de lluvia, uniendo con suaves movimientos envolventes con ayuda de una espátula de goma.
- Forrar una placa con papel manteca y lubricarla con rocío vegetal. Extender sobre ella la preparación.
- Llevar al horno y cocinar a temperatura moderada durante 20 minutos, hasta que comience a desprenderse de los bordes.
- Retirar del horno, espolvorear con azúcar molida, desmoldar sobre un lienzo húmedo y enrollar.
- Dejar enfriar. Luego desenrollar y utilizar en la receta que se desee.

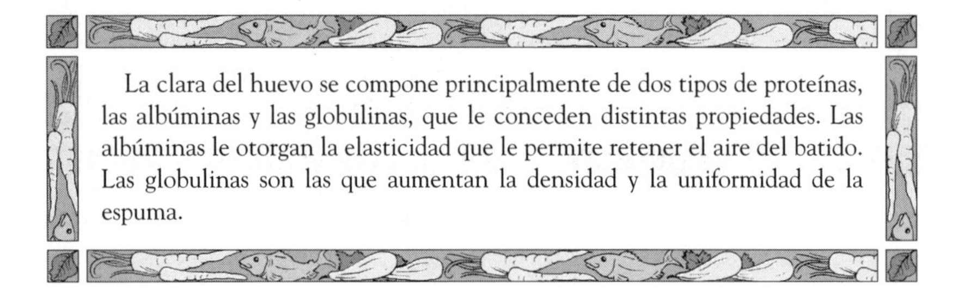

La clara del huevo se compone principalmente de dos tipos de proteínas, las albúminas y las globulinas, que le conceden distintas propiedades. Las albúminas le otorgan la elasticidad que le permite retener el aire del batido. Las globulinas son las que aumentan la densidad y la uniformidad de la espuma.

Postre danés

Ingredientes

- 4 manzanas verdes
- 1 taza de pan integral rallado
- 1 taza de azúcar rubia
- 1 cucharada de manteca
- canela molida
- nueces picadas
- crema de leche

▾ Pelar las manzanas, quitarles los centros y cortarlas en trozos pequeños. Ponerlas en una cacerola y agregar muy poca agua. Llevar al fuego y cocinar hasta que las manzanas estén tiernas y el líquido se evapore.

▾ Retirar y hacer un puré. Probar y, si es necesario, endulzar con azúcar rubia. Dejar enfriar.

▾ Colocar en una sartén el pan rallado, el azúcar rubia y la manteca. Añadir canela y nueces a gusto. Cocinar durante unos minutos, revolviendo constantemente con cuchara de madera hasta que el azúcar se funda y se dore. Retirar y dejar enfriar.

▾ En el momento de presentar el postre, armar copas. Colocar en la base una porción del crocante de pan, en el medio una cantidad abundante de puré de manzanas y arriba otra capa de la preparación crocante.

▾ Coronar cada copa con 1 cucharada de crema de leche batida a medio punto.

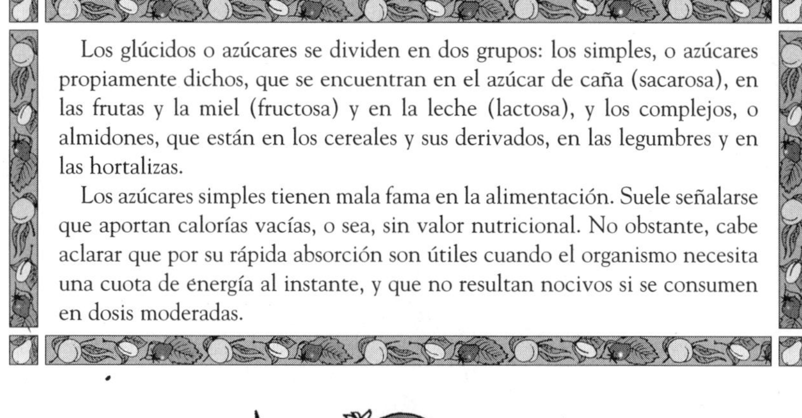

Los glúcidos o azúcares se dividen en dos grupos: los simples, o azúcares propiamente dichos, que se encuentran en el azúcar de caña (sacarosa), en las frutas y la miel (fructosa) y en la leche (lactosa), y los complejos, o almidones, que están en los cereales y sus derivados, en las legumbres y en las hortalizas.

Los azúcares simples tienen mala fama en la alimentación. Suele señalarse que aportan calorías vacías, o sea, sin valor nutricional. No obstante, cabe aclarar que por su rápida absorción son útiles cuando el organismo necesita una cuota de energía al instante, y que no resultan nocivos si se consumen en dosis moderadas.

Postre de frutillas

Ingredientes

- 150 cc de vino blanco
- 2 cucharadas de azúcar rubia
- 20 gramos de gelatina de frutillas bajas calorías
- 200 gramos de crema liviana
- 300 gramos de frutillas frescas, limpias
- frutillas fileteadas para decorar
- hojas de menta

▼ Poner en una cacerolita el vino blanco y el azúcar rubia. Llevar al fuego hasta que rompa el hervor. Mezclar el líquido caliente con la gelatina.

▼ Licuar las frutillas frescas junto con la crema liviana y la gelatina preparada.

▼ Colocar en un recipiente y llevar a la heladera hasta que solidifique.

▼ Tomar porciones y servirlas en copas. Decorar con frutillas fileteadas y hojas de menta.

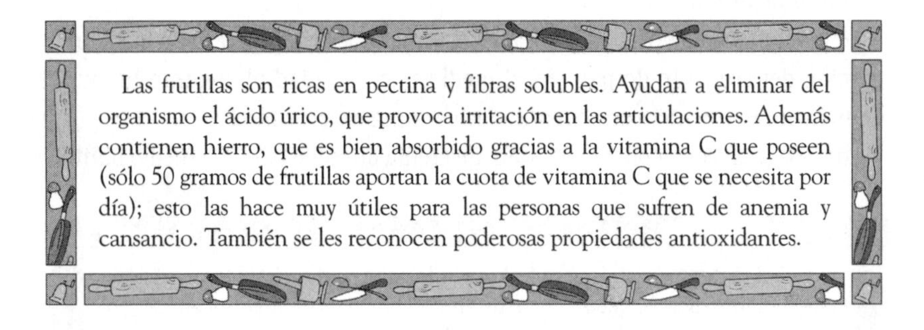

Las frutillas son ricas en pectina y fibras solubles. Ayudan a eliminar del organismo el ácido úrico, que provoca irritación en las articulaciones. Además contienen hierro, que es bien absorbido gracias a la vitamina C que poseen (sólo 50 gramos de frutillas aportan la cuota de vitamina C que se necesita por día); esto las hace muy útiles para las personas que sufren de anemia y cansancio. También se les reconocen poderosas propiedades antioxidantes.

Savarin de miel y peras

INGREDIENTES

- 3 huevos
- 1/4 de taza de azúcar rubia
- 1/4 de taza de aceite de maíz
- 1/4 de taza de miel
- 1/2 taza de té fuerte
- ralladura de 1 limón
- 1 pera cortada en cubitos
- 350 gramos de harina leudante
- 150 gramos de harina integral superfina
- 100 gramos de pasas de uva remojadas en 1/4 de taza de coñac
- 100 gramos de nueces picadas
- rocío vegetal
- 1 taza de azúcar impalpable
- jugo de limón
- nueces picadas para espolvorear

▼ En un bol mezclar los huevos con el azúcar rubia y el aceite.
▼ Agregar la miel, el té, la ralladura de limón y la pera.
▼ Unir con la harina leudante y la harina integral, mezclando bien.
▼ Incorporar las pasas de uva, junto con el coñac del remojo, y las nueces.
▼ Colocar la preparación en un molde savarin lubricado con rocío vegetal y enharinado.
▼ Cocinar en horno suave durante 45 minutos, aproximadamente.
▼ Preparar un glasé mezclando el azúcar impalpable con el jugo de limón necesario para lograr una consistencia untuosa.
▼ Retirar el savarin del horno, desmoldarlo y decorarlo con el glasé. Espolvorear con nueces picadas antes de que se seque. Dejar enfriar y orear.

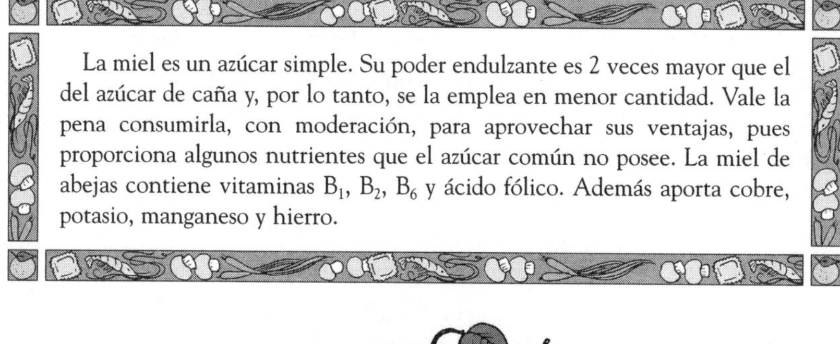

La miel es un azúcar simple. Su poder endulzante es 2 veces mayor que el del azúcar de caña y, por lo tanto, se la emplea en menor cantidad. Vale la pena consumirla, con moderación, para aprovechar sus ventajas, pues proporciona algunos nutrientes que el azúcar común no posee. La miel de abejas contiene vitaminas B_1, B_2, B_6 y ácido fólico. Además aporta cobre, potasio, manganeso y hierro.

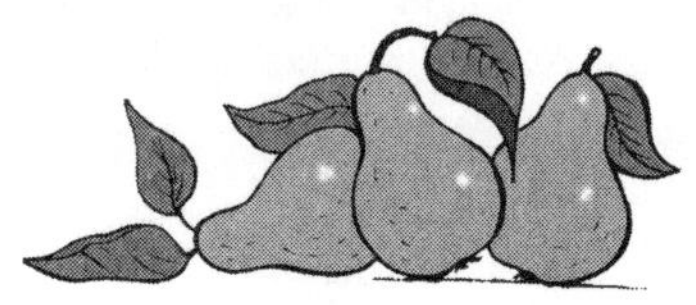

Semifrío con frambuesas

Ingredientes

- 1 disco de pionono
- 250 gramos de frambuesas frescas, limpias
- 500 gramos de queso untable descremado
- 6 cucharadas de azúcar impalpable
- 100 gramos de crema liviana
- 50 gramos de *amaretti* picados
- 2 sobres de gelatina sin sabor
- 1/4 de taza de agua fría

Decoración

- 1 sobre de gelatina de frambuesas bajas calorías
- 2 tazas de agua caliente
- 1 taza de agua fría
- 240 gramos de queso untable descremado
- azúcar o edulcorante
- ralladura de 1 naranja

- Forrar con papel manteca la base de un molde desmontable para torta. Colocar el disco de pionono en el fondo. Esparcir sobre él las frambuesas.
- Batir el queso untable con el azúcar impalpable. Agregar la crema liviana y los *amaretti.*
- Disolver la gelatina sin sabor en el agua fría y llevar a hervor. Dejarla entibiar y añadirla a la crema de queso.
- Colocar la preparación en el molde, sobre las frambuesas. Llevar a la heladera hasta que solidifique. Desmoldar sobre una fuente.

Decoración

- Disolver la gelatina de frambuesas en el agua caliente. Agregar el agua fría. Verter en una fuente plana y refrigerar hasta que solidifique.
- Batir el queso untable con azúcar o edulcorante a gusto, hasta lograr una textura suave y liviana. Perfumar con la ralladura de naranja. Colocar en una manga con pico rizado. Realizar una bordura en el contorno del semifrío.
- Cortar la gelatina de frambuesas en cubitos y disponerlos en el centro.

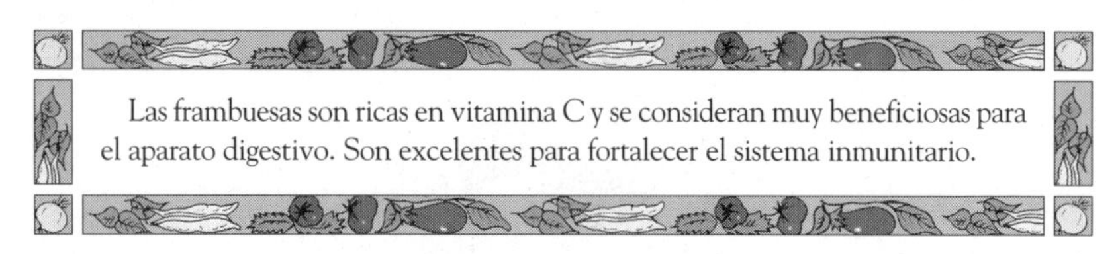

Las frambuesas son ricas en vitamina C y se consideran muy beneficiosas para el aparato digestivo. Son excelentes para fortalecer el sistema inmunitario.

Tarta de avena

Ingredientes

Masa

- 200 gramos de harina integral superfina
- 50 gramos de harina 0000
- 1/2 taza de aceite de maíz
- esencia de vainilla
- 1 huevo
- 3 cucharadas de miel
- agua tibia para unir

Relleno

- 3 cucharadas de aceite de maíz
- 3 yemas
- 3 cucharadas de miel
- 80 gramos de mazapán casero (pág. 14)
- licor *amaretto*
- 1 taza de avena arrollada tradicional
- 3 claras batidas a nieve
- mermelada de damascos
- 100 gramos de almendras

Masa

▼ Combinar las harinas y colocarlas en forma de corona dentro de un bol. Mezclar el aceite con la esencia, el huevo y la miel. Poner la mezcla en el centro de la corona e integrar las harinas. Agregar el agua tibia necesaria para formar una masa tierna. Dejarla reposar durante 20 minutos. Estirarla y forrar una tartera desmontable.

Relleno

▼ Batir el aceite con las yemas y la miel hasta espumar. Unir el mazapán con el licor necesario para obtener una crema; añadir al batido. Incorporar la avena y por último las claras, con movimientos envolventes. Colocar sobre la masa. Hornear hasta que la tarta esté dorada. Retirar y dejar enfriar.

▼ Pintar los bordes con mermelada caliente y adherir las almendras picadas.

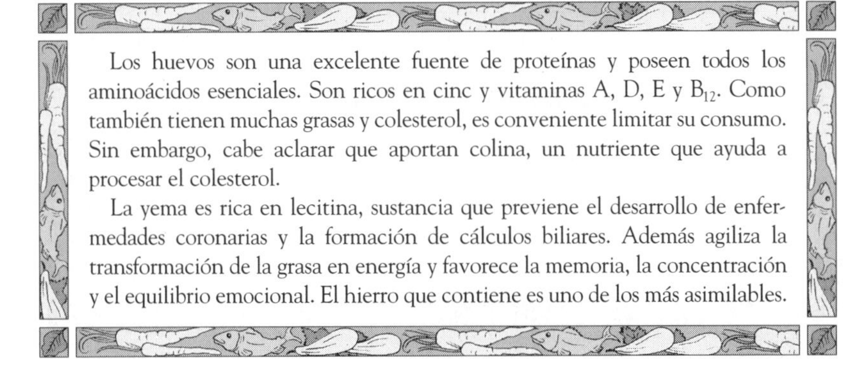

Los huevos son una excelente fuente de proteínas y poseen todos los aminoácidos esenciales. Son ricos en cinc y vitaminas A, D, E y B_{12}. Como también tienen muchas grasas y colesterol, es conveniente limitar su consumo. Sin embargo, cabe aclarar que aportan colina, un nutriente que ayuda a procesar el colesterol.

La yema es rica en lecitina, sustancia que previene el desarrollo de enfermedades coronarias y la formación de cálculos biliares. Además agiliza la transformación de la grasa en energía y favorece la memoria, la concentración y el equilibrio emocional. El hierro que contiene es uno de los más asimilables.

Tarta espuma de duraznos

INGREDIENTES

MASA *LIGHT*

- 3 yemas
- 1 cucharada de edulcorante líquido
- ralladura de 1 limón
- esencia de vainilla
- 3 claras
- 100 gramos de leche en polvo descremada
- 1 cucharada de polvo para hornear

ESPUMA

- 400 gramos de duraznos en almíbar bajas calorías, escurridos
- 200 gramos de yogur descremado de duraznos
- 3 claras
- 1 sobre de gelatina de duraznos bajas calorías
- 250 cc de agua hirviente
- 250 cc de agua fría

MASA *LIGHT*

▼ Batir a blanco las yemas con el edulcorante, la ralladura y la esencia.

▼ Aparte, batir las claras a nieve. Incorporar la leche en polvo mezclada con el polvo para hornear. Añadir las yemas batidas.

▼ Verter la preparación en un molde desmontable para torta, forrado con papel manteca. Cocinar en horno suave durante 30 minutos, aproximadamente. Retirar, dejar enfriar y desmoldar. Lavar y secar el molde.

ESPUMA

▼ Licuar los duraznos junto con el yogur. Disolver la gelatina de duraznos en el agua caliente, incorporar el agua fría y dejar entibiar a punto jarabe. Batir las claras a nieve. Unir las tres preparaciones.

▼ Colocar en la base del molde un cartón forrado con papel de aluminio. Ubicar dentro la masa cocida. Verter arriba la espuma de duraznos. Llevar a la heladera hasta que solidifique. Desmoldar y decorar con frutas fileteadas.

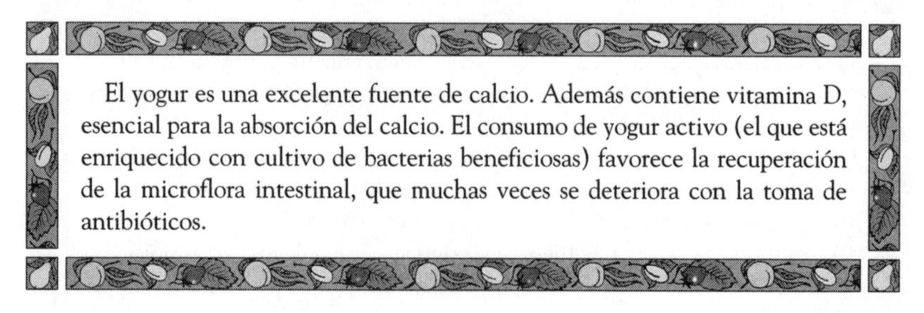

El yogur es una excelente fuente de calcio. Además contiene vitamina D, esencial para la absorción del calcio. El consumo de yogur activo (el que está enriquecido con cultivo de bacterias beneficiosas) favorece la recuperación de la microflora intestinal, que muchas veces se deteriora con la toma de antibióticos.

Torta Ángel de Dorothy Smid

INGREDIENTES

360 gramos de claras (12, aproximadamente)
1 y 1/2 cucharadita de cremor tártaro
280 gramos de azúcar
85 gramos de harina
25 gramos de almidón de maíz
1 cucharadita de esencia de vainilla

COULIS DE FRUTILLAS

2 tazas de frutillas frescas, limpias
1/2 taza de azúcar
1 taza de mermelada de frutillas
1/2 taza de agua

- Batir las claras hasta espumar. Agregar el cremor tártaro y continuar batiendo hasta alcanzar el punto nieve.
- Añadir el azúcar y seguir batiendo hasta obtener un merengue firme.
- Tamizar la harina junto con el almidón de maíz. Incorporarlos al merengue, uniendo con suaves movimientos envolventes. Perfumar con la esencia de vainilla.
- Verter la preparación dentro de un molde especial para esta torta (o utilizar cualquier molde con tubo central), sin enmantecar ni enharinar.
- Llevar al horno y cocinar a 185°C de 40 a 45 minutos.
- Retirar, invertir el molde y dejar que la torta se enfríe antes de quitarlo.

COULIS DE FRUTILLAS

- Procesar las frutillas junto con el azúcar, la mermelada y el agua.
- Servir cada porción de torta salseada con el *coulis* de frutillas.

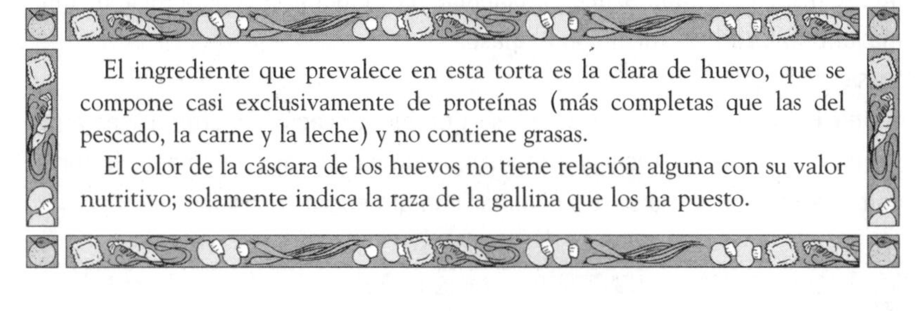

El ingrediente que prevalece en esta torta es la clara de huevo, que se compone casi exclusivamente de proteínas (más completas que las del pescado, la carne y la leche) y no contiene grasas.

El color de la cáscara de los huevos no tiene relación alguna con su valor nutritivo; solamente indica la raza de la gallina que los ha puesto.

Torta de claras y café

INGREDIENTES

- 385 gramos de claras (12 a 14)
- 2 cucharadas de café instantáneo disueltas en 1 cucharada de agua tibia
- 1 y 1/2 cucharadita de cremor tártaro
- 250 gramos de azúcar molida
- 150 gramos de azúcar impalpable, cernida
- 120 gramos de harina leudante

GLASÉ DE CAFÉ

- 2 cucharadas de café instantáneo
- azúcar impalpable

SALSA

- 100 gramos de crema liviana
- 150 gramos de queso untable descremado
- 1 cucharada colmada de cacao amargo
- esencia de vainilla
- 3 cucharadas de azúcar
- 1 cucharada de oporto
- almendras peladas y tostadas para espolvorear

▼ Batir las claras con el café instantáneo y el cremor tártaro hasta que empiecen a espumar. Ir agregando el azúcar molida de a 2 cucharadas, mientras se sigue batiendo hasta lograr un merengue firme. Combinar el azúcar impalpable con la harina e integrarla al merengue con movimientos envolventes.

▼ Colocar la preparación en un molde desmontable para torta, con papel manteca en la base. Cocinar en horno moderado hasta que esté dorada. Retirar, dejar enfriar y desmoldar.

GLASÉ DE CAFÉ

▼ Mezclar el café instantáneo con la mínima cantidad de agua necesaria para que se disuelva. Añadir azúcar impalpable hasta lograr la consistencia de una mayonesa. Cubrir la torta con el glasé.

SALSA

▼ Unir la crema liviana con el queso untable, el cacao amargo, esencia de vainilla a gusto, el azúcar y el oporto. Acompañar cada rebanada de torta con una porción de salsa. Espolvorear con almendras tostadas.

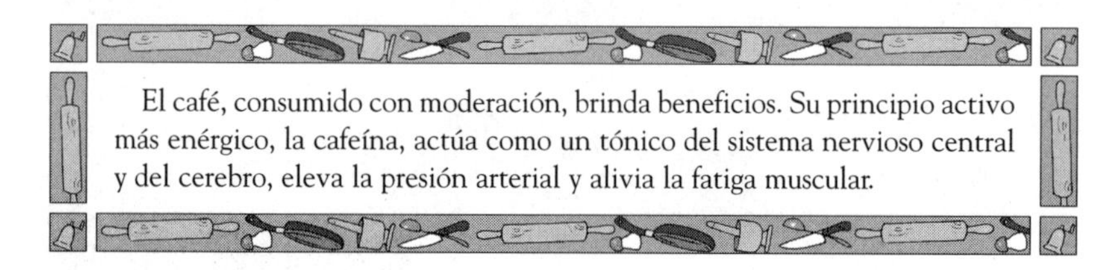

El café, consumido con moderación, brinda beneficios. Su principio activo más enérgico, la cafeína, actúa como un tónico del sistema nervioso central y del cerebro, eleva la presión arterial y alivia la fatiga muscular.

Torta de manzanas de Inés

INGREDIENTES

- 5 cucharadas de aceite
- 2 huevos
- 200 gramos de azúcar rubia
- 120 gramos de harina leudante
- 60 gramos de almidón de maíz
- 3 cucharadas de coñac
- esencia de vainilla
- 2 manzanas verdes peladas y cortadas en cubos pequeños
- rocío vegetal
- azúcar rubia extra para espolvorear

▼ Procesar el aceite junto con los huevos y el azúcar rubia.
▼ Pasar a un bol y agregar la harina leudante mezclada con el almidón de maíz.
▼ Añadir el coñac y aromatizar a gusto con esencia de vainilla.
▼ Incorporar las manzanas y mezclar bien.
▼ Colocar la preparación en un molde savarin lubricado con rocío vegetal y enharinado.
▼ Espolvorear la superficie con azúcar rubia.
▼ Llevar al horno y cocinar a temperatura moderada durante 45 minutos, aproximadamente, hasta que esté dorada.
▼ Retirar, desmoldar y dejar enfriar.

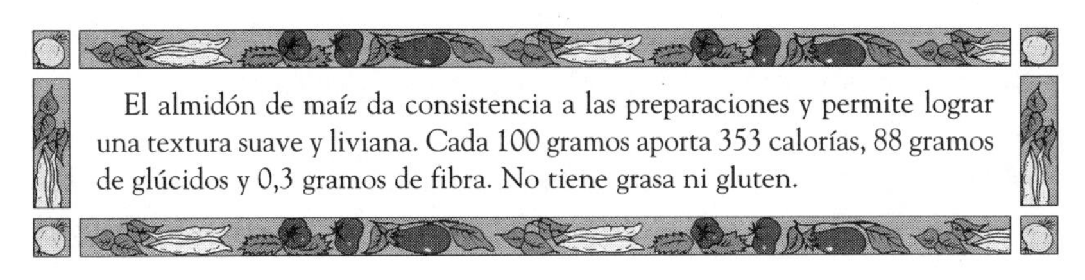

El almidón de maíz da consistencia a las preparaciones y permite lograr una textura suave y liviana. Cada 100 gramos aporta 353 calorías, 88 gramos de glúcidos y 0,3 gramos de fibra. No tiene grasa ni gluten.

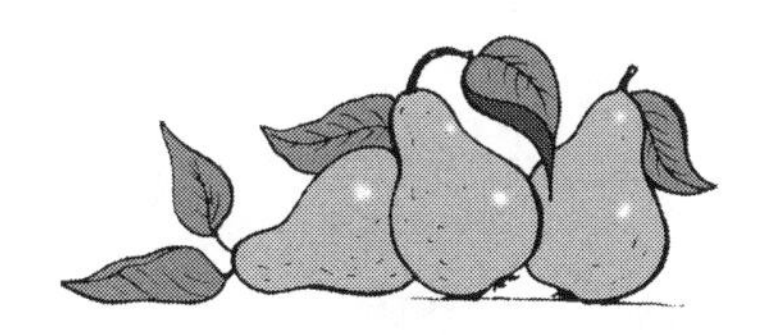

Torta esponjosa de Cristina

Ingredientes

- 5 cucharadas de aceite de maíz
- 4 cucharadas de agua
- 3 yemas
- esencia de vainilla
- 1/2 taza de harina 0000
- 1/2 taza de almidón de maíz
- 3/4 de taza de azúcar morena
- 2 cucharaditas de polvo para hornear
- 1 pizca de sal
- 3 cucharadas de cacao amargo
- 1 pizca de macís
- 3 claras
- 1/2 cucharadita de cremor tártaro
- azúcar impalpable para espolvorear

▾ Mezclar en un bol el aceite, el agua, las yemas y esencia de vainilla a gusto.
▾ Aparte, tamizar la harina junto con el almidón de maíz. Incorporar 1/2 taza de azúcar morena, el polvo para hornear, la sal, el cacao y el macís. Unir bien. Agregar la mezcla a la preparación anterior.
▾ Batir las claras a nieve con el cremor tártaro y el resto del azúcar morena. Incorporar el batido anterior a las claras, con movimientos envolventes.
▾ Verter la preparación en un molde savarin sin enmantecar ni enharinar.
▾ Cocinar en horno moderado durante 40 minutos.
▾ Retirar, invertir el molde y dejar enfriar la torta antes de quitarlo.
▾ Espolvorear la superficie de la torta con azúcar impalpable.

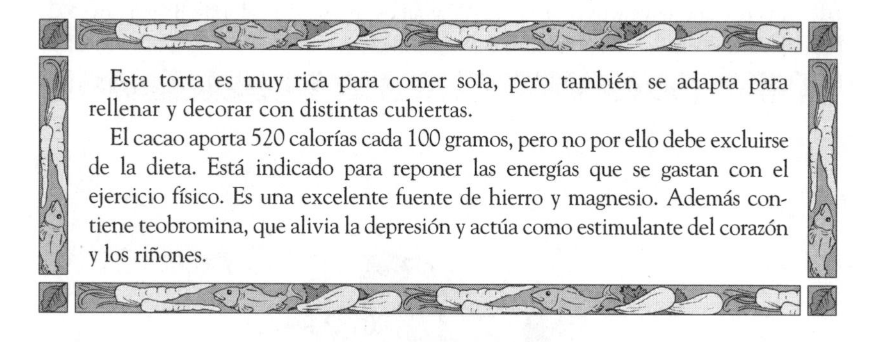

Esta torta es muy rica para comer sola, pero también se adapta para rellenar y decorar con distintas cubiertas.

El cacao aporta 520 calorías cada 100 gramos, pero no por ello debe excluirse de la dieta. Está indicado para reponer las energías que se gastan con el ejercicio físico. Es una excelente fuente de hierro y magnesio. Además contiene teobromina, que alivia la depresión y actúa como estimulante del corazón y los riñones.

Torta fresca de duraznos y kiwis

INGREDIENTES

- 3 claras
- 100 gramos de azúcar rubia
- esencia de vainilla
- 3 yemas
- 100 gramos de harina 0000

CUBIERTA

- 300 gramos de duraznos en almíbar bajas calorías, escurridos
- 150 cc de vino blanco caliente
- 200 gramos de yogur natural descremado
- 1 sobre para 8 porciones de gelatina de duraznos bajas calorías
- 3 claras
- 2 cucharadas de azúcar rubia
- duraznos y kiwis para decorar
- *coulis* de kiwis para acompañar

▼ Batir las claras con el azúcar rubia hasta formar un merengue. Perfumar a gusto con esencia de vainilla. Agregar las yemas ligeramente batidas, en forma de hilo. Incorporar la harina con movimientos envolventes.

▼ Colocar la preparación en un molde desmontable para torta, con papel manteca en la base.

▼ Cocinar en horno moderado hasta que esté dorada. Retirar y dejar enfriar dentro del molde.

CUBIERTA

▼ Licuar los duraznos con el yogur.

▼ Disolver la gelatina de duraznos en el vino caliente. Dejarla enfriar hasta que tome punto jarabe y agregarla al licuado.

▼ Batir las claras a nieve con el azúcar rubia. Unirlas a la preparación anterior con movimientos envolventes. Volcar en el molde, sobre la torta cocida.

▼ Enfriar en la heladera hasta que la cubierta solidifique.

▼ Desmoldar y decorar con duraznos y kiwis. Acompañar con *coulis* de kiwis.

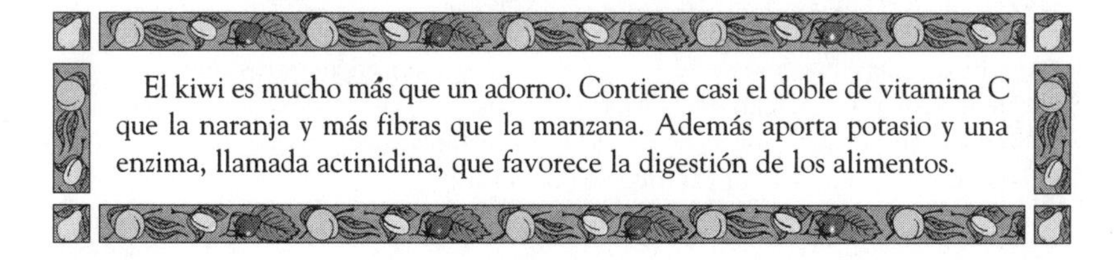

El kiwi es mucho más que un adorno. Contiene casi el doble de vitamina C que la naranja y más fibras que la manzana. Además aporta potasio y una enzima, llamada actinidina, que favorece la digestión de los alimentos.

Torta liviana de frutas rojas

INGREDIENTES

- 6 yemas
- 1 y 1/2 cucharada de edulcorante líquido
- ralladura de 1 limón
- 6 claras
- 200 gramos de leche en polvo descremada
- 1 cucharada de polvo para hornear
- esencia de vainilla
- 500 gramos de queso untable descremado
- 150 gramos de frutillas limpias, partidas por el medio
- 150 gramos de frambuesas limpias
- 1 sobre para 8 porciones de gelatina de frutillas bajas calorías

- Batir a blanco las yemas con el edulcorante y la ralladura de limón.
- Aparte, batir las claras a nieve. Agregar la leche en polvo mezclada con el polvo para hornear. Incorporar las yemas batidas.
- Repartir la preparación en 2 moldes de 20 cm de diámetro, con papel manteca en sus bases.
- Cocinar en horno suave durante 30 minutos. Retirar, dejar enfriar y desmoldar.
- Batir el queso untable con edulcorante, esencia de vainilla y ralladura de limón a gusto.
- Armar la torta colocando sobre una de las bases de bizcochuelo una parte del queso batido. Esparcir las frutillas y las frambuesas. Cubrir con otra parte del queso batido. Apoyar encima la otra base de bizcochuelo.
- Colocar el resto del queso batido en una manga con pico rizado y hacer una bordura en el contorno de la torta.
- Preparar la gelatina de frutillas con la mitad del líquido que indica el envase. Dejar enfriar hasta que tome punto jarabe. Verterla en el centro de la torta.
- Enfriar bien antes de servir.

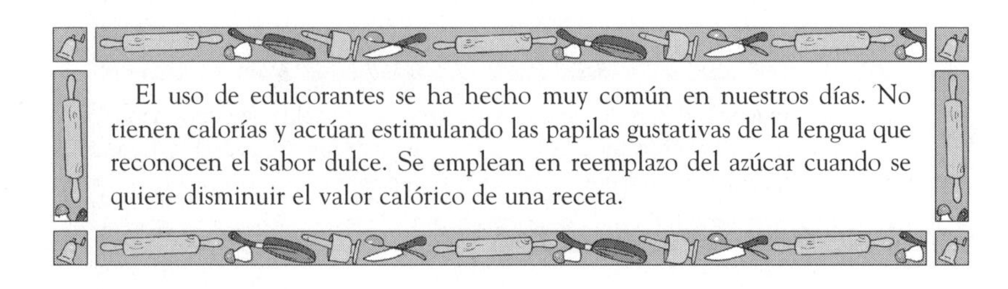

El uso de edulcorantes se ha hecho muy común en nuestros días. No tienen calorías y actúan estimulando las papilas gustativas de la lengua que reconocen el sabor dulce. Se emplean en reemplazo del azúcar cuando se quiere disminuir el valor calórico de una receta.

De vez en cuando

Budín de damascos y almendras

INGREDIENTES

- 200 gramos de damascos secos
- 1 vaso de vino torrontés
- 3 claras
- 200 gramos de azúcar rubia
- 100 gramos de margarina untable *light* fundida y fría
- 3 yemas ligeramente mezcladas
- 250 gramos de harina leudante
- 80 gramos de almendras peladas, tostadas y picadas
- 2 cucharaditas de polvo para hornear
- rocío vegetal
- mermelada de damascos
- almendras peladas y tostadas, para decorar
- damascos secos, para decorar

▾ Remojar los damascos secos en el vino caliente. Procesar para obtener un puré.

▾ Batir las claras hasta espumar. Agregar el azúcar y continuar batiendo hasta lograr un merengue.

▾ Incorporar la margarina en forma de hilo y mezclar. Añadir las yemas, también en forma de hilo, mezclando suavemente. Incorporar el puré de damascos.

▾ Aparte, combinar las almendras con la harina y el polvo para hornear. Agregar a la preparación anterior.

▾ Colocar la pasta en un molde para budín inglés lubricado con rocío vegetal y enharinado.

▾ Cocinar durante 40 minutos en horno moderado.

▾ Retirar y desmoldar. Pintar con mermelada de damascos y decorar con almendras y damascos secos.

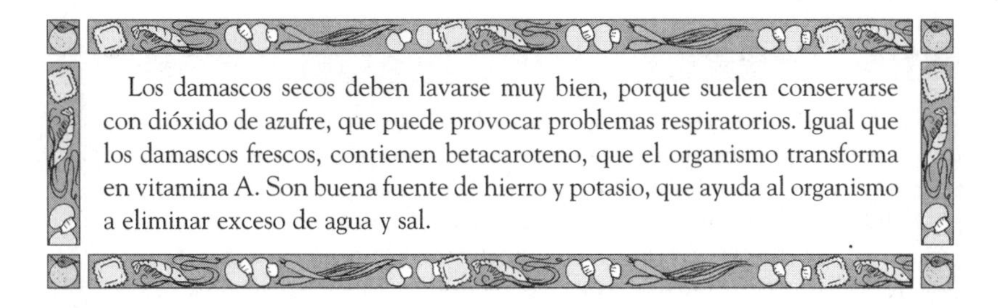

Los damascos secos deben lavarse muy bien, porque suelen conservarse con dióxido de azufre, que puede provocar problemas respiratorios. Igual que los damascos frescos, contienen betacaroteno, que el organismo transforma en vitamina A. Son buena fuente de hierro y potasio, que ayuda al organismo a eliminar exceso de agua y sal.

Budín marmolado de naranjas

INGREDIENTES

- 150 gramos de harina 0000
- 100 gramos de harina integral
- 2 cucharaditas de polvo para hornear
- 1 cucharadita de macís
- 150 gramos de margarina untable *light*
- 250 gramos de miel
- 3 huevos
- esencia de vainilla
- 100 gramos de avellanas procesadas
- 100 gramos de almendras procesadas
- ralladura de 2 naranjas
- 1 huevo
- 1 cucharada de cacao amargo
- rocío vegetal
- jugo de 2 naranjas, colado
- 2 cucharadas de Cointreau

▾ Combinar la harina 0000 con la harina integral, el polvo para hornear y el macís. Reservar.

▾ Batir a punto pomada la margarina con 100 gramos de miel. Incorporar los huevos y luego la mezcla de harinas. Perfumar con esencia de vainilla a gusto.

▾ Aparte, mezclar las avellanas con las almendras, la ralladura de naranja, la miel restante, el huevo y el cacao amargo.

▾ Volcar la mezcla de cacao sobre la pasta anterior y remover sólo hasta lograr un aspecto marmolado.

▾ Colocar la pasta en un molde para budín inglés, lubricado con rocío vegetal y enharinado.

▾ Hornear durante 1 hora a temperatura moderada.

▾ Mezclar el jugo de naranja con el Cointreau. Retirar el budín del horno, desmoldarlo y rociarlo con esta mezcla.

▾ Dejar enfriar y servir.

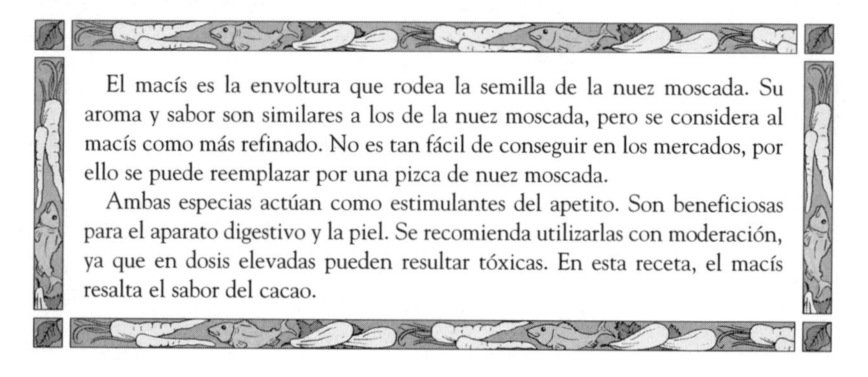

El macís es la envoltura que rodea la semilla de la nuez moscada. Su aroma y sabor son similares a los de la nuez moscada, pero se considera al macís como más refinado. No es tan fácil de conseguir en los mercados, por ello se puede reemplazar por una pizca de nuez moscada.

Ambas especias actúan como estimulantes del apetito. Son beneficiosas para el aparato digestivo y la piel. Se recomienda utilizarlas con moderación, ya que en dosis elevadas pueden resultar tóxicas. En esta receta, el macís resalta el sabor del cacao.

Crêpes con compota de uvas

INGREDIENTES

CRÊPES

120 gramos de harina
ralladura de 1 naranja
4 cucharadas de azúcar impalpable
60 gramos de leche en polvo descremada
4 claras
esencia de vainilla
400 cc de leche descremada
rocío vegetal

COMPOTA DE UVAS

250 cc de vino blanco
60 gramos de azúcar rubia
cáscara de 1/2 limón, cortada en trozos grandes
400 gramos de uvas lavadas
1 cucharada de almidón de maíz disuelto en vino blanco

SALSA

2 cucharadas de almidón de maíz
450 cc de leche descremada
6 cucharadas de azúcar
50 cc de ron
cascaritas de naranja glaseadas, para decorar (pág. 15)

CRÊPES

▼ Mezclar la harina con la ralladura de naranja, el azúcar impalpable, la leche en polvo, las claras, esencia de vainilla a gusto y la leche descremada (se puede hacer en un bol o en la procesadora). Dejar reposar durante 1 hora. Hacer las *crêpes* en una panquequera antiadherente lubricada con rocío vegetal.

COMPOTA DE UVAS

▼ Colocar en una cacerola el vino blanco, el azúcar y la cáscara de limón. Llevar al fuego. Cuando rompa el hervor, agregar las uvas. Dejar hervir durante unos minutos. Agregar el almidón de maíz disuelto. Cocinar hasta espesar.

SALSA

▼ Mezclar el almidón de maíz con la leche, el azúcar y el ron. Llevar al fuego y cocinar hasta espesar. Retirar y dejar enfriar.

▼ Rellenar las *crêpes* con la compota de uvas, doblar por la mitad y bañar con la salsa. Decorar con cascaritas de naranja glaseadas.

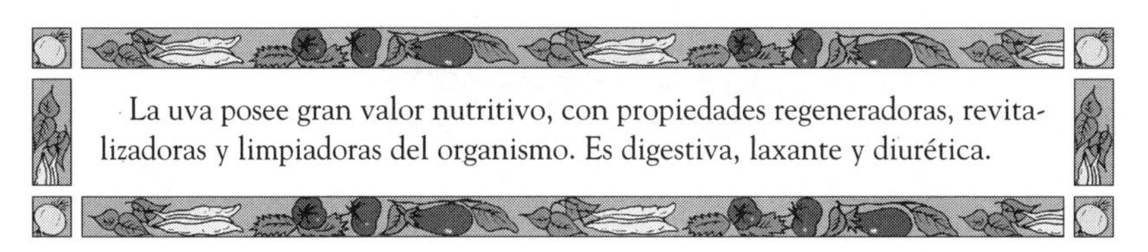

La uva posee gran valor nutritivo, con propiedades regeneradoras, revitalizadoras y limpiadoras del organismo. Es digestiva, laxante y diurética.

La torta holandesa de Tita Smid

INGREDIENTES

- 100 gramos de manteca blanda
- 3 cucharadas de azúcar
- 1 yema
- 2 cucharadas de coñac
- 1 y 1/4 de taza de harina
- 1/2 cucharadita de sal
- 3 manzanas verdes peladas, en rodajas

STREUSEL

- 3/4 de taza de azúcar
- 2 cucharadas de manteca
- 1 y 1/2 cucharada de canela molida
- 3 cucharadas de harina
- crema de leche para rociar

▾ Mezclar muy bien la manteca blanda con el azúcar, la yema y el coñac. Agregar la harina tamizada con la sal.

▾ Colocar la preparación en un molde de 20 por 30 cm, aproximadamente, enmantecado y enharinado.

▾ Disponer encima las manzanas cortadas.

STREUSEL

▾ Combinar el azúcar con la manteca, la canela y la harina. Fregar para que se formen grumos. Esparcir sobre las manzanas.

▾ Llevar al horno y cocinar a temperatura moderada alrededor de 45 minutos.

▾ Retirar y cortar en porciones cuadradas. Saborearlas tibias, rociadas con hilos de crema de leche fría.

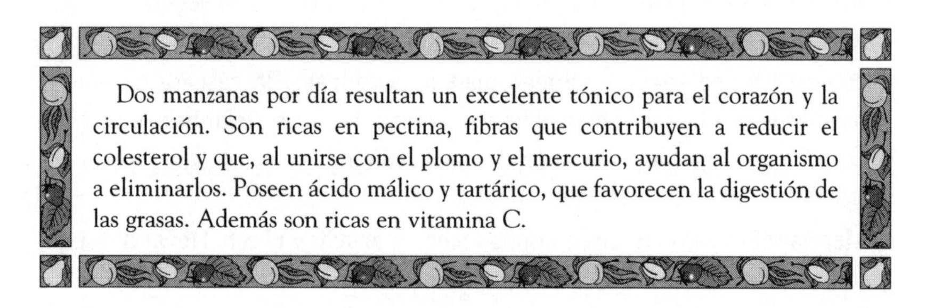

Dos manzanas por día resultan un excelente tónico para el corazón y la circulación. Son ricas en pectina, fibras que contribuyen a reducir el colesterol y que, al unirse con el plomo y el mercurio, ayudan al organismo a eliminarlos. Poseen ácido málico y tartárico, que favorecen la digestión de las grasas. Además son ricas en vitamina C.

Merengada de frutas secas

Ingredientes

120 gramos de nueces	25 gramos de cacao amargo
150 gramos de dátiles sin carozo	2 cucharadas de semillas de sésamo
5 claras	3 cucharadas de azúcar
230 gramos de azúcar	1 cucharada de marsala
250 cc de crema de leche	azúcar impalpable para espolvorear

- Apartar algunas nueces para decorar. Picar groseramente las demás y tostarlas en una sartén. Reservar.
- Separar algunos dátiles para decorar y cortar el resto en trocitos de 1 cm. Reservar.
- Forrar 2 placas con papel manteca. Marcar un círculo de 24 cm de diámetro en cada papel.
- Batir las claras hasta que espumen. Agregar lentamente el azúcar, mientras se sigue batiendo hasta formar un merengue firme.
- Colocar los dátiles en un bol y mezclarlos con 4 cucharadas del merengue. Incorporar el resto de merengue, el cacao y las nueces.
- Distribuir la mezcla sobre los círculos de papel. Emparejar con una espátula y espolvorear con sésamo.
- Hornear durante 15 minutos en horno precalentado a 180ºC. Rotar las placas para lograr una cocción pareja. Hornear durante 15 minutos más, hasta que el merengue resulte crocante por fuera y apenas húmedo por dentro. Retirar y dejar enfriar por lo menos durante 10 minutos.
- Batir la crema con el azúcar y el marsala hasta alcanzar punto chantillí.
- Colocar un disco de merengue con la parte plana hacia arriba, untar con la crema y tapar con el otro disco.
- Espolvorear con azúcar impalpable y decorar con las frutas reservadas.

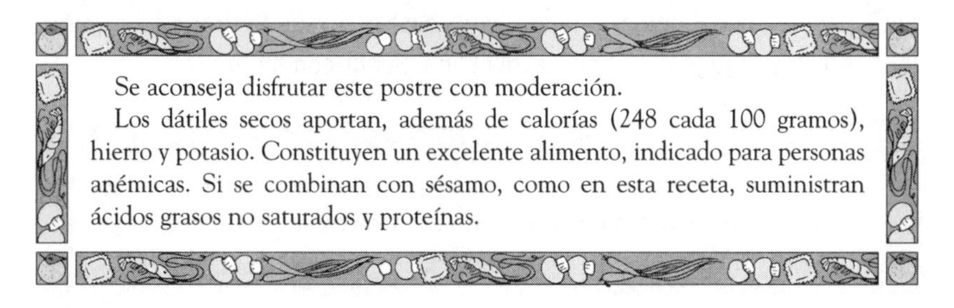

Se aconseja disfrutar este postre con moderación.

Los dátiles secos aportan, además de calorías (248 cada 100 gramos), hierro y potasio. Constituyen un excelente alimento, indicado para personas anémicas. Si se combinan con sésamo, como en esta receta, suministran ácidos grasos no saturados y proteínas.

Muffins con salsa de limón

INGREDIENTES

- 100 gramos de higos confitados
- 100 gramos de cerezas confitadas
- 100 gramos de orejones de pera
- 100 gramos de nueces picadas
- 1 cucharada de harina
- 150 gramos de margarina untable *light*
- 100 gramos de azúcar rubia
- 180 gramos de miel
- 3 huevos
- 3 claras
- 1 cucharada de ralladura de naranja
- 1 cucharada de ralladura de limón
- 1 manzana verde rallada
- 200 gramos de harina leudante
- 1 cucharadita de polvo para hornear
- 1 cucharada de especias dulces
- 1 pizca de sal
- 60 cc de ron
- rocío vegetal

SALSA

- 1/2 taza de azúcar rubia
- 1 cucharada de almidón de maíz
- 1 pizca de sal
- 1 pizca de jengibre en polvo
- 1 taza de agua hirviente
- 1 cucharada de manteca
- 2 cucharadas de jugo de limón

▼ Picar los higos, las cerezas y los orejones. Unir con las nueces y la harina.

▼ Batir a punto pomada la margarina con el azúcar rubia. Añadir la miel, los huevos y las claras, mezclando bien. Incorporar las ralladuras y la manzana.

▼ Mezclar la harina leudante con el polvo para hornear, las especias y la sal. Agregar a la preparación anterior, alternando con el ron. Integrar las frutas.

▼ Distribuir en moldes para *muffins* lubricados con rocío vegetal y enharinados. Colocar un recipiente con agua en la parte superior del horno. Cocinar los *muffins* a temperatura suave durante 40 minutos, aproximadamente.

SALSA

▼ Mezclar el azúcar con el almidón de maíz, la sal y el jengibre. Agregar el agua poco a poco. Cocinar a fuego lento hasta espesar. Retirar e incorporar la manteca y el jugo de limón, revolviendo. Servir con los *muffins*.

Los higos contienen enzimas que ayudan a la digestión. Son fuente de hierro, potasio, betacoroteno y fibras. En el Asia son considerados afrodisíacos.

Muffins de zanahorias

INGREDIENTES

- 150 gramos de margarina untable *light*
- 350 gramos de azúcar
- 250 gramos de harina 0000
- 1 cucharadita de polvo para hornear
- 2 cucharaditas de bicarbonato de sodio
- 2 cucharaditas de canela molida
- 3 huevos
- jugo de 1 naranja
- 200 gramos de zanahorias ralladas
- 100 gramos de nueces picadas
- 2 cucharaditas de esencia de vainilla
- 1/2 vasito de ron
- 50 gramos de coco rallado
- rocío vegetal
- 2 tazas de azúcar impalpable
- 4 cucharadas de jugo de limón
- semillas de sésamo y amapola, para espolvorear

▼ Batir muy bien la margarina con el azúcar.
▼ Cernir juntos la harina, el polvo para hornear, el bicarbonato y la canela.
▼ Agregar a la margarina los huevos, alternando con los ingredientes secos.
▼ Añadir el jugo de naranja, las zanahorias, las nueces, la esencia, el ron y el coco rallado. Integrar bien todo.
▼ Colocar la masa en moldes para *muffins* lubricados con rocío vegetal y enharinados.
▼ Cocinar en horno moderado de 30 a 40 minutos.
▼ Preparar un glasé con el azúcar impalpable y el jugo de limón, ajustando la cantidad para lograr la consistencia adecuada.
▼ Retirar los *muffins* del horno y, antes de que se enfríen, bañarlos con el glasé. Espolvorear con semillas de sésamo y amapola.

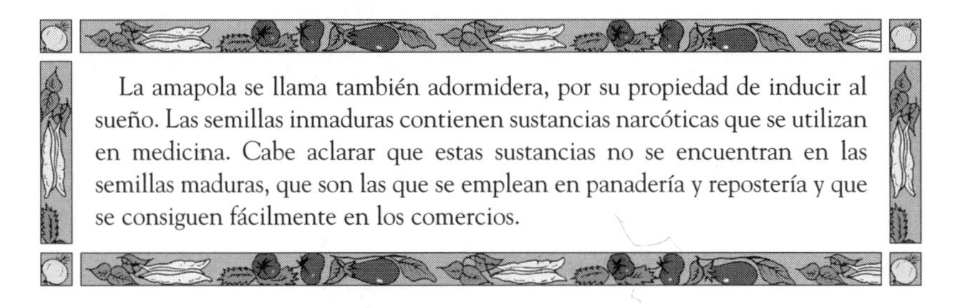

La amapola se llama también adormidera, por su propiedad de inducir al sueño. Las semillas inmaduras contienen sustancias narcóticas que se utilizan en medicina. Cabe aclarar que estas sustancias no se encuentran en las semillas maduras, que son las que se emplean en panadería y repostería y que se consiguen fácilmente en los comercios.

Pan de pasas y té

Ingredientes

- 380 gramos de pasas de uva sultanas o de Corinto
- 250 cc de té fuerte, frío
- 160 gramos de azúcar morena
- 2 huevos
- 250 gramos de harina leudante
- rocío vegetal
- manteca para acompañar

- Mezclar las pasas de uva con el té y el azúcar morena. Dejar reposar durante toda la noche.
- Al día siguiente, agregar los huevos a la mezcla.
- Incorporar la harina y unir bien.
- Verter la preparación en un molde savarin lubricado con rocío vegetal.
- Llevar al horno y cocinar a temperatura moderada hasta que se separe de las paredes del molde.
- Retirar y dejar reposar durante 10 minutos antes de desmoldar. Dejar enfriar.
- Cortar en tajadas y saborearlas untadas con manteca.

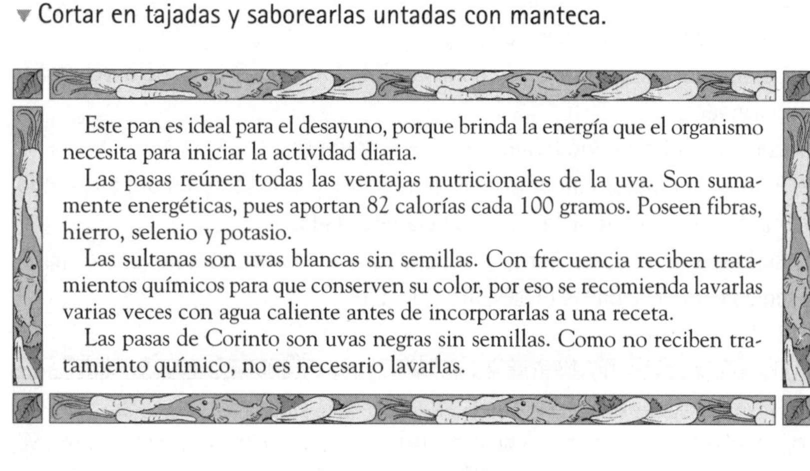

Este pan es ideal para el desayuno, porque brinda la energía que el organismo necesita para iniciar la actividad diaria.

Las pasas reúnen todas las ventajas nutricionales de la uva. Son sumamente energéticas, pues aportan 82 calorías cada 100 gramos. Poseen fibras, hierro, selenio y potasio.

Las sultanas son uvas blancas sin semillas. Con frecuencia reciben tratamientos químicos para que conserven su color, por eso se recomienda lavarlas varias veces con agua caliente antes de incorporarlas a una receta.

Las pasas de Corinto son uvas negras sin semillas. Como no reciben tratamiento químico, no es necesario lavarlas.

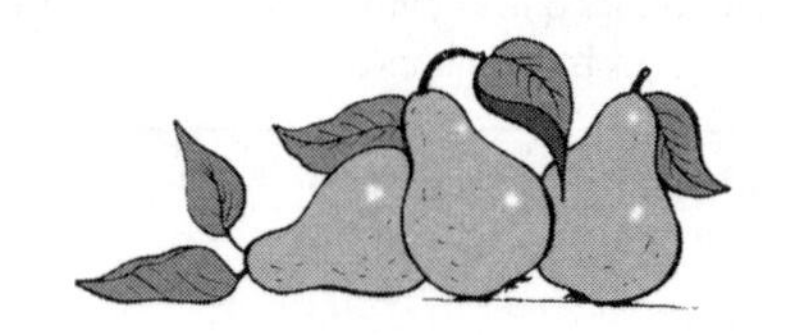

Pastel de manzanas y frambuesas

INGREDIENTES

RELLENO	MASA
3 manzanas verdes peladas, en cubos	75 gramos de azúcar rubia
2 cucharadas de azúcar	75 gramos de margarina untable *light*
1 frasco de frambuesas en almíbar	1 huevo
	1 cucharadita de canela molida
2 ó 3 cucharadas del almíbar de las frambuesas	225 gramos de harina leudante
	1 cucharadita de polvo para hornear
1 cucharada de almidón de maíz	75 gramos de almendras peladas, tostadas y picadas grueso
2 cucharadas de agua	

RELLENO

- Colocar en una cacerola las manzanas, el azúcar y el almíbar de las frambuesas. Cocinar a fuego lento hasta que las manzanas estén tiernas.
- Incorporar las frambuesas y el almidón de maíz disuelto en el agua. Seguir cocinando hasta que espese.
- Retirar y dejar enfriar. Si es necesario, ajustar el sabor con más azúcar.

MASA

- Procesar la margarina con el azúcar. Sin detener la marcha de la procesadora, añadir el huevo, la canela, la harina y el polvo para hornear, para formar una masa arenosa. Sacarla de la máquina y agregarle las almendras.
- Forrar con papel de aluminio una tartera desmontable de 23 cm de diámetro. Cubrir el fondo con 2/3 de masa, presionando con los dedos para compactarla.
- Precalentar el horno a 180ºC.
- Extender el relleno sobre la masa de la tartera y cubrir con el resto de masa.
- Cocinar en el horno durante 45 minutos, aproximadamente, hasta que tome un leve color dorado. Retirar y espolvorear con azúcar impalpable.
- Servir tibio, con crema de leche batida o crema chantillí *light* en aerosol.

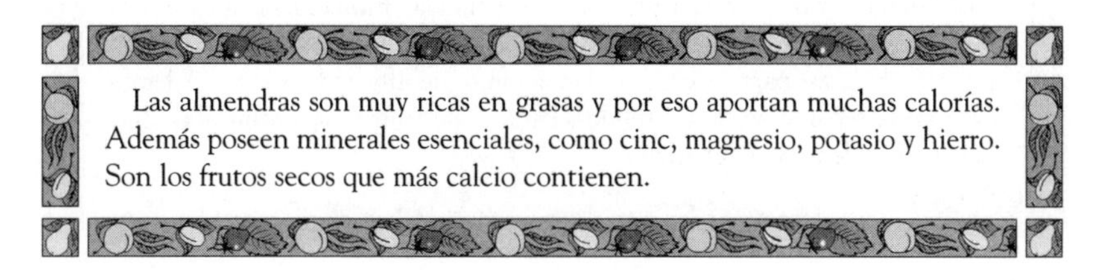

Las almendras son muy ricas en grasas y por eso aportan muchas calorías. Además poseen minerales esenciales, como cinc, magnesio, potasio y hierro. Son los frutos secos que más calcio contienen.

Postre caribeño

Ingredientes

Helado	Frutas tibias
380 cc de leche	1/2 taza de azúcar
40 gramos de leche en polvo descremada	2 cascos de limón
90 gramos + 3 cucharadas de azúcar	1 ramita de canela
50 gramos de manteca	125 gramos de frutillas en mitades
120 gramos de coco rallado	125 gramos de ananá en cubos
250 gramos de crema de leche	1/2 copita de coñac
unas gotas de esencia de vainilla	1/2 copita de Cointreau
	1 barrita de chocolate amargo

Helado

▾ En una cacerola mezclar la leche con la leche en polvo descremada. Incorporar los 90 gramos de azúcar y la manteca. Llevar al fuego. Retirar cuando rompa el hervor. Agregar el coco y dejar enfriar. Llevar al freezer y revolver cada 20 minutos hasta que tome un poco de cuerpo.

▾ Batir a medio punto la crema de leche con el azúcar restante y la esencia. Incorporarla a la crema de coco con movimientos envolventes. Volver al freezer hasta que se forme el helado, revolviendo cada 20 minutos.

Frutas tibias

▾ Disolver el azúcar en una sartén. Revolver con los cascos de limón pinchados en un tenedor. Perfumar con la canela y dejar que se forme un caramelo. Agregar las frutillas y el ananá. Flamear primero con el coñac y luego con el Cointreau. Incorporar el chocolate rallado y mezclar bien.

▾ Servir las frutas tibias con una bocha de helado de coco.

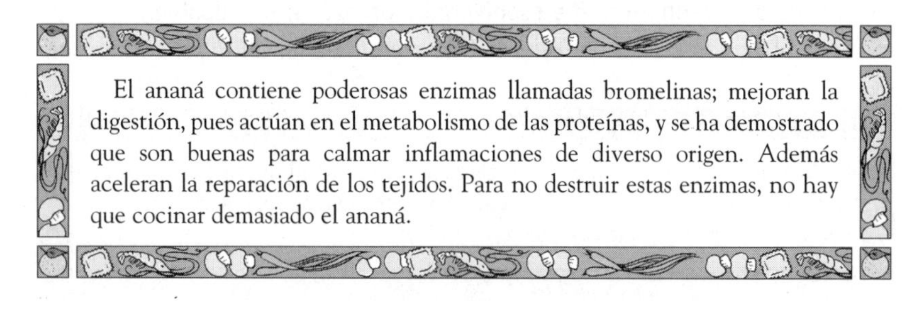

El ananá contiene poderosas enzimas llamadas bromelinas; mejoran la digestión, pues actúan en el metabolismo de las proteínas, y se ha demostrado que son buenas para calmar inflamaciones de diverso origen. Además aceleran la reparación de los tejidos. Para no destruir estas enzimas, no hay que cocinar demasiado el ananá.

Savarin húngaro para el café

INGREDIENTES

180 gramos de margarina untable *light*
125 gramos de azúcar rubia
1 cucharada de esencia de vainilla
2 huevos
150 gramos de queso blanco
280 gramos de harina 0000
2 cucharaditas de polvo para hornear
1/2 cucharadita de bicarbonato de sodio
1 pizca de sal

RELLENO

100 gramos de azúcar rubia
2 cucharaditas de canela molida
100 gramos de nueces picadas

GLASÉ

250 gramos de azúcar impalpable
café fuerte

- Batir la margarina con el azúcar y la esencia hasta lograr una crema.
- Agregar los huevos y el queso blanco, en forma alternada.
- Mezclar la harina con el polvo para hornear, el bicarbonato y la sal. Incorporar a la preparación anterior.

RELLENO Y ARMADO

- Mezclar el azúcar con la canela y las nueces.
- Enmantecar un molde savarin. Colocar dentro la pasta y el relleno, en capas alternadas.
- Cocinar en horno moderado hasta que esté dorado.
- Retirar, dejar enfriar y desmoldar.

GLASÉ

- Mezclar el azúcar impalpable con la cantidad de café fuerte necesaria para lograr la consistencia de una crema. Bañar el savarin.

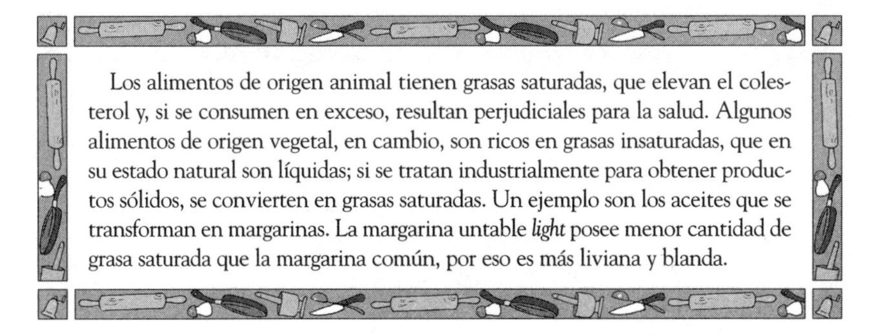

Los alimentos de origen animal tienen grasas saturadas, que elevan el colesterol y, si se consumen en exceso, resultan perjudiciales para la salud. Algunos alimentos de origen vegetal, en cambio, son ricos en grasas insaturadas, que en su estado natural son líquidas; si se tratan industrialmente para obtener productos sólidos, se convierten en grasas saturadas. Un ejemplo son los aceites que se transforman en margarinas. La margarina untable *light* posee menor cantidad de grasa saturada que la margarina común, por eso es más liviana y blanda.

Semifrío de dulce de leche

INGREDIENTES

- 250 gramos de dulce de leche *light*
- 2 sobres de gelatina sin sabor
- 100 cc de ron
- 70 gramos de chocolate picado
- 100 gramos de *amaretti* picados
- 500 gramos de queso untable descremado
- 6 claras
- frutillas frescas para decorar

▾ Colocar el dulce de leche *light* en una cacerolita. Llevar sobre fuego suave y revolver continuamente hasta que se funda.
▾ Disolver la gelatina sin sabor en el ron y agregarla al dulce de leche. Mezclar y dejar entibiar.
▾ Incorporar el queso untable descremado y unir bien.
▾ Añadir el chocolate y los *amaretti* a la preparación.
▾ Batir las claras a nieve e integrarlas con movimientos envolventes, con ayuda de una espátula de goma.
▾ Verter en un molde humedecido con agua.
▾ Llevar a la heladera hasta que solidifique.
▾ Desmoldar y decorar con frutillas frescas.

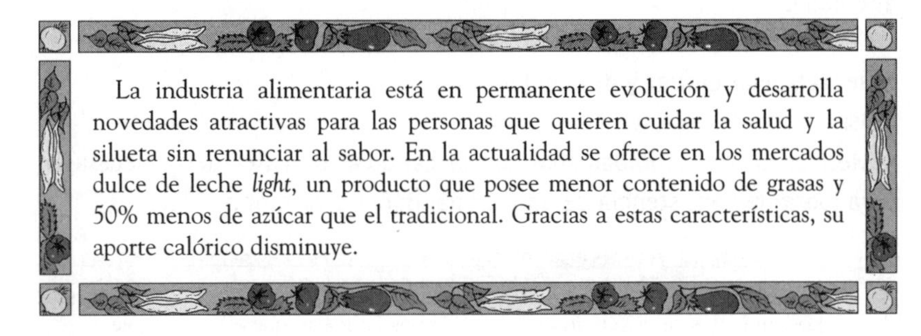

La industria alimentaria está en permanente evolución y desarrolla novedades atractivas para las personas que quieren cuidar la salud y la silueta sin renunciar al sabor. En la actualidad se ofrece en los mercados dulce de leche *light*, un producto que posee menor contenido de grasas y 50% menos de azúcar que el tradicional. Gracias a estas características, su aporte calórico disminuye.

Tarta de queso y duraznos

Ingredientes

Masa	Relleno
200 gramos de margarina untable *light*	6 cucharadas de crema liviana
350 gramos de harina leudante	400 gramos de ricota descremada
4 cucharadas de miel	4 cucharadas de miel
ralladura de 1 limón	3 yemas
cerezas en almíbar	1 cucharada de almidón de maíz
1 lata de duraznos en almíbar bajas calorías, escurridos	ralladura de 1 limón
	3 claras batidas a nieve
	azúcar impalpable

Masa

- Procesar la margarina junto con la harina. Pasar a un bol e incorporar la miel y la ralladura de limón. Integrar todo para formar una masa. Dejar reposar durante 1/2 hora.
- Forrar con la masa una tartera desmontable de bordes altos.
- Colocar una cereza en el hueco de cada mitad de durazno. Disponer las mitades sobre la masa, con el hueco hacia abajo.

Relleno

- Mezclar la ricota con la crema, la miel, las yemas, el almidón de maíz y la ralladura de limón. Incorporar las claras batidas a nieve, con movimientos envolventes.
- Verter el relleno sobre los duraznos.
- Llevar al horno moderado alrededor de 35 minutos.
- Retirar, dejar enfriar y desmoldar. Espolvorear con azúcar impalpable.

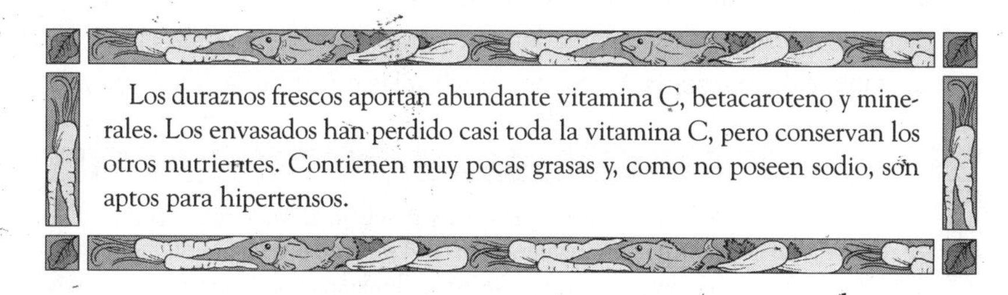

Los duraznos frescos aportan abundante vitamina C, betacaroteno y minerales. Los envasados han perdido casi toda la vitamina C, pero conservan los otros nutrientes. Contienen muy pocas grasas y, como no poseen sodio, son aptos para hipertensos.

Tarteletas de masa bomba

INGREDIENTES

MASA BOMBA

200 cc de agua
1 pizca de sal
80 gramos de manteca
120 gramos de harina
3 huevos batidos

RELLENO

3 yemas
500 cc de leche descremada fría
120 gramos de azúcar rubia
40 gramos de almidón de maíz
esencia de vainilla
200 cc de crema de leche
2 cucharadas de *kirsch*
azúcar para espolvorear

MASA BOMBA

▼ Colocar en una cacerola el agua, la sal y la manteca. Llevar sobre fuego vivo. Cuando rompa el hervor, agregar la harina de golpe. Revolver enérgicamente sobre la llama hasta que la masa se despegue de las paredes de la cacerola. Pasarla a un bol. Agregar los huevos y mezclar hasta que se integren totalmente.

▼ Enmantecar y enharinar moldes para tarteletas algo profundos, o moldes para *muffins*. Distribuir en ellos la masa bomba. Estirarla con los dedos (humedecidos con agua) para tapizar el interior de los moldes en forma pareja.

▼ Cocinar en horno caliente durante 15 minutos, hasta que la masa se infle y se dore. Retirar y aplastar las piezas con el fondo de un vaso, para desinflarlas y formar la cavidad de las tarteletas. Desmoldarlas y dejarlas enfriar.

RELLENO

▼ Mezclar la leche con las yemas, el azúcar rubia y el almidón de maíz. Revolver sobre el fuego hasta que hierva y espese. Retirar, dejar enfriar y aromatizar con esencia a gusto. Batir la crema a medio punto e incorporarla lentamente. Por último perfumar con el *kirsch*.

▼ Rellenar las tarteletas, espolvorearlas con azúcar molida y quemar el azúcar con un soplete de repostería. Se pueden servir solas o con frutas rojas y *coulis*.

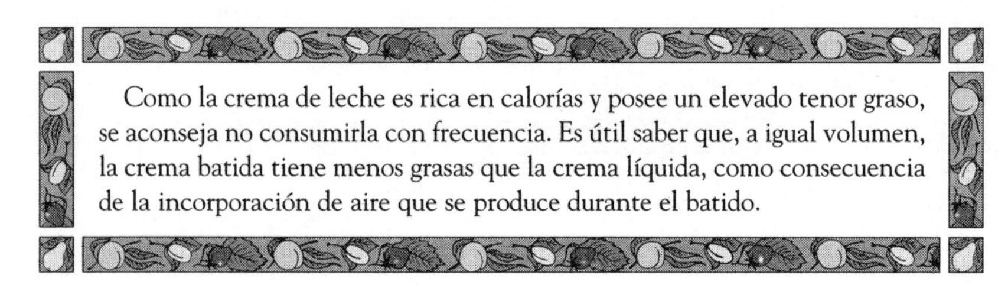

Como la crema de leche es rica en calorías y posee un elevado tenor graso, se aconseja no consumirla con frecuencia. Es útil saber que, a igual volumen, la crema batida tiene menos grasas que la crema líquida, como consecuencia de la incorporación de aire que se produce durante el batido.

Torta de manzanas rápida

INGREDIENTES

manteca y azúcar para el molde

1 kilo de manzanas verdes peladas, despepitadas y cortadas en rodajas

100 gramos de azúcar

100 gramos de harina 0000

100 gramos de manteca a temperatura ambiente

2 claras

helado *light* para acompañar

- Enmantecar generosamente el fondo de una fuente de vidrio térmico apta para horno y mesa.
- Colocar una capa de azúcar (suelta, sin presionar) de 1/2 cm de altura, aproximadamente. Distribuir encima las rodajas de manzana, en forma pareja.
- Aparte, colocar en un bol la manteca a temperatura ambiente, el azúcar y la harina 0000. Mezclar bien.
- Incorporar las claras y unir para formar una masa untuosa.
- Esparcir sobre las manzanas, cuidando que no llegue a tocar las paredes del molde.
- Llevar al horno y cocinar a temperatura moderada de 10 a 15 minutos.
- Retirar, dejar entibiar y presentar en la misma fuente.
- Servir cada porción con una bocha de helado *light*.

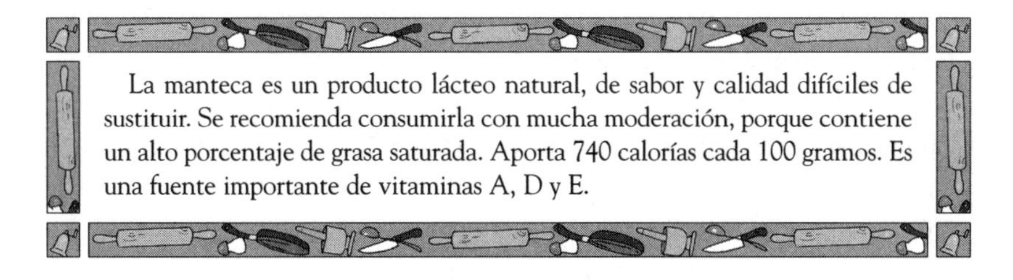

La manteca es un producto lácteo natural, de sabor y calidad difíciles de sustituir. Se recomienda consumirla con mucha moderación, porque contiene un alto porcentaje de grasa saturada. Aporta 740 calorías cada 100 gramos. Es una fuente importante de vitaminas A, D y E.

Torta de queso con naranja

Ingredientes

- 100 gramos de margarina untable *light*
- 100 gramos de azúcar morena
- 100 gramos de harina integral
- 100 gramos de almendras molidas
- 250 gramos de azúcar rubia
- 1 cucharadita de manteca
- 1 cucharadita de ralladura y un poco de jugo de naranja
- 1/2 taza de Grand Marnier
- 2 naranjas fileteadas en gajos (pág. 15)
- almendras peladas y tostadas
- 2 sobres de gelatina sin sabor
- 3/4 de taza de jugo de naranja colado
- 750 gramos de queso blanco
- cascaritas de naranja glaseadas, para decorar (pág. 15)

▼ Procesar la margarina untable junto con el azúcar morena, la harina integral y las almendras. Unir hasta obtener una masa tersa.

▼ Forrar con papel manteca un molde desmontable para torta de 22 cm de diámetro. Cubrir el fondo con la masa. Hornear a 190ºC durante 15 minutos, hasta que esté dorada. Retirar y dejar enfriar sin desmoldar.

▼ Colocar en una sartén 100 gramos de azúcar rubia, la manteca y la ralladura de naranja. Humedecer apenas con jugo de naranja colado. Cocinar hasta que se forme un caramelo claro. Incorporar los gajos de naranja y calentar durante 1 minuto.

▼ Disponer los gajos de naranja acaramelados sobre la masa cocida. Espolvorear con almendras tostadas. Reservar.

▼ Disolver la gelatina en el Grand Marnier y calentarla sin que llegue a hervir.

▼ Combinar la gelatina con el jugo de naranja colado, el resto del azúcar rubia y el queso blanco. Mezclar bien. Verter la preparación en el molde, sobre los gajos de naranja.

▼ Llevar a la heladera hasta que solidifique.

▼ Desmoldar y decorar con cascaritas de naranja glaseadas.

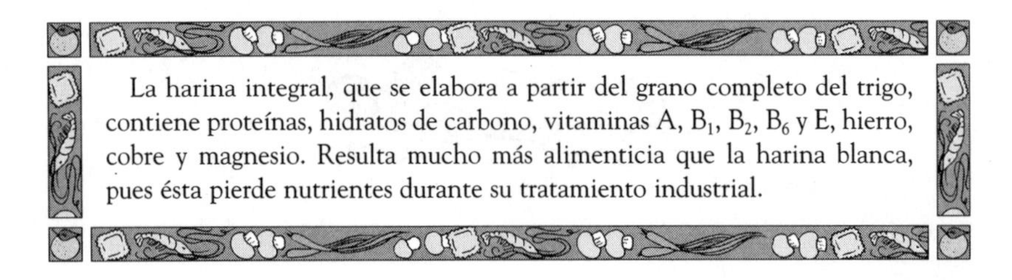

La harina integral, que se elabora a partir del grano completo del trigo, contiene proteínas, hidratos de carbono, vitaminas A, B_1, B_2, B_6 y E, hierro, cobre y magnesio. Resulta mucho más alimenticia que la harina blanca, pues ésta pierde nutrientes durante su tratamiento industrial.

Índice

▼ Desde el campo

▼ Pastas y cereales

▼ **Tentaciones**

Índice de alimentos mencionados por su valor nutricional